# 变局与布局

## 新时代中国国际战略

高祖贵 ◎ 著

红旗出版社

图书在版编目（CIP）数据

变局与布局：新时代中国国际战略 / 高祖贵著. ——北京：红旗出版社，2024.4
ISBN 978-7-5051-5408-7

Ⅰ.①变… Ⅱ.①高… Ⅲ.①国际形势－研究②对外政策－研究－中国 Ⅳ.①D5②D820

中国国家版本馆CIP数据核字（2024）第051995号

| 书　　名 | 变局与布局：新时代中国国际战略 | | |
|---|---|---|---|
| 著　　者 | 高祖贵 | | |
| 责任编辑 | 赵　洁　刘云霞 | 内文设计 | 豆安国 |
| 责任校对 | 郑梦祎 | 责任印务 | 金　硕 |
| 出　　版 | 红旗出版社 | | |
| 地　　址 | 北京市沙滩北街2号 | 邮政编码 | 100727 |
|  | 杭州市体育场路178号 | 邮政编码 | 310039 |
| 编 辑 部 | 0571-85310198 | | |
| E－mail | 498416431@qq.com | | |
| 法律顾问 | 北京盈科（杭州）律师事务所 | 钱　航　董　晓 | |
| 发　　行 | 北京华景时代文化传媒有限公司 | 电　话 | 010-83626929 |
| 印　　刷 | 北京中科印刷有限公司 | | |
| 开　　本 | 710毫米×1000毫米　1/16 | | |
| 字　　数 | 253千字 | 印　张 | 19 |
| 版　　次 | 2024年4月第1版 | 印　次 | 2024年4月第1次印刷 |
| ISBN 978-7-5051-5408-7 | | 定　价 | 58.00元 |

版权所有　翻印必究·印装有误　负责调换

# 序

21世纪以来，中国与世界以及相互之间的关系都在发生深刻的历史性变化。这些变化不仅出乎人们在世纪之交时的预料，而且正在不断刷新如今我们的认知。2012年11月，以党的十八大为标志，中国特色社会主义进入了新时代，党和国家事业取得历史性成就、发生历史性变革。世界的变迁同样全面而深刻，特别是在新冠疫情肆虐全球与乌克兰危机冲击的叠加作用之下，从美欧发达国家到不断崛起的"全球南方"，无论经济运行、政治治理、文化发展、社会演进，还是国家间关联、文明间互动、矛盾冲突演变、安全风险生成与扩散，都日益呈现新的重要特点。大国的政治家、战略家、思想家和官方文献都不约而同地用"新时代""拐点""转折点"等来观察、研判、阐释正在经历的重大演变，并纷纷谋划和推出各种驭变之道和应变之策。

2019年5月21日，习近平总书记明确要求我们胸怀两个大局，一个是中华民族伟大复兴的战略全局，一个是世界百年未有之大变局，强调这是我们谋划工作的基本出发点。其实，自党的十八大以来，我们就日益深刻地认识到世界正处于大发展大变革大调整时期，我们所面对的是世界百年未有之大变局，世界之变、时代之变、历史之变正以前所未有的方式展开，"变""乱"交织之态凸显。我们党随之开始不断加强对中华民族伟大复兴战略全局与世界百年未有之大变局相互作用的统筹把握，提出一系列新理念新思想新战略新举措，对党和国家事业发展不断作出越来越科学完整的战略部署。作为学者，特别是作为中共中央党校（国家行政学院）的一名教研人员，我在学习领会党中央提出的一系列重大战略思想和作出的一系列重大战略安排的同时，也在进一步加强相关的研究和思考。

这些研究和思考既放眼世界又聚焦中国，行走在历史与现实的传承更新轨道之上，贯穿于中国与世界的交织互动之中，从习近平外交思想到总体国家安全观，从我国发展的重要战略机遇期到新时代中国特色大国外交，从国际战略趋势到我国周边环境的演变，从文明交流互鉴到大国战略博弈，从全球治理到地区热点难点问题和国际安全风险的应对。其中的观点和见解，或小或大、或点或面、或浅或深、或具体或抽象，都是近一个时期我大脑运动的结果。现将其用文字表达出来，呈现出来，就教于方家，以开启我的新一段思想旅程。

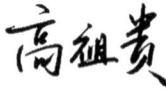

2023年12月冬于北京颐和园北大有庄

目 录

## 上 篇

世界百年未有之大变局"变"在何处？ /003

世界百年未有之大变局的丰富内涵 /010

世界在延续中变革调整 /022

全人类共同价值与时代潮流 /030

亚洲整体性崛起及其效应 /040

美欧问题凸显 世界失序加重 /062

当前国际战略环境特点与走势 /075

# 中 篇

21 世纪中国国际战略框架初显 / 095

中国亚洲战略框架成形 / 098

"合作共赢":新型国际关系的核心思想 / 101

新时代中国国家安全理论与实践的新境界 / 110

把握总体国家安全观的科学内涵 / 126

和平、可亲、文明的"狮子" / 133

推进"一带一路"建设 构建人类命运共同体 / 138

"一带一路"建设 谱写中国对外关系新篇章 / 145

做好同发展中国家团结合作的大文章 / 152

从战后和平迈向人类命运共同体 / 160

构建人类命运共同体 为人类发展和世界前途提供中国方案 / 163

为全球治理提供强大中国力量 / 173

## 下篇

新时代中国特色大国外交战略及其实践要求 / 181

从战略高度看待和把握我国发展的重要战略机遇期 / 203

必须坚持胸怀天下 / 216

论坚持胸怀天下的理论与实践 / 220

在顽强斗争中牢牢掌握发展主动权 / 248

坚定站在历史正确的一边 / 254

准确把握新时代统筹两个大局的深刻内涵 / 265

中国式现代化必须坚持走和平发展道路 / 267

中国抗疫充分彰显人类命运共同体精神 / 276

推动人类历史车轮向着光明的目标前进 / 281

文明交流互鉴让世界变得更加美好 / 288

## 后 记 / 293

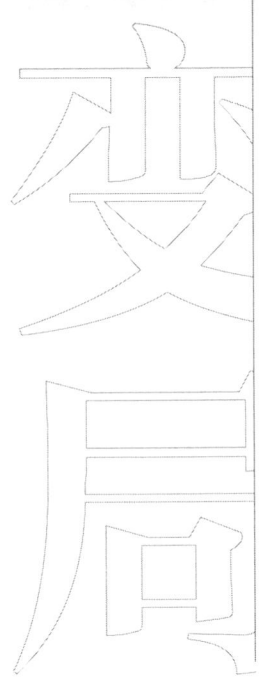

# 上 篇

## ◇世界百年未有之大变局"变"在何处？

当前，环顾全球，世界百年未有之大变局加速演进，世界之变、时代之变、历史之变正以前所未有的方式展开，远远超越一时一事、一域一国之变，变局范围之宏阔、程度之深刻、影响之久远，都十分突出。

### 一、世界之变

所谓"世界之变"，主要表现在大变局席卷世界每个角落，全球都在发生不同以往的深刻变化。发达国家的政治、经济、社会、文化等矛盾日益加剧，民族主义和民粹主义思潮普遍攀升，极右翼或极左翼政治力量的影响不断扩大。政治极化和社会分裂加重，公平正义问题凸显，强调理性、讲求平衡的政治理念和政策实践的空间被严重压缩，短期激烈冲突甚至局部暴乱时有发生。这使得发达国家面临既不能保持现状又无法在短时间内找到出路的困难处境，使得资本主义制度服务于资本和偏重效率而忽略人民并缺少公平的制度性弊端越来越突出。在国内问题短期内找不到较好解决办法而得不到妥善处理的情况下，发达国家尤其是美国对全球和地区事务的掌控力下降，甚至把国内矛盾向外转移，对全球和地区治理造成更大障碍和破坏。这给全球和地区局势造成更多的不稳定性甚至风险。

广大新兴经济体和发展中国家的发展同样面临多方面的困难，进一步提升发展水平遭遇越来越多的障碍。这些国家由于当年殖民者埋藏的祸根和遗留的各种问题，自身政治、经济、社会、文化等方面发展和转型过程中存在的问题没有得到较好的解决，科技进步条件和发展资源受限，加上全球和地区环境的消极影响，特别是全球经济增长乏力、发达国家提供的援助减少、地区争端难以根本解决、外部大国政治介入操弄等，诸多原因交织叠加致使发展难题增多和加重。与此同时，面对发达国家尤其是美国对全球和地区事务的积极作用下降和负面冲击上升，广大新兴经济体和发展中国家主动或被动地增强战略自主，加强对所在地区事务的掌控，提升对全球事务的影响。这在短期内增添了地区局势的变数，从长期看则可能推动世界格局的演进。

这两类国家各自不同的发展态势导致全球范围内的力量对比，一方面依然保持"西（发达国家）强东（新兴经济体和广大发展中国家）弱"态势；另一方面，从大历史观和总体发展趋势看，继续呈现"东升西降"趋向。根据国际货币基金组织（IMF）的数据，从2001年至2021年，发达国家国内生产总值（GDP）所占世界经济总量比重从78.85%下降至59.08%；新兴市场和发展中国家国内生产总值所占世界经济总量比重从21.15%上升到40.92%，对世界经济增长的贡献率已经达到80%，成为全球经济增长的主要动力。经济实力的消长伴随政治、科技、文化、军事等综合力量的变化，加上这两类国家特别是其中主要国家内外战略和政策的调整，势必带动地区乃至全球范围内战略力量的重构、战略关系的重组、战略局势的重塑。比如，围绕"全球南方"的话语界定及其在世界格局中的地位界定、相关国家对"全球南方"的战略谋划和政策实施等,就是这种错综复杂的系列联动的一种投射。

## 二、时代之变

所谓"时代之变",主要指决定和标识当今时代重要特征的世界大势正在发生显著变化,这些变化已经并将继续深刻影响世界政治、经济、社会、文化、军事,国家间互动、冲突乃至战争等方面的形态。

经济全球化是近代以来影响世界发展的最重要趋势。自15世纪大航海时代开启至今,经济全球化大致经历了殖民扩张和世界市场形成阶段、两个平行世界市场阶段、经济全球化快速发展阶段。在第三阶段,经济全球化释放和提高了人类社会的生产力,促成了商品大流通、贸易大繁荣、投资大便利、资本大流动、技术大发展,形成了囊括越来越多国家的全球产业链价值链供应链。世界各国和各地区的资源优势得到更合理的配置和更充分的发挥,发展中国家与发达国家通过生产要素的流动和产业链价值链供应链的构建实现了联动发展,各个地区内部的一体化程度和世界作为一个整体的发展水平都得到显著提高,全人类的福祉整体明显提升。以这种物质条件的发展为基础,人类交往的世界性比过去任何时候都更深入、更广泛,各国相互联系和彼此依存比过去任何时候都更频繁、更紧密,环环相扣、利害关联、一荣俱荣、一损俱损的整体感和共同体感不断增强,你中有我、我中有你的相互依存、共同演化的时代大潮流日益突出,求和平、谋合作、促发展的主流持续壮大。与此同时,经济全球化第三阶段造成的负面效应在长期累积之后,持续增大。世界经济社会的分散化和碎片化趋势不断上升,全球层面的人口发展失衡、地球生态环境失衡、财富分配失衡、数字鸿沟、南北差距等变得越来越突出。地区之间、国家之间、国家内部不同群体之间的分化、失衡甚至断裂变得越来越严重，全球层面的气候变化、大规模传染性疾病、极端主义和恐怖主义等挑战不断凸显加重了世界和平赤字、发展赤字、安全赤字、治理赤字，国家内部对经济全球化进程参与程度较深、获益较多的少数"成功者"与关联度小、受损较大的多数"经济全球化进程中的失败者"分化加剧、对立加重，多个层面的文明、制度、种族、发展水平等方面的差异隔阂甚至鸿沟、分歧矛盾甚至冲突变得越来越突出。在此趋势的作用下，发达资本主义国家尤其是美国，在不能通过自身内部利益分配制度改革来解决国内社会两极分化问题的情况下，以及不能通过增加全球公共产品供给来帮助解决全球性挑战的情况下，转而企图推动构建有利于它们的全球经济新秩序，这就给全球化进程增添了干扰、阻碍、曲折，加剧了世界分化，增大了各国合作应对人类生存发展面临的全球性挑战的难度。

科学技术的重大突破和相关产业的发展壮大是推动人类社会生产力实现大解放，从根本上改变世界历史发展轨迹、基本面貌、基本格局的重要动力。进入21世纪以来，人类社会进入又一个前所未有的创新活跃期，新一轮科技革命和产业变革蓄势待发，信息化和智能化等趋势快速发展、影响尤为广泛，全球可以预见和难以预见的风险显著增加，人类面临前所未有的挑战。各主要国家纷纷推出新的创新战略，加大投入，围绕量子信息、人工智能、生物科技、新能源技术等方面的竞争，尤其是对人才、专利、标准等战略性创新资源的争夺空前加剧。西方尤其是美国甚至不惜动用政治、法律、金融等手段来打压竞争对手，极力维护自身在以芯片为代表的高技术领域的科技竞争优势及其相关产业链价值链供应链高端位置。其他大国以及创新能力突出的中小国家也纷纷发挥各自优势、加强竞争。这种竞争是人类对重大科技革命和产业变革历史性突破的积极探求,将为人类开创前所未有的美好憧憬,同时蕴含着越来越大的潜在风险挑战,可能给世界造成更大的分化和冲突,深刻改变人的思想、民族种族认同、宗教文化伦理,深刻重塑各国经济形态、政治生态、社会结构、政府治理模式等,对世界发展面貌、国际格局、全球架构、人类福祉产生深远影响,导致生产力和生产关系、经济基础和上层建筑都发生全方位再造。

### 三、历史之变

所谓"历史之变",最主要的体现就是资本主义和社会主义这两种理论学说、两种意识形态、两种社会制度将在全球范围内并存互鉴,而且资本主义面临的问题将再度增多,社会主义的影响将重新增大。

从资本主义的演化看,20世纪90年代新自由主义大行其道,随着2008年国际金融危机和欧洲债务危机的延宕并冲击全球,资本主义制度下的寡头政治和民主衰退加重、贫富分化加剧和中产阶级萎缩、移民问题凸显和族群矛盾上升、民族主义抬头和民粹主义泛滥等一系列问题凸显。这一系列矛盾不仅对美国、英国、法国、德国、意大利等老牌发达国家造成政治挑战、经济安全风险等,而且影响中东欧的波兰、匈牙利等"转型国家"的政治生态和内外政策调整。资本主义国家为了解决各种难题而寻求"再工业化""再现代化",甚至要搞"新型资本主义",以调解社会矛盾、增强经济韧性和安全韧性。这些变化使得人们对资本主义内在矛盾的认识进一步深化,发达国家年轻人对相关政治理念和经济诉求等的看法发生明显变化。

社会主义思想起源于16世纪初期西欧的"乌托邦社会主义",经过马克思主义的创立，从空想变成科学；又经过列宁领导的十月革命胜利，从理论变为现实，打破了资本主义一统天下的世界格局。第二次世界大战后，一大批社会主义国家诞生，特别是中华人民共和国成立，极大地壮大了世界社会主义国家的力量。苏联解体、东欧剧变，世界社会主义运动陷入低潮，社会主义国家屈指可数，资本主义一统天下和"历史终结"的论调一时甚嚣尘上。如今，中国共产党经过100多年的奋斗、牺牲、创造，使社会主义主张在世界上人口最多的国家成功开辟出具有高度现实性和可行性的正确道路；使中国这个世界上最大的发展中国家在短短几十年里摆脱贫困并跃升为世界第二大经济体，创造了人类社会发展史上惊天动地的发展奇迹。党的十八大以来，中国特色社会主义进入新时代，意味着近代以来久经磨难的中华民族迎来实现伟大复兴的光明前景；意味着科学社会主义在21世纪的中国焕发出强大生机活力，在世界上高高举起了中国特色社会主义伟大旗帜；意味着中国特色社会主义道路、理论、制度、文化不断发展，拓展了发展中国家走向现代化的途径，给世界上那些既希望加快发展又希望保持自身独立性的国家和民族提供了全新选择。中国共产党坚持以习近平新时代中国特色社会主义思想为指导，带领全国各族人民成功推进和拓展了中国式现代化、不断丰富和发展了人类文明新形态，21世纪中国的马克思主义展现出更强大、更有说服力的真理力量。与此同时，墨西哥、智利、阿根廷、哥伦比亚、秘鲁、洪都拉斯、巴西七国的左翼政治力量上台执政，加上之前的古巴和委内瑞拉，使"拉美进步轴心"扩展到九国之多，越南、老挝、朝鲜等社会主义国家积极探索符合本国国情的发展道路。此外，一些资本主义国家在解决自身弊端的过程中也不同程度地借鉴社会主义的因素，这都从不同侧面展示了社会主义在当今世界的强大生命力和光明发展前景。

  正是由于上述重大变化，世界又一次站在历史的十字路口。站在何去何从的十字路口，是团结还是分裂？是和平还是冲突？是合作还是对抗？各国人民都需要作出重要抉择。

# 世界百年未有之大变局的丰富内涵

新一轮科技革命和产业革命的大规模快速发展，加上全球化进程深刻的传播、扩散、冲刷作用，使得世界正在形成新的政治、经济、社会、文化、生态格局。世界多极化在大国博弈中日渐显现，国际体系在各种制度、体制、机制的不断蜕变中正呈现新的面貌。

当今世界正经历新一轮大发展大变革大调整，大国战略博弈全面加剧，国际体系和国际秩序深度调整，人类文明发展面临的新机遇新挑战层出不穷，不稳定不确定因素明显增多。基于对世界大势的敏锐洞察和深刻分析，以习近平同志为核心的党中央作出一个重大判断：世界处于百年未有之大变局。深刻认识这一"变局"的丰富内涵，牢牢把握变局给中华民族伟大复兴带来的重大机遇，是新时代新征程开拓广阔发展空间，实现中华民族伟大复兴的现实要求。

**一、新一轮科技革命和产业革命加快重塑世界，现代化进程加快**

科技是第一生产力。科学技术的发展和产业的兴起是推动人类文明持续进步和世界不断前行的不竭动力。回顾近代以来的世界历史进程，每一次科技和产业革命都深刻改变了世界的发展面貌和基本格局。16世纪以来，人类社会进入前所未有的创新活跃期，几百年里取得的科技创新成果超过过去几千年科技创新成果的总和。特别是18世纪以来，世界发生了几次重大科技革命。在科技革命推动下，世界经济发生多次产业革命，使社会生产力实现大解放和人们生活水平实现大跃升，从根本上改变了人类历史的发展轨迹。进入21世纪以来，人类社会进入又一个前所未有的创新活跃期，新一轮科技和产业革命蓄势待发，其主要特点是：多种重大颠覆性技术不断涌现、交叉融合、集群突破，科技成果转化速度明显加快，产业组织形式和产业链条更具垄断性。这对全球创新版图、全球经济格局、全球产业链价值链供应链等方面的重塑作用变得越来越突出，将给世界带来无限发展的潜力和前所未有的不确定性。

作为生产力和经济基础层面的因素，科技和产业的变迁是导致生产关系和上层建筑层面世界格局和国际秩序演进最根本的动力，大国的兴衰和不同形态文明的起落都在反复演绎这个逻辑。发端于英国的第一次产业革命，使英国走上世界霸主地位；美国抓住第二次产业革命机遇，成为科技和产业革命的领航者和最大获利者，赶超英国成为世界第一，这种态势至今没有发生重大改变。中国在古代天文历法、数学、农学、医学、地理学等众多科技领域曾经取得举世瞩目的成就，在思想文化、社会制度、经济发展、科学技术方面长期处于世界领先地位。近代以来，中国错失多次科技和产业革命带来的巨大发展机遇，逐渐由领先变为落后。新中国成立以来，中国科技整体水平有了明显提高，正处于从量的增长向质的提升转变的重要时期，一些重要领域跻身世界先进行列。当前，各主要国家纷纷出台新的创新战略，加大投入，加强人才、专利、标准等战略性创新资源的争夺，力求抢占科技和产业革命高地。中国既面临着历史机遇，又面临着严峻挑战。中国要建设世界科技强国，就一定要解决好科技领域存在的突出问题，大力发展科学技术并推进科技向产业转化，努力成为世界主要科学中心和创新高地，不断提升在全球产业链中所处的位置。

人类社会的现代化源于工业革命，而工业革命源于科学革命和技术革命。现代化不仅与科技革命有着历史的内在联系，而且现代化进程的第一动力也是科技革命。现代化作为近代以来形成并不断演进增强的世界大趋势，广义上主要指工业革命以来，生产力大发展导致社会生产方式发生重大变革，进而推动世界经济加速发展，并引起社会文化相应地发生重大变化。具体说，现代化作为一个历史进程，就是以现代科学、技术革命、产业发展变革为推动力，使传统农业社会实现向现代工业社会的重大转变，使工业主义渗透到经济、政治、文化、思想等各个领域，并引起社会组织形式和社会行为方式发生深刻变革，促使国家治理体系和治理能力主动或被动地不断现代化。这个历史趋势及其进程，从欧美国家开始，伴随第一次、第二次、第三次科技革命和产业革命的推进，不断向世界越来越多的国家和地区拓展，越来越多的国家、地区、民族以不同的速度、程度、方式纳入其中，并呈现不同的效果和特点。从总体上看，欧美国家和地区的现代化进程大致从15、16世纪开始，至今经历了500多年的演化，是一个从传统农业社会中逐步发展起来的内生型的现代化。欧美之外的国家和地区的现代化，则是在本地内在变革动力尚不足以开启现代化进程的历史条件下，受西方侵略扩张的强烈冲击，在被殖民地化和半殖民地化的过程中，为了抵抗或应对外部侵略扩张而发起的思想革命、商业革命、工业革命、社会革命。这些变革或革命在相当程度上是从外部传导进入的外源型的，通常伴随着同本地传统和外部世界双重的剧烈冲突。

当今世界正处在新一轮科技革命和产业革命的历史交汇期，为信息、生命、制造、能源、空间、海洋等方面的原创突破提供了更多创新源泉。这些科技创新和产业变革在全球范围内的传播同样是一个不可阻挡的必然进程，将带动越来越多国家和地区在各个领域从理论到实践的深刻变化。在此过程中，世界不同国家和地区实现现代化将遵循大致相似的发展逻辑。

科技革命引发了人类社会的现代化，也引发了中国的现代化。与西欧、北美和日本等先发国家和地区的现代化相比，中国的现代化进程更加曲折和艰难，但更有后劲，也更有特色。正是深刻认识、准确把握、积极适应世界现代化的共通性，吸收借鉴各国、各地区、各民族现代化的成功经验和教训启示，中国共产党在已有基础上继续前进，不断实现理论和实践上的创新突破，成功推进和拓展了中国式现代化。概括提出并深入阐述中国式现代化理论，是党的二十大的一个重大理论创新，是科学社会主义的最新重大成果，丰富和发展了习近平新时代中国特色社会主义思想，为全面推进中国式现代化提供了重要指南。

## 二、经济全球化深入发展推进全球治理加快变革

经济全球化是社会生产力发展的客观要求和科技进步的必然结果。自15世纪大航海时代开启，资本、劳动力、技术等各种生产要素以及商品、产业、信息等开始在世界某个地区乃至全球范围内自由流动和自由布局，区域内的联合和一体化程度以及世界的关联性和整体性都逐步提升。冷战结束以来，新一轮经济全球化进程持续快速发展，为世界经济发展提供了强劲动力，进一步优化了资本、信息、技术、劳动、管理等生产要素在世界范围内的配置，促成了贸易大繁荣、投资大便利、人员大流动、技术大发展，在信息化日新月异的今

天，互联网、大数据、量子计算、人工智能迅猛发展，形成了包括越来越多国家的全球产业链价值链供应链。在这个历史性进程的长期作用下，世界各国和各地区的资源优势得到更合理的配置和更充分的发挥，世界作为一个整体的发展水平得到显著提高。随着物质条件的发展，人类交往的世界性比过去任何时候都更深入、更广泛，各国相互联系和彼此依存比过去任何时候都更频繁、更紧密。

经济全球化也是一把"双刃剑"。随着新一轮经济全球化进程向前发展，不同地区、国家、产业、群体将经受不同的冲击。全球经济复苏乏力，单边主义、保护主义肆虐，一些国家构筑"小院高墙"、强推"脱钩断链"、鼓噪供应链"去风险"，经济全球化遭遇逆流。[1] 少数国家主导的经济全球化，并没有实现普遍普惠的发展，而是造成富者愈富、贫者愈贫，发达国家和发展中国家以及发达国家内部的贫富差距越来越大。很多发展中国家在经济全球化中获利甚微甚至丧失自主发展能力，难以进入现代化的轨道。全球经济增长动能不足、全球经济治理体系不完善、全球经济发展失衡等问题。[2] 这些使完善全球经济治理、消解经济全球化负面影响、引导经济全球化朝着开放、包容、普惠、平衡、共赢方向健康发展变得越来越重要而且紧迫。面对这种加强全球治理的强烈需求，中国展现大国责任担当，秉持共商共建共享的全球治理观，创造性提出推动构建人类命运共同体这个中国方案和积极打造"一带一路"建设这个最广泛国际合作平台，积极倡导兼顾全球经济治理和安全治理，推动全球治理体系朝着更加公正合理的方向变革。

---

[1] 中华人民共和国国务院新闻办公室：《携手构建人类命运共同体：中国的倡议与行动》，《人民日报》2023年9月27日。
[2] 中华人民共和国国务院新闻办公室：《共建"一带一路"：构建人类命运共同体的重大实践》，《人民日报》2023年10月11日。

## 三、世界多极化深入发展使国际力量对比由失衡趋于平衡

20世纪以来，经历了两次世界大战和冷战，国际格局在大多数时间里处于集团对峙较量状态。冷战结束尤其是苏联解体、东欧剧变以来，世界权力从一个中心向多个中心扩散，各中心之间力量差距逐渐缩小，西方发达国家的世界主导地位持续走弱，多极化趋势逐步发展。在2023年金砖国家工商论坛闭幕式上的致辞中，习近平主席指出："当今时代，以金砖国家为代表的新兴市场国家和发展中国家群体性崛起，正在从根本上改变世界版图。新兴市场国家和发展中国家过去20年对世界经济增长的贡献率高达80%，过去40年国内生产总值的全球占比从24%增至40%以上。"[①] 进入21世纪尤其是2008年国际金融危机爆发以来，多极化在不同层面和不同领域不断扩展，向全新的广度和深度持续深化，使国际力量对比总体上由失衡趋于平衡。从全球范围看，传统发达国家和新兴经济体、广大发展中国家之间的差距不断缩小。这一系列表现使得全球发展的版图变得日趋平衡。以不断增强的经济实力作为支撑，新兴经济体和发展中国家加强协调，推动提高自身在国际货币基金组织和世界银行中的投票权，在联合国、金砖国家、二十国集团（G20）峰会等多边框架下持续增大影响力，促进南南合作，扩大共同利益和发展空间。此外，东盟、非盟等地区合作机制的作用不断增强，也在推升新兴经济体和发展中国家的整体国际影响。这是近代以来国际力量对比中最具革命性的、历史性的甚至难以逆转的变化。

以金砖国家为例。2023年8月24日，在金砖国家领导人第十五

---

[①] 习近平：《深化团结合作 应对风险挑战 共建更加美好的世界——在2023年金砖国家工商论坛闭幕式上的致辞》，《人民日报》2023年8月23日。

次会晤特别记者会上，南非总统代表五国领导人正式宣布，决定邀请沙特阿拉伯、埃及、阿联酋、阿根廷、伊朗、埃塞俄比亚正式成为金砖大家庭成员。这是一个重大历史时刻，标志着金砖机制扩大成为拥有十一个成员的多边合作平台。从2009年中国、俄罗斯、印度、巴西在俄罗斯叶卡捷琳堡举行金砖国家首次峰会，到2011年金砖国家中国三亚峰会吸收南非加入，再到2017年金砖国家中国厦门峰会开启"金砖+"机制以延展合作，包括此次历史性的大幅扩员，中国是金砖国家这个重要合作平台和机制从无到有并不断发展壮大的参与者、推动者、引领者。

扩容之后的金砖国家作为一个合作平台和机制，其绝大部分成员来自"全球南方"国家，此前表达加入该机制意愿的40多个国家和正式申请加入的20多个国家也大都来自"全球南方"。这就意味着金砖机制将成为"全球南方"国家深化联合、加强合作的重要渠道和平台，金砖机制在全球事务中的影响力增强就意味着"全球南方"国家国际地位的提升。此次在金砖国家南非峰会之际，60多位包括金砖国家成员在内的新兴市场国家和发展中国家领导人或代表，以及联合国等国际和地区组织负责人等聚集一堂，共商关乎世界和平与发展之大计，即为鲜明例证。

金砖机制秉持真正的多边主义，经历了14年复杂多变的国际风云洗礼考验，锤炼形成了"开放、包容、合作、共赢"的金砖精神。在不断扩员的同时，金砖机制各领域多层次合作正日益走实走深，从政治协调和经济合作"两条腿走路"，到政治安全、经贸财金、人文交流"三轮驱动"，朝着一体化大市场、多层次大流通、陆海空大联通、文化大交流四大目标迈进。

从20世纪中叶寻求民族解放和国家独立的反帝反殖民运动，到在美苏两个超级大国的冷战对峙中寻求更大发展空间、外交空间、安全空间，再到冷战结束、两极格局瓦解、经济全球化加速塑造世界的大背景下基于各种共同利益关切、探求多种形式和多个领域的合作，广大发展中国家尽管存在不少内部分歧、不断发生分化和关系重组，却一直在坚持探求合作自强。如今，在变乱交织的百年未有之大变局之下，世界大调整、大分化、大重组加剧，不确定、不稳定、难预料因素增多，广大发展中国家在推动世界多极化、国际关系民主化、文明发展和现代化路径选择多样化等方面，正在形成越来越多的共识和共同利益诉求，这正是广大发展中国家在各种不同范围内和不同平台上加强合作的最大动力，也是"全球南方"整体兴起的最大动力。这种动力及其形成的潮流趋势绝非西方发达国家能左右。这正是"全球南方"概念自提出就超越了西方发达国家所预想的框架，日益成为广大发展中国家争取实现共同利益诉求的新标志和新平台的重要原因。中国作为当今世界最大的发展中国家，永远属于发展中国家的一员，必然要在"全球南方"整体兴起的历史大势中发挥重要作用，就像过去在广大发展中国家群体性崛起的历史进程中发挥重要作用一样。

总的来看，国际力量对比历史性地趋向平衡。自近代以来，欧美一直凭借世界前三次科技产业革命和经济全球化前三个阶段的主导者优势占据世界中心地位，并视其他国家和地区为"边缘地带"，形成所谓"中心—边缘"世界体系和"欧美中心论"。在两个半世纪左右的时间里，"中心地带"持续下降、"边缘地带"不断崛起的大势从未停止。第一次世界大战和第二次世界大战之后，欧美殖民体系瓦解，亚非拉民族独立解放运动席卷全球，苏联所领导的社会主义阵营和华沙条约组织同以美国为首的资本主义阵营和北大西洋公约组织一度分庭抗礼。冷战结束尤其是苏联解体、东欧剧变后，美欧盛极一时、独步天下。然而，21世纪以来，在"9·11"事件、阿富汗战争、伊拉克战争、国际金融危机、金砖国家兴起、"阿拉伯之春"、民粹主义在美欧泛起、特朗普执政美国、英国"脱欧"、新冠疫情全球蔓延等一系列重大事件的连续冲击下，国际力量加速从一个中心向多个中心扩散，各中心之间的力量差距逐渐缩小，世界多极化趋势在不同层面和不同领域深入发展，国际力量的对比东升西降、南升北降，总体日趋平衡的态势不断凸显。这种变化是历史性的，甚至是难以逆转的。

从全球范围看，以"西方七国"为代表的传统发达国家的经济实力、政治影响力、地区和全球局势掌控力等持续下沉，以"金砖五国"为代表的新兴经济体和广大发展中国家则在经济实力不断上升的基础上增强对地区和全球的影响，"中心地带"和"边缘地带"的整体差距不断缩小，全球政治经济版图深刻变化。这是近代以来国际力量对比中最具革命性的变化。从主要战略力量之间的对比看，冷战结束后"美利坚帝国"一度独霸世界的严重失衡态势明显改变。美国尽管综合国力依然突出，但在多个方面的实力都在相对减弱。这是冷战结束以来美国全球地位最明显的变化，也是导致世界多极格局加速形成的最重要因素。中国、俄罗斯、欧盟、日本、印度等经济体的力量多重分散、差距缩小态势同样变得越来越明显。

## 四、大国战略博弈加剧推动国际体系深刻变革

从主要战略力量之间的对比看，冷战结束后的失衡态势明显改变。美国独自掌控地区和国际局势的意愿、决心和能力明显下降，"多强"之间国际地位变化的均衡化趋势日渐突出。英、法、德、俄等国的经济总量不断提高，但在世界经济格局中的相对占比在下降；俄罗斯则在经济实力下降背景下，继续在军事力量上保持突出地位；中国和印度经济总量及其在世界经济格局中的相对占比均在上升。其中，中国处于近代以来最好的发展时期，综合国力和国际地位提高尤为显

著。这不仅大大强化了世界多极化趋势，而且成为提高新兴经济体和发展中国家整体实力并使国际力量对比变化的重要因素。

面对不断深入发展的多极化趋势，特别是国际混乱失序因素明显增多、不确定性和风险性持续高企的全球环境，世界主要战略力量纷纷重新厘清自身定位、资源条件、内外战略，力求更好地因应变局、维护利益、确保安全，在日益显现的多极格局中抢占比较有利的国际地位。这就使得大国的战略取向和政策推进普遍呈现强调自主、推陈出新、强势进取的特点，大国关系的合作面明显下降、竞争面明显上升，而且竞争日益聚焦于重塑国际规制。当今时代，世界各国正通过以制度创新和经济科技军事实力为支撑、以重塑国际规则为主要手段的竞争博弈来重新划分利益和确立彼此地位关系，国际体系的变革愈显深刻。发展模式和道路多样化趋势越发凸显。全球地缘战略角逐的中心舞台从欧洲转向印度洋—亚洲—太平洋板块。军事战略之争从以大规模杀伤性武器为代表的传统战略威慑能力，向太空、网络、海洋、极地等新领域和远程精确化、智能化、隐身化、无人化等新技术维度扩展。国际规制重构围绕联合国教科文组织、联合国人权理事会、世界贸易组织、世界银行、国际货币基金组织等展开。国际社会在共同应对各种全球性挑战的过程中，不断提出新的思想理念，创建新的国际规则、体制、机制，这将进一步催生新的国际体系。

## 五、社会主义在世界范围内展现强大生命力

随着20世纪80年代末90年代初苏联解体、东欧剧变，世界社会主义运动陷入低潮，随之而来的是"马克思主义过时论""历史终结论""社会主义是乌托邦论"等各种论调甚嚣尘上。国际关系格局发生了翻天覆地的变化，美苏两个超级大国的冷战以苏联的解体而告

终，美国成为唯一的超级大国。国际关系格局的变革给欧美发达资本主义国家在全世界的资本扩张提供了千载难逢的机遇。欧美吹捧的新自由主义思潮开始在全世界扩张。然而，2008年，随着金融危机在美国发生，债务危机在欧洲蔓延，民粹主义、孤立主义、民族主义等在西方国家泛滥、兴起，严重冲击了西方国家的政治体制架构和资本主义制度，造成社会阶层分裂，精英集团与普通百姓特别是中产阶级的对立。这导致以反建制、反精英、反移民、反全球化为特征的民粹主义呈泛滥之势，从美国这个重要"震源"加速向英国、法国、德国等老牌发达国家蔓延，甚至向中东欧的波兰、匈牙利等"转型国家"以及拉美巴西、墨西哥等国不断扩散，民粹政党和政治人物利用民众不满在多国攫取权力。特别是在新冠疫情全球蔓延的冲击之下，美欧等发达国家在疫情防控方面暴露的诸多弊端致使广大民众对资本主义制度的质疑加重，对社会主义制度的积极看法增多。民主社会主义的一些价值理念在这些国家缓解政治、经济、社会矛盾和应对危机的过程中得到了越来越多的认可和践行，全球影响力不断上升。

更为重要的是，中国特色社会主义伟大事业取得的伟大成就以不可辩驳的事实彰显了科学社会主义的鲜活生命力。百年来，中国共产党领导人民进行伟大奋斗，在进取中突破，于挫折中奋起。党领导人民经过波澜壮阔的伟大斗争，中国人民彻底摆脱了被欺负、被压迫、被奴役的命运，成为国家、社会和自己命运的主人，人民民主不断发展，14亿多人口实现全面小康，中国人民对美好生活的向往不断变为现实，书写了经济快速发展和社会长期稳定两大奇迹新篇章，推动我国迈上全面建设社会主义现代化国家新征程。中国共产党在世界形势深刻变化的历史进程中始终走在时代前列。"中国特色社会主义道路是在科学社会主义理论指导下走出来的"[①]。拥有马克思主义科学理论指导是中国共产党坚定信仰信念、把握历史主动的根本所在。党的十八大以来，在以习近平新时代中国特色社会主义思想的指导下，中国共产党团结带领人民成功推进和拓展了中国式现代化，不断丰富和发展人类文明新形态，二十一世纪中国的马克思主义将展现更强大、更有说服力的真理力量。此外，越南、老挝、古巴、朝鲜等社会主义国家各自所呈现的发展态势则从不同侧面展示了社会主义制度在当今世界的生命力和发展前景。

总之，当前正在发生的以人工智能为标志的科技革命，将对新一轮经济全球化和人类社会发展产生难以估量的深刻影响。当今世界正处于百年未有之大变局，各种新旧问题与复杂矛盾叠加碰撞、交织发酵。人类社会面临前所未有的挑战，不稳定、不确定、难预料成为常态。大国在因应这些世界大势带来的机遇和挑战的过程中，顺势而进者走强、逆势而动者走弱，并依据实力地位消长和驾驭国际规制的水平而重新排列组合。世界多极化在大国博弈中日趋加强，国际体系在各种制度、体制、机制的不断蜕变中正呈现新的面貌。世界百年未有之大变局，加速演进。

---

[①] 习近平：《汇聚两国人民力量 推进中美友好事业——在美国友好团体联合欢迎宴会上的演讲》，《人民日报》2023年11月17日。

## ◦ 世界在延续中变革调整

21世纪第一个十年的战争、冲突、动荡与紧张事态似乎比以往更多一些。从2001年的"9·11"事件开始,紧随其后的是阿富汗战争、伊拉克战争、粮食危机和国际金融危机,以及席卷西亚北非的大变局和利比亚战争,以及正在进行中的俄乌冲突,而所有这些重大事件并非此起彼伏,而是彼此之间不同程度地相互关联,相互交织、叠加共振,连续不断地冲击整个世界,至今依然在发展。如今,我们一方面可以看到,冷战结束甚至更早时间以来已经形成的全球化、多极化、信息化等进程仍在发展,在延续的同时呈现一些新的特点;另一方面,更为重要的是,这些进程长期持续发展所累积的效应,加上"9·11"事件以来一系列重大事件的冲击、洗礼和催化,推动整个世界的政治、经济、社会、军事、安全等不同程度地开始经历转型,转型的长期性、过渡性、渐进性、曲折性和多变性在不同地区、不同国家和不同领域有不同显现。这些特点使得国际战略与安全形势的发展前景充满不确定性。

上 篇

## 一、非传统安全问题大幅凸显

"9·11"事件是迄今国际恐怖主义的极端之作。事件发生后，美国小布什政府随即高举反恐大旗，把反恐作为国家安全战略的首要目标，对内检审和改革国家情报机构，组建国土安全部等，对外以反恐划线，很快发动阿富汗战争，并加强金融和情报反恐合作。受此冲击，世界首先在安全领域发生变化，那就是恐怖主义和反恐迅速上升为国际政治与安全方面的焦点议题，其他问题的重要性、紧迫性和受关注程度相对下降。

从恐怖主义威胁的发展看，继"9·11"事件之后，除了阿富汗和伊拉克等地针对美军和北约部队的持续不断的恐怖袭击之外，又发生多次针对西方国家和西方游客的重大恐怖袭击，如2002年印尼的巴厘岛爆炸案、2004年3月11日西班牙马德里爆炸案、2004年9月俄罗斯别斯兰人质事件、2005年7月7日英国伦敦爆炸案、2008年11月印度孟买系列爆炸案等。2009年9月被挫败的纽约地铁爆炸阴谋和2009年12月未遂的圣诞炸机案等，也使世界感到惊悚。在本·拉登领导的"基地"组织备受追剿的情况下，阿拉伯半岛"基地"分支机构、印尼"伊斯兰祈祷团"、乌兹别克斯坦伊斯兰运动等其他与"基地"组织有关或无关的恐怖主义组织日趋活跃，整个国际恐怖主义的发展呈现分散化、多元化、本地化和小型化等特点。对于美欧来说，本土的而非外部输入的恐怖主义所构成的威胁近年来明显上升。

从反恐方面看，美国通过发动阿富汗战争和伊拉克战争这种方式来打击恐怖主义，十年的实践不仅已经充分证明效果的有限性，而且表明将激起更多的恐怖袭击。也许正由于此，美国才在也门采取了出钱出枪而不是直接军事介入的办法来推动萨利赫政府反恐。国际反恐合作在"9·11"事件之后迅速成为"主旋律"，尽管在伊拉克战争后

023

合作动力和势头有所下降，但至今已然发展成为基本趋势。随着美国历经10年努力最终于2011年5月击毙本·拉登和本土恐怖主义的威胁不断上升，美国一方面在海外进一步施行"情报+精确打击"的反恐策略，另一方面开始把反恐重点转向国内。2011年8月3日，奥巴马政府公布"提升地方伙伴能力，防范国内暴力极端主义"的战略，表示要以社区为中心开始提高美国国内防范包括恐怖主义在内的极端主义的能力。其他主要国家也纷纷把反恐作为比较优先的事项来处理。

奥巴马政府时期，在美国的持续打击下，"基地"组织严重受损，其首脑本·拉登被击毙，美国认为其反恐战争获得重大成功，进而开始了反恐战略的收缩。奥巴马政府在2011年推出的美国《国家反恐战略》中列举了十个反恐的重点地区和领域，并将美国本土防御恐怖主义体系构建列为首要任务。奥巴马总统第二任期虽然遭遇"伊斯兰国"的抬头，但仍然坚持反恐战略收缩，强调组建国际反恐联盟，加大对伊拉克政府和叙利亚反对派的军事援助，继续"低强度介入"式反恐。截至2014年底，美国联合英、法、加、澳、沙特、阿联酋、卡塔尔、约旦等国对伊拉克和叙利亚境内的"伊斯兰国"等极端组织实施了5000余次空袭，这虽然基本遏制了上述极端组织的攻势，但尚未使伊拉克政府军和美国等在战场上取得明显优势。

特朗普上台后，以2018年9月的美国《国家反恐战略》为标志，美国新的反恐战略日益成型，2019年10月26日"伊斯兰国"头目巴格达迪在美军突袭中被击毙以来，新反恐战略框架建构不断取得重要进展。特朗普政府对美国的反恐战略进行了重大调整，新的反恐战略突出了预防性和全面性，并在战略倾向、重点领域和具体政策方面都有新的变化和深化。受其影响，反恐战略正在从全球治理选项逐渐转变为国内治理选项，大国反恐合作的效力进一步降低，国际反恐的合法性和政治基础将遭到削弱。尤其是特朗普政府在反恐中对军事手段的选择性使用以及各种工具性的反恐举措有引发"以暴制暴"的暴力滥用之虞；其减少反恐援助、以高压姿态分摊反恐责任和借反恐之名打压特定国家如伊朗的做法，更使反恐日益偏离题中之义。①

2021年1月，拜登就任美国总统。同年6月，美国白宫发布《打击国内恐怖主义国家战略》，旨在采取一系列措施提高联邦政府应急能力，遏制国内恐怖主义的上升势头。正在欧洲访问的美国总统拜登当天发表声明说，这一反恐战略旨在以综合手段预防、打击和威慑美国国内恐怖主义。他说："由仇恨、偏执和其他形式极端主义驱动的国内恐怖主义是美国灵魂上的一个污点。"②

美国2022年《国家安全战略报告》称："今天的恐怖主义威胁在思想上比二十年前更加多样，在地理上更加分散。基地组织、伊拉克和黎凡特伊斯兰国和相关部队已从阿富汗和中东扩大到非洲和东南亚。""叙利亚、也门和索马里仍然是恐怖分子的庇护所；地方分支已成为区域冲突中根深蒂固的行为者。其中许多团体仍然打算实施或鼓励他人攻击美国和我们在国外的利益，尽管多年来持续的反恐和执法压力限制了它们的能力，加强安全措施和信息共享改善了我们的防御。与此同时，美国境内一系列国内暴力极端分子的威胁急剧增加。"③该报告专门就美国如何对待恐怖主义的相关问题作了阐述。

在恐怖主义与反恐占据国际安全议程焦点位置的同时，社会层面因失业严重、福利水平下降、宗教和种族矛盾加剧等问题导致的反对政府、破坏稳定的威胁明显上升。金融危机、粮食危机、自然灾害（地震、洪灾、旱灾）、大规模传染病疫情等其他非传统安全问题在国

---

① 刘贞晔、陈秋丰：《美国反恐战略的转向》，《现代国际关系》2020年第2期。
② 徐剑梅、邓仙来：《白宫发布美国国内反恐战略》，新华网2021年6月16日。
③ 《美国2022年〈国家安全战略报告〉》，昆仑策网2022年10月16日。

际安全议程中的地位也不断攀高，越来越多的国家强调更全面和更具综合性的安全理念，主要国家纷纷调整国家安全战略，普遍大幅加强应对非传统安全问题的能力，甚至为此调整军事战略，包括调整军队职能和相关机制，变革军队结构、武器装备和作战方式等。非传统安全合作作为国际安全合作的新领域和新亮点受到越来越多的重视。

## 二、主要大国实力消长加速国际关系重组

美国是"9·11"恐怖袭击的直接受害者，其作为世界唯一超级大国的安全自信心遭遇空前挫伤。小布什政府无论是被激怒而采取了非理性的报复战略，还是顺势利用"9·11"事件提供的契机，既打击恐怖主义又大力推进早已有所谋划的地缘战略，总之其后来发动阿富汗战争和伊拉克战争等一系列重大举动，不仅使美国付出较大的软硬实力代价之后的一段时间里尚未完全撤出伊拉克和阿富汗，而且持续激化与伊斯兰世界的矛盾至今尚未缓解。再加上金融危机对美国金融和经济的严重影响，这一连串因素共同导致美国从小布什上台之初盛极一时的权势地位相对下滑，迫使其越来越多地注重国内问题，对外政策从单边主义到多边主义再到发挥自身巧实力和借助外部多方力量维护地区和全球领导地位的趋向日益明显。

从全球战略层面看，2001年至2011年十年国际战略格局最重要的变化就是美国在"9·11"事件、阿富汗战争、伊拉克战争、国际金融危机等一系列重大事件的冲击下，实力和影响力相对下降，"全球领导作用"的发挥所受制约增多。这一突出变化，加上欧日实力稳中有降，以及新兴大国实力地位相对上升，导致世界主要力量之间的差距有所缩减，彼此关系重组明显加快。美国起初与主要大国合作反恐，之后大行单边主义发动伊拉克战争，再之后寻求与各国共同反危

机抗衰退，再之后则是一边强化与欧日等西方盟友传统关系，一边增加对中印等新兴大国的借助，以维护其全球领导地位。受此牵动，大国关系2001年至2011年十年的演变呈现合作加强—分歧上升—合作加强—分歧上升的波浪态势。

2011年后主要大国都在为各自未来的战略优势加紧战略谋划，调整内政外交，积极展开竞争。一方面，主要大国都着眼解决各自国内发展面临的中长期重大问题；另一方面，都着眼争取各自在国际和地区格局中的有利地位而展开布局，美欧围绕国际金融体系改革和全球经济治理方向，美俄围绕中亚和中东欧国家的地缘政治格局变动，中、美、日、印围绕亚太格局重组走向，不同层面的博弈都在交织发展，明显增强了国际战略格局变动的错综复杂多变程度。这轮竞争和博弈的结局取决于谁调整方向正确、谁调整速度快、谁率先调整到位、谁的战略和政策实施顺畅有效。

### 三、国际机制转型深化推升权力博弈

如前所述，世界在"9·11"事件以后一系列重大事件特别是国际金融危机的连续冲击下，安全、政治、经济和社会开始转型，诸多全球性和地区性问题泛起，国际战略格局的演变加快，所有这些变动都势必逐步浮现于国际机制，推动"9·11"事件之前早已开始的国际机制和平渐变加速。

从全球层面看，联合国体系作为当今国际体系的主要支撑，其适应国际形势变化的改革小有进展。2005年成立了建设和平委员会，用人权理事会取代人权委员会，改善和加强与非政府组织的合作，开启安理会改革进程。2009年有关安理会改革的政府间谈判正式启动，各方博弈艰难推进。国际货币基金组织和世界银行的股权结构和职能

调整取得进展，根据2010年通过的改革方案，两大机构分别向新兴经济体及发展中国家转移6%和3.13%的投票权。从金融稳定论坛变身而来的金融稳定委员会围绕强化信用评级机构和衍生品监管等问题进一步调整和探求发展方向。世界卫生组织寻求在大规模传染病疫情发布、疫苗研发、治疗指导和促进国际合作等方面发挥更大作用。联合国粮农组织在大力帮助应对全球粮食危机的同时，致力于将其下属的世界粮食安全委员会改造成"最重要、最广泛的消除世界饥饿的国际交流和政策协调平台"。联合国环境规划署寻求在全球气候变化问题不断升温的背景下向新的国际气候治理机制转变。国际原子能机构在继续增强适应核裁军和核不扩散新形势的行动能力的同时，以帮助应对日本核辐射危机为契机，着力强化在核能和核电安全方面的国际领导力。

  从大国关系和地区层面看，成立于1999年的二十国集团经过2008年国际金融危机的催化和全球经济治理需求的强劲拉动，上升为推进国际金融体系改革、加强全球金融监管、开展全球经济治理、推动全球经济转型的主要平台。八国集团寻求重新定位，酝酿扩容和调整职能。"金砖四国"峰会从概念走向现实并扩大为"金砖五国"；2023年8月24日《金砖国家领导人第十五次会晤约翰内斯堡宣言》明确宣布决定邀请沙特、埃及、阿联酋、阿根廷、伊朗、埃塞俄比亚从2024年1月1日起成为金砖国家正式成员，朝着兼顾有效务实合作和准机制化的方向发展。北约加快全球化转型，力求成为与"民主国家同盟"理念相配套的全球性"磋商国际安全事务的中心"。欧盟在债务危机的洗礼中探求进一步整合成员国内外政策，穿越"转型时刻"迈向一体化建设的新阶段。亚太地区的上合组织、东盟与中国（10+1）、东盟与中日韩（10+3）、中日韩峰会、美国与东盟（1+10）、东亚峰会（10+6）、亚太经合组织（APEC）、全面与进步跨太平洋伙伴关系协定（CPTPP）等多个区域次区域合作机制竞争互促。南美洲国家联盟向共同体建设迈进。非盟把非盟委员会提升为专门负责防务、外交与外贸谈判等事务的权力机构，阿盟在应对诸多挑战过程中寻求整合阿拉伯世界，二者都力求在中东大变局的应对过程中加强内部协调和提升影响。

这些变化部分是各种机制调整自身以适应全球和地区治理新形势的需要，部分是新崛起者为争取与自身实力地位相称的权利而促使既得利益者让渡部分权利，还有部分是主要力量围绕地区和国际体系转换中的规制权和影响力展开角力。和平条件下权利重新划分和规制厘定的艰难决定了国际和地区机制变革演进的缓慢，外交变得越来越重要。这使得国际和地区机制的新旧部分在相当长时期内将并存、交织、磨合和竞争，不断优化重组，权力结构将更趋多元化和网络化，整个体系的运行将变得更加复杂、充满变数甚至显得有些混乱。

# ○ 全人类共同价值与时代潮流

中国共产党奋斗百年，之所以能够不断创造辉煌，一条重要的历史经验就是始终坚持用马克思主义观察时代、把握时代、引领时代。党的十八大以来，习近平总书记立足中华民族伟大复兴战略全局和世界百年未有之大变局，响应时代之问和人类发展之需，创造性地提出全人类共同价值这一重要理念，贯通了中华文明与人类各种文明之间的价值追求，为中国与世界各国共同实现发展繁荣提供了价值基础和价值引领。

## 一、从全人类共同价值高度把握时代潮流

认识世界发展大势，跟上时代潮流，是一个极为重要并且常做常新的课题。中国要发展，必须树立世界眼光、把握时代脉搏，确保在世界形势深刻变化的历史进程中始终走在时代前列。走在时代前列，既有顺应时代潮流之意，更有引领时代潮流之意。从新中国成立到实行改革开放再到党的十八大，中华民族大踏步赶上了时代，实现了从站起来到富起来的伟大飞跃。中国特色社会主义进入新时代，迈入全面建设社会主义现代化国家的新征程，要实现从富起来到强起来的伟

大飞跃，实现中华民族伟大复兴的中国梦，必须在更好地顺应时代潮流的基础之上积极地引领时代潮流。面对中华民族伟大复兴战略全局和世界百年未有之大变局同步交织、相互激荡的时代背景，面对我国社会主要矛盾变化带来的新特征新要求，面对世界格局和国际体系深刻调整带来的新矛盾新挑战，中国共产党团结带领人民，统揽"四个伟大"，统筹推进"五位一体"总体布局、协调推进"四个全面"战略布局，坚持和完善中国特色社会主义制度、推进国家治理体系和治理能力现代化，战胜一系列重大风险挑战，实现了第一个百年奋斗目标，正逐步实施第二个百年奋斗目标的战略安排，把中华民族伟大复兴推上不可逆转的历史进程。同时，把"坚持推动构建人类命运共同体"作为新时代坚持和发展中国特色社会主义的十四个基本方略之一，加以全面贯彻；明确坚持独立自主和对外开放相统一，积极参与全球治理，为构建人类命运共同体不断作出贡献，是我国国家制度和国家治理体系所具有的十三个显著优势之一，要不断坚持和完善。

在顺应和引领世界大势、明确内政外交大政方针的基础之上，习近平总书记从价值的高度提出融通中国与世界的全人类共同价值。2015年9月，习近平主席在出席第七十届联合国大会一般性辩论时首次提出，"和平、发展、公平、正义、民主、自由，是全人类的共同价值"[1]。2020年9月，在第七十五届联合国大会一般性辩论上的重要讲话中，他指出："坚守和平、发展、公平、正义、民主、自由的全人类共同价值，推动构建新型国际关系，推动构建人类命运共同体，共同创造世界更加美好的未来！"[2] 这就把全人类共同价值与新型国际关系、人类命运共同体、世界更加美好的未来等重要思想理念联系

---

[1] 《习近平在联合国成立70周年系列峰会上的讲话》，人民出版社2015年版。第15页。
[2] 《习近平在联合国成立75周年系列高级别会议上的讲话》，人民出版社2020年版，第13页。

贯通起来了。2021年7月1日，习近平总书记在庆祝中国共产党成立100周年大会上向全世界庄严宣告，"中国共产党将继续同一切爱好和平的国家和人民一道，弘扬和平、发展、公平、正义、民主、自由的全人类共同价值"[①]。随后，在7月6日举行的中国共产党与世界政党领导人峰会上，他郑重呼吁，世界各国政党"要担负起凝聚共识的责任，坚守和弘扬全人类共同价值"[②]。至此，全人类共同价值这一重要理念成为习近平新时代中国特色社会主义思想尤其是习近平外交思想把握时代潮流的最新创造。

从人类发展的价值层面看，每个国家、每个民族、每种文化都各有各的价值观，这些价值观之间没有高低、优劣、好坏之别。随着经济全球化进程中全球产业链供应链的形成和扩展，信息化进程中思想在全球范围内的扩散和传播，文化多样化进程中观念在跨文化之间的碰撞和交锋，人类的价值追求既呈现越来越多元多样的发展态势，又呈现越来越交融趋同的发展倾向，这是一个对立统一的进程。在世界各国发展的联动性和人类发展的整体性日显突出的背景下，人类在价值层面的共同追求也变得越来越明显。全人类共同价值这一重要理念，站在人类历史的长河中，准确把握世界脉动，超越意识形态、价值观、社会制度、发展水平的差异，凝聚不同文明的价值共识，反映不同国家和民族的价值理念的最大公约数，升华形成人类文明进步繁荣的价值遵循。正如习近平总书记所指出："各国历史、文化、制度、发展水平不尽相同，但各国人民都追求和平、发展、公平、正义、民主、自由的全人类共同价值。我们要本着对人类前途命运高度负责的态度，做全人类共同价值的倡导者，以宽广胸怀理解不同文明对价值

---

[①] 《习近平著作选读》第二卷，人民出版社2023年版，第485页。
[②] 《习近平著作选读》第二卷，人民出版社2023年版，第492页。

内涵的认识，尊重不同国家人民对价值实现路径的探索，把全人类共同价值具体地、现实地体现到实现本国人民利益的实践中去。"①弘扬全人类共同价值，不是要把哪一家的价值观奉为一尊，而是倡导求同存异、和而不同，充分尊重文明的多样性，尊重各国自主选择社会制度和发展道路的权利。②

从中国与世界的价值共鸣看，随着中国与世界的关系发生深刻变化，中国同国际社会的互联互动已变得空前紧密，中国对世界的依靠、对国际事务的参与不断加深，世界对中国的依靠、对中国的影响也不断加深，中国与世界各国的交流交融从器物到规则标准，进而向价值理念层面不断深入发展。中华民族5000多年的文明史一直追求和平、和睦、和谐的理念，传承"天下一家""协和万邦""大道之行，天下为公"等思想，崇尚人本、仁爱、诚信、正义等精神，这与联合国宪章所强调的和平、发展、安全、人权、平等、自由等理念和精神高度一致，这些理念和精神也是世界上大多数国家所坚守和追求的。在思想理论建设方面，中国特色哲学社会科学理论体系的构建越来越强调立足中国、借鉴国外，挖掘历史、把握当代，关怀人类、面向未来；中国话语和中国叙事体系的构建越来越注重打造融通中外的新概念、新范畴、新表述，提高国际传播影响力、中国话语说服力、国际舆论引导力。与之相应，国外对中国和中国共产党的研究从过去基于狭隘立场，一味地站在对立面进行批判，逐步向基于包容立场，愿意增加认知，寻求价值共融。中外这种相向而行，使得中国与世界在价值层面的贯通之处和共识之处不断扩展，共同或相似的话语表达不断增多。"全人类共同价值"的提出，实现了中国与世界在价值追

---

① 《习近平谈治国理政》第四卷，外文出版社2022年版，第425页。
② 中华人民共和国国务院新闻办公室：《携手构建人类命运共同体：中国的倡议与行动》，《人民日报》2023年9月27日。

求和价值表达方面的对接贯通。

## 二、和平与发展切中时代主题

当今世界正处于百年未有之大变局。新一轮科技和产业革命正在重塑世界，科技和产业竞争在为人类开创前所未有的美好憧憬的同时，也蕴含诸多潜在风险挑战，可能给世界造成更大的分化和冲突。发展是解决一切问题的总钥匙，经济全球化为世界经济发展提供了强大动力。经济全球化的历史大势不可逆转，各国不可能退回到彼此隔绝、闭关自守的时代。经济全球化遭遇倒流逆风，但全球化主流趋势不会改变。世界多极化趋势在不同层面和不同领域深入发展，国际力量对比历史性地趋向平衡，国际秩序在和平渐变中全面重塑，但大国之间地缘政治之争、技术产业优势之争、规则之争、话语权之争日显激烈。特别是新冠疫情全球大流行以来，逆全球化趋势加剧，世界进入动荡变革期，国际政治经济社会生态脆弱性上升，单边主义、保护主义对世界和平与发展构成威胁，国际环境的不稳定性不确定性明显增加、动荡源和风险点增多。但总体来看，和平与发展仍然是时代主题，求和平、谋发展的时代潮流不会改变，世界多极化的趋势不会改变，经济全球化的大势不会改变，国际体系变革的方向不会改变，要和平不要战争、要发展不要贫穷、要合作不要对抗仍然是各国人民的共同愿望。全人类共同价值首先强调和平与发展，正是这个时代主题的充分体现。

中国共产党不仅倡导这个重要价值，而且团结带领中国人民积极践行，为促进世界和平与发展贡献智慧和力量。"中华文明传承的是和平和睦和谐的理念，中国没有对外侵略扩张的基因。中国人民对近代以后自身遭受的动荡和苦难刻骨铭心。""中华民族伟大复兴的实现离不开和平稳定的国际环境。我们决不会走通过战争、殖民、掠夺、胁迫等方式实现现代化的老路。""新中国成立70多年来，中国没有主动挑起过任何一场战争和冲突，没有侵占过别国一寸土地，是唯一将和平发展写入宪法和执政党党章、上升为国家意志的大国。中国是现行国际秩序的受益者和维护者。"[1]"中国正在以中国式现代化全面推进强国建设、民族复兴伟业。中国坚持走和平发展道路，发展的根本目的是让中国人民过上好日子，不是要取代谁。"[2]

中国基于文化传统、国家利益、时代条件，作出走和平发展道路的战略抉择并向全世界庄严宣告和坚定不渝地阔步前行，高举和平、发展、合作、共赢的旗帜，积极倡导和长期坚持和平共处五项原则，奉行独立自主、不结盟的和平外交政策，推动构建持久和平、普遍安全的美好世界。中国既有庄严承诺，更有实际行动。作为世界和平的建设者，中华民族传承和平和睦和谐的理念，从来没有欺负、压迫、奴役过其他国家人民，过去没有，现在没有，将来也不会有。我们既通过维护世界和平发展自己，又通过自身发展促进世界和平；践行共同、综合、合作、可持续的新安全观，主张摒弃冷战思维和通过政治谈判解决分歧，反对集团对抗；把联合国宪章作为避免后世再遭战祸的重要遵循，把以安理会为核心的集体安全机制作为国际和平与安全的重要保障，积极参与联合国维和、国际军控、裁军、防扩散合作，协同应对各种全球性挑战，积极参与政治解决一系列地区热点难点问题。作为全球发展的贡献者，中国共产党不仅从发展好自身就是对世界最大贡献的角度，注重"把自己的事情办好"，提前10年实现

---

[1] 习近平：《汇聚两国人民力量 推进中美友好事业——在美国友好团体联合欢迎宴会上的演讲》，《人民日报》2023年11月17日。
[2] 习近平：《坚守初心 团结合作 携手共促亚太高质量增长——在亚太经合组织第三十次领导人非正式会议上的讲话》，《人民日报》2023年11月19日。

《联合国2030年可持续发展议程》减贫目标和全面建成小康社会，团结带领人民推进中国式现代化，将实现人类历史上前所未有的十几亿人的现代化；而且从兼济天下、以中国新发展为世界提供新机遇的角度，为广大发展中国家选择符合自身国情的发展道路和制度模式提供了鼓励和参照，为人类探索多种现代化道路作出新贡献。中国连续多年对世界经济增长的贡献率达到30%左右，把共建"一带一路"打造成为新时代全方位对外开放新模式和国际合作新平台，截至2023年6月底，已与五大洲的150多个国家、30多个国际组织签署了200多份共建"一带一路"合作文件[①]；推动各国加强发展合作，提升全球发展的公平性、有效性、协同性，增进各国权利平等、机会平等、规则平等，共同反对任何人搞技术封锁、科技鸿沟、发展脱钩；积极开展南南合作和南北对话，拓展能源、粮食、网络、极地、外空、海洋等领域国际合作，为创新全球发展理念、加快世界经济复苏、坚定全球化发展方向作出积极贡献。

## 三、公平与正义唱响时代强音

当今世界经过第一次世界大战、第二次世界大战、冷战以及冷战结束以来多次局部战争和各种冲突危机的洗礼之后，人类社会不断地总结、反思、纠错，努力开创一个更加美好的未来，并且在思想上和实践上都取得了明显进步。但丛林法则、弱肉强食、你死我活、你输我赢、零和博弈的思维和行动在一些国家、一些地区、一些领域的国际关系中依然不时地有所体现，霸权主义和强权政治在个别国家、某

---

① 中华人民共和国国务院新闻办公室：《共建"一带一路"：构建人类命运共同体的重大实践》，《人民日报》2023年10月11日。

些地区和某些问题上依然盛行，国际公平正义依然难以实现甚至严重缺失。新冠疫情全球大流行的强烈冲击，使得民族主义、民粹主义、本土主义、种族主义等问题进一步凸显，各种歧视和不平等进一步抬头。在此背景下，全人类共同价值强调公平正义，正是响应全世界的强烈呼声，道出了世界各国人民内心深处的共同诉求。

在政治上，强调主权平等。世界各国不分大小、强弱、贫富，都是国际社会平等成员，都有平等参与国际事务的权利，不能以大压小、以强凌弱、以富欺贫。各国主权和领土完整不容侵犯，内政不容干涉，各国的事务应该由各国人民自己作主。反对出于一己之利或一己之见，采用非法手段颠覆别国合法政权。

在安全上，强调共同安全。每一个国家的安全都应该得到尊重和保障，不能一个国家安全而其他国家不安全，一部分国家安全而另一部分国家不安全，更不能牺牲别国安全谋求自身所谓绝对安全。各国都有平等参与国际和地区安全事务的权利，也都有维护国际和地区安全的责任。国家之间要坚持以对话增互信，以对话解纷争，以对话促安全，不能动辄诉诸武力或以武力相威胁，不能搞霸权霸道霸凌。

在发展上，强调共同发展。发展是世界各国的权利，而不是少数国家的专利。在人类追求幸福的道路上，一个国家、一个民族都不能少。世界上所有国家、所有民族都应该享有平等的发展机会和权利。我们要推动各国加强发展合作、各国人民共享发展成果，提升全球发展的公平性、有效性、协同性，共同反对任何人搞技术封锁、科技鸿沟、发展脱钩。世界长期发展不可能建立在一批国家越来越富裕而另一批国家却长期贫穷落后的基础之上。要推动南南合作和南北对话，增强发展中国家自主发展能力，推动发达国家承担更多责任，努力缩小南北差距，建立更加平等均衡的新型全球发展伙伴关系。

在文明关系上，强调平等互鉴。不同文明多姿多彩、各有千秋，没有高下、优劣之分，只有特色、地域之别。要尊重文明多样性，推动不同文明交流对话、和谐共生，不能唯我独尊、贬低其他文明和民族。企图建立单一文明的一统天下，只是一种不切实际的幻想。

## 四、民主与自由锚定时代方向

自近代以来，民主与自由就是世界各国人民孜孜以求的目标，也是推动国际关系变迁和国际体系改革的不竭动力。二战结束以来，西方殖民体系瓦解，亚非拉民族解放和国家独立运动推动一系列发展中国家诞生并登上世界舞台。冷战结束和苏联解体之后，又有一批国家纷纷自决独立。联合国不断扩员，至今已有193个会员国和2个观察员国。在联合国大会上，国家无论大小，都是一国一票，体现着国际社会的民主。然而，时至今日，在国际上，霸权主义和强权政治依然盛行，西方国家依然认为它们的"民主""自由""人权"等价值观是最优越的，并作为所谓"普世价值"在世界范围内加以推广，打着"人道主义干预"和"保护的责任"等各种旗号，不惜动用武力颠覆别国政权，然后进行所谓的"民主化改造"或"国家重建"，导致一些国家沦为所谓"失败国家"，一些地区变得危机不断、动荡不安。在高举所谓"民主""自由"旗号的西方发达国家内部，贫富分化、社会碎片化、政治极化日益加重，新型社交媒体条件下的泛民主化和"多数人的暴政"的弊端凸显，极右翼或极左翼政治力量的影响不断扩大。特别是美欧国家政府应对传染性疾病不力，导致它们的广大中下层民众对西方现有民主制度的质疑增多，要求进行改革的呼声上升。而广大发展中国家寻求更加符合本国国情的发展道路的努力也在进一步增强。全人类共同价值强调民主、自由，正是在壮大国际进步力量、推动人类民主自由事业朝着时代所要求的正确方向前进。

中国共产党团结带领中国人民，对内不断提高科学执政、民主执政、依法执政水平，发展全过程人民民主，坚定不移走中国特色社会主义道路；对外，不"输入"外国模式，也不"输出"中国模式，更不会要求别国"复制"中国的做法。中国主张民主是各国人民的权利，而不是少数国家的专利。实现民主有多种方式，不可能千篇一律。一个国家民主不民主，要由这个国家的人民来评判，而不能由少数人说了算。各国人民有权选择自己的发展道路和制度模式。各国政府和政党应加强交流互鉴，完善沟通机制、把握社情民意、健全组织体系、提高治理能力，推进适合本国国情的民主政治建设。世界事务应由各国共同协商办理。国际关系应该加强法治化，使各方在国际关系中遵守国际法和公认的国际关系基本原则，用统一适用的规则来明是非、促和平、谋发展。适用法律不能有双重标准，各国应该共同维护国际法和国际秩序的权威性和严肃性，依法行使权利，反对歪曲国际法，反对以"法治"之名行侵害他国正当权益之实。同时，国际关系还要推进合理化，使全球治理体系变革适应国际力量对比新变化，体现各方关切和诉求，更好地维护广大发展中国家的正当权益。这样才能使国际社会的民主与自由得到更加有力的国际法制、体制、机制的保障。

总之，全人类共同价值这一重大创新高度契合时代潮流，反映时代需要，引领时代方向，为推动世界历史车轮朝着光明的目标前进提供了价值遵循。

# ○ 亚洲整体性崛起及其效应

亚洲整体性崛起是当前世界格局最突出的变化之一。这是多种因素共同作用的结果，其带来的效应将更加复杂多维，地区内部的联动和整合持续加强，主要国家的政策调整和关系重组加快，同时带动域外力量纷纷加大对该地区的战略投入，进而推动世界权力中心和战略互动持续向亚洲聚合。

## 一、亚洲整体性崛起态势持续显现

从综合性和全方位角度而言，亚洲的整体性崛起既包括地缘战略角度的板块隆升，又强调政治、经济、军事实力和影响力的提升等方面，还强调是由多个国家的显著发展甚至不同程度的崛起共同支撑。作为世界格局变动的一个重大趋势，亚洲的整体性崛起态势，可以从世界发展的纵与横两个方向加以界定。

就纵向而言，亚洲整体性崛起是一大批亚洲发展中国家继20世纪五六十年代实现民族解放和政治独立后，在经济全球化进程中，利用资本和技术的全球性流动、产业的全球性扩展、贸易的全球性发展等条件，实现经济发展和政治影响力提升的综合体现。从这个角度看，亚洲整体性崛起始于20世纪80年代亚洲"四小龙"（韩国、新加坡、中国香港、中国台湾）的快速发展和实现工业化，紧随其后的是90年代亚洲"四小虎"（泰国、马来西亚、印度尼西亚、菲律宾）的快速发展，进入21世纪尤其是2008年国际金融危机之后，中国、印度、俄罗斯、土耳其、哈萨克斯坦等大国和中等强国的快速发展。这种崛起在经济、政治、军事等多个维度上均有体现，但以经济层面表现最为突出。2013年底，世界国内生产总值前十位国家有三个在亚洲（中国第二、日本第三、印度第八），整个地区的经济规模占世界经济规模的1/3。亚洲开发银行预测，到2035年亚洲经济占世界经济的比重将升至44%，到2050年达到52%。[①] 亚洲拥有全球近60%的人口、近40%的经济总量和超过30%的国际贸易，是世界经济的"压舱石"和"推进器"。根据国际货币基金组织的最新预计，2022年亚洲新兴经济体经济增长达到4.3%，高于世界3.4%的总增长水平。[②]

就横向而言，亚洲整体性崛起是相对于18世纪中期第一次工业革命后的欧洲崛起和第一次世界大战后的北美崛起，以及2008年以来美欧在金融危机冲击下综合实力和国际影响力有所下降等变化而言的。换言之，正是在美欧长期强势转而走弱的国际背景下，亚洲整体性崛起态势才愈加突出，对世界的冲击才更为强烈。

面对亚洲在纵横两个方向的崛起，区域外战略力量纷纷加大对亚洲的关注和力量投放。美国为了掌控从西太平洋和东亚延伸到印度洋和南亚的弧形地带，进而掌控整个亚洲和继续维护其全球霸权地位，在中东（西亚和西南亚等）和亚太进行"再平衡"（rebalance）或"转轴"（pivot），一方面适度减少小布什政府时期因阿富汗战争和伊

---

① 参见刘振民：《坚持合作共赢 携手打造亚洲命运共同体》，《国际问题研究》2014年第2期。
② 边子豪、纪文慧：《亚洲：世界经济复苏动力之源》，《经济日报》2023年3月30日。

拉克战争而在中东过多投入的力量，但不离开该区域；另一方面增加对亚太的关注和投入，确保美国在该区域的存在和主导地位不受严重削弱。为此，奥巴马政府持续加大投入，推进"新丝绸之路倡议"，打造以阿富汗为核心，囊括中亚国家、巴基斯坦、印度、孟加拉国在内的贸易和能源合作机制，为撤军之后继续保持足够的影响力进行相关部署；推进与菲律宾、越南、新加坡、印度尼西亚、澳大利亚等国的外交联系、经贸往来与安全合作，进一步激活与泰国的安全同盟关系，改善与缅甸、老挝等国的关系。

作为霸权国，奥巴马政府时期的美国仍然具有维护自身霸权的强烈意愿，然而因2008年国际金融危机的影响，美国的霸权主导地位受到了影响和动摇，为了恢复自身实力与影响力，美国将目光放在了亚洲——一个在当时的美国决策者们看来极具战略意义的地区，并开始了经过两个任期精心酝酿、编排而诞生的地区战略——"亚太再平衡战略"。美国对亚洲的地区介入有其自身的实践逻辑，金融危机爆发后美国自身的经济实力受到重创，而亚洲地区的经济却在此次危机中拥有良好的表现。[1]美国强烈的大国竞争危机感使其战略重心逐步东移，从近东、中东移至远东，从锁定亚太地区转向锁定中国，从经济竞争转向军事围堵，再转向两者并重。由此可见，美国战略重心的转移基本跟随财富中心、"威胁"中心与国内关注而动。奥巴马政府时期"亚太再平衡战略"就是其重要表现。

特朗普政府上台后，对美国的亚太战略进行了系统性调整，"印太战略"随之出炉。特朗普政府公布的首份《美国国家安全战略报告》，对美国的"印太战略"作了进一步阐述。该战略建立在美国

---

[1] 朴志刚：《"实践转向"理论视角下的霸权国地区介入分析——以美国"亚太再平衡"战略为例》，外交学院硕士研究生学位论文，2022年。

所认为的对等原则、法治、航行自由等价值观基础上。经济安全是其"印太战略"的重中之重。在区域安全上，特朗普主张反对核讹诈、恐怖主义，并把中国定位为"战略竞争者"。美日同盟、美印关系及美、日、印、澳四国集团是特朗普政府"印太战略"的三大支柱。特朗普政府的"印太战略"旨在维护有利于美国的"印太"均势。[①]2019年6月，美国国防部的《印太战略报告》明确指出，必须加强军力部署和概念创新，主动强化和地区伙伴的关系，以自由和开放的印太地区阻止中国的"攻击行为与使用经济手段实现政治目的的企图"。因此，无论是"亚太再平衡战略"还是"印太战略"，都旨在压制亚太地区出现挑战者，加强和延续美国在地区秩序中的主导地位。目前，拜登政府对"印太战略"再次进行了调整，试图使其兼具前两任政府的亚太战略特征。[②]

拜登政府执政以来，对特朗普政府时期的内政外交进行了大规模清算，决意铲除特朗普的"政治遗产"及其影响，但在"印太战略"方面不仅延续了特朗普政府"自由开放的印太"的提法，而且在对华战略定位及"印太战略"目标等方面也多有继承。拜登政府的外交政策理念与特朗普政府迥然不同，其"印太战略"的具体政策与实施手段出现了一些新的动向与趋势，深刻影响着亚太秩序的调整变化。2022年2月，拜登政府发布《印太战略报告》，较为全面地阐述了美国在印太地区的战略利益、战略目标与行动方案。报告强调，美国是"印太大国"，印太地区对美国的安全与繁荣至关重要；"美国与印太地区的联系在两个世纪内逐步形成"，美国在印太地区不仅拥有广泛的商业利益，更有对盟友的安全承诺及防止"旗鼓相当的竞争者"出

---

[①] 徐金金：《特朗普政府的"印太战略"》，《美国研究》2018年第1期。
[②] 张一飞：《从奥巴马到拜登：美国亚太战略转向及其影响》，《中国与周边国家关系研究》2022年第一辑。

现的安全利益与战略利益。报告声称,"印太地区正面临日益增长的挑战,尤其是来自中国的挑战。中国正在整合经济、外交、军事和技术实力,在印太地区谋求势力范围,并寻求成为世界上最有影响力的大国"。报告明确提出美国在印太地区的五大战略目标,即构建自由开放的印太地区、建立广泛的区域内外联系、推动区域繁荣、提升印太安全、构建应对"跨国威胁"的区域韧性。报告还提出,为推进这些战略目标的实现,在未来12到24个月要采取的十大行动方案。[1]

受美国战略调整的刺激和推动,欧盟、澳大利亚等纷纷强化与亚洲国家的多方面关系。欧盟《2020年战略》强调重视与亚洲国家的关系,英、法、德等国均越发重视并不断推进与东北亚、东南亚、南亚国家的关系。2018年9月,欧盟出台了第三份亚洲战略《连接欧洲与亚洲——对欧盟战略的设想》(Connecting Europe and Asia—Building Blocks for an EU Strategy),标志着欧盟沉寂已久的亚洲战略出现了第二次演变。由第一次演变的从经济利益到政治安全转向从政治安全到大国竞争。当然,此前欧盟也依托与亚洲国家之间的双边协议来维护其在亚洲的利益。欧盟先后与日本、新加坡、越南和韩国缔结了自由贸易协定。并且,欧盟委员会也相应地出台涉及中国、印度、韩国、日本、东盟等国家与行为体的政策文件。但是就整体战略而言,欧盟并没有更新其亚洲战略。2021年9月欧盟发布《欧盟在印太地区的合作战略主要动力》,指出连通性是其向印太地区拓展的,也是21世纪合作的关键工具,这在某种程度上继承并进一步阐发了其2018年的第三份亚洲战略。在2020年以前,欧盟委员会主席的《盟情咨文》中"印太"从未作为一个关键词出现。可见于欧盟而言,"印太战略"成形极晚,与其说是欧盟自身的主动选择,不如说

---

[1] 韦宗友:《拜登政府"印太战略"及其对亚太秩序的影响》,《当代美国评论》2022年第2期。

是在以美国为代表的部分国家的印太政策刺激下的被动反馈。从欧盟亚洲战略向"印太战略"的演变来看,欧盟整体外交战略在保持跟美国的一致性的同时也强调自身的"战略自主"。①欧洲对外关系委员会专家曾指出,亚洲各国对于欧洲的重要性是决定性的,无论欧洲愿意与否,其安全问题都与亚洲发生的一切息息相关。

澳大利亚更是越来越重视加强与亚洲的联系,扩展在亚洲的利益。吉拉德政府2012年10月发表的《亚洲世纪中的澳大利亚》白皮书认为,亚洲成为世界经济龙头的进程势不可当,步伐加快;澳大利亚要在2025年前变得更加繁荣、更有活力并分享新机遇,进而成为亚洲世纪的赢家,就要成为一个更了解亚洲、更具能力的国家;要有明确的计划,抓住即将涌现的经济机遇,应对将要出现的战略挑战。②2013年9月上台执政的阿博特政府更是明确表示,将把与亚洲的关系放在第一位,认为"影响国家利益的决策将在雅加达、北京、东京和首尔产生"③。2012年的《亚洲世纪中的澳大利亚》白皮书中出现了"印太"一词,该地区被视为一个"印太战略弧"。在2013年版的《国防白皮书》中,澳大利亚政府曾使用54次"印太"概念,而仅使用3次亚太概念。书中将印太战略弧界定为通过东南亚连接起来的印度与太平洋。2017年11月23日,澳大利亚发布了《外交白皮书》。整本《外交白皮书》中对印太概念的运用达60多次,只在提及亚太经合组织的时候在正文和图表中分别使用了1次亚太概念。从澳大利亚官方对不同术语使用的频繁性来看,印太概念已基本取代亚太

---

① 丁纯、罗天宇:《从亚洲战略到"印太战略":欧盟全球战略重心的转移及逻辑》,《太平洋学报》2022年第11期。
② Australian Government, *Australia in the Asian Century White Paper*, October 2012, http://asiancentury.pmc.gov.au/sites/default/files/white-paper/translations/asian_century_white_paper_foreword_chinese.pdf.
③ 《澳大利亚新总理阿博特:将先访问中国等亚洲国家》,《第一财经日报》2013年9月9日。

战略。由"亚太"转向"印太",可以将经济发展重心转移至印度洋区域,既迎合了美国的战略需要,又能满足澳大利亚自身的经济安全需要,将经济合作的重心转移到与本国具有政治、军事合作的国家身上。且澳大利亚凭借着在印太地区的独特中心地位,可以更好地与美国捆绑,进而获得美国的安全保护。这表明澳大利亚将继续保持强化与亚洲国家关系的态势。

这些国家的战略调整部分是亚洲整体性崛起的结果,反过来又由外向内进一步助推了亚洲整体性崛起态势。

## 二、亚洲内部联动持续增强

在亚洲整体性崛起的趋势下,亚洲板块内部不同层面和不同领域的联动显著增强。这既构成亚洲整体性崛起的一个重要内生支撑和内在驱动,同时也是亚洲整体性崛起的效应体现之一。在板块内部不同层面和不同领域的多种联动中,表现最为突出、牵动力最大的当数五个主要的次区域合作机制,这些机制各有侧重,在推动次区域合作的同时,促进了整个地区内部联动,增强了整体性崛起趋势。

第一,东盟从加强自身一体化建设向牵引亚洲地区整合方向发展。东盟2007年制定了《东盟宪章》,并据此着力增强凝聚力、提高整体实力和国际地位,朝着2015年建成以安全、经济和社会文化共同体为支柱的共同体目标推进。2012年4月和11月,两次首脑会议先后通过《金边宣言》《主席声明》《金边议程》《2015年建立东盟无毒品区宣言》《"全球温和派行动组织"概念文件》《东盟人权宣言》《东盟社会文化共同体建设中期回顾报告》《消除对妇女儿童暴力行为宣言》等一系列重要文件,启动了旨在维护东盟地区和平与稳定的"和平与和解机构"。

在加强内部整合的同时，东盟于2011年11月就提出了《东盟地区全面经济伙伴关系（RCEP）框架》，并于2012年11月正式启动该进程，目标是把东盟与中国、日本、韩国、澳大利亚、新西兰、印度等六国已达成的自由贸易区整合在一起，达成一个现代、全面、高质量和互惠的经济伙伴关系协定，形成全球最大规模的自由贸易区，覆盖约34亿人口，相关国家国内生产总值达20万亿美元，贸易总额达10万亿美元。2013年5月RCEP首轮谈判在文莱启动，正式组建商品贸易、服务贸易和投资三方面的工作委员会，并决定于2015年内完成谈判。

2013年9月，第二轮谈判在澳大利亚举行，各国就开放市场的方式，有关商品、服务和投资等协议章节内容以及组建工作委员会的时间等问题进行协商，并在市场准入减让表模式等核心问题上取得一定进展。2014年1月，第三轮谈判在马来西亚举行，十六方在继续围绕货物贸易、服务贸易和投资领域的技术性议题展开磋商的同时，决定成立知识产权、竞争政策、经济技术合作和争端解决等四个工作组。此外，各方还就部分成员提出的新领域进行了信息交流，并分别召开了知识产权、服务与投资关系等研讨会。随着RCEP谈判和建设进程取得进展，以东盟为中心的多个次区域之间的联系和整合不断得到强化。

2015年12月，东盟共同体正式成立，这是东盟历史上又一个重要的里程碑。愿景文件《东盟2025：携手前行》为以政治安全共同体、经济共同体和社会文化共同体三大支柱为基础的东盟共同体未来十年的发展指明了方向。2022年11月，东盟国家领导人在第四十届和第四十一届东盟峰会上宣布，东盟接纳东帝汶为第11个成员国。

2023年9月，第四十三届东盟峰会主席声明称，本届峰会回顾了东盟各项事务的进展，并重申东盟致力于进一步加强东盟机构能力和效力,以应对当今的挑战,继续保持地区增长和繁荣的中心地位。重申坚定支持维护多边主义,维护和促进地区和平、安全与稳定,和平解决争端。声明表示,东盟通过了多项宣言,在多个方面促进东盟各领域的发展,增强该地区作为增长中心的能力,应对全球挑战并充分释放该地区的增长潜力。

中国—东盟关系已经成为亚太区域合作中最为成功和最具活力的典范,成为推动构建人类命运共同体的生动例证。第二十届中国—东盟博览会和中国—东盟商务与投资峰会①2023年9月16日至19日在广西南宁举行。20年来,东博会和峰会充分发挥中国—东盟重要合作平台作用,持续推进区域经济一体化,大力推进高水平对外开放,见证了双方关系的不断发展。当前中国—东盟经贸合作稳步升级,中国与东盟贸易额20年间增长了16.8倍,双方已连续3年互为最大贸易伙伴,截至2023年7月,累计双向投资总额超过3800亿美元。地区经济总量占全球比重从2002年的6.1%上升到2022年的21.5%,共同创造了经济腾飞的奇迹。②过去20多年,东盟与中日韩(10+3)合作机制从应对亚洲金融危机起步,又经历了国际金融危机、新冠疫情等考验,在推动地区发展繁荣中发挥着重要作用。东盟与中日韩各国共同创造了经济增长的"亚洲奇迹",近十年来10+3国家经济总量占全球的份额从24.7%提高到27.6%。在相处、交往中,很重要的一条就是要求同存异、求同化异。2023年是落实新一期《10+3合作工作计划》的开局之年,中方愿与各方以此为契机,围绕共同打造经济增长中心,重点做好以下三件事情:持续推进区域经济一体化,持续深化地

---

① 中国—东盟博览会和中国—东盟商务与投资峰会,简称"东博会和峰会"
② 参见李强:《在第二十届中国—东盟博览会和中国—东盟商务与投资峰会开幕式上的致辞》,《人民日报》2023年9月18日。

区产业分工协作，持续加强科技创新引领带动。[①]

第二，上海合作组织稳步发展，区域整合和辐射力不断增强。如果说RCEP的启动把东北亚、东南亚、南亚和大洋洲更加紧密地连接在一起，那么上合组织作为亚洲中心地带最重要的多边合作机制，通过20余年的发展及其对外辐射影响，促进了东亚、中亚与南亚之间的联系。自2001年成立以来，上合组织已形成由正式成员国、观察员国、对话伙伴国、主席国客人四个层次构成的框架。在2012年北京峰会上，阿富汗升级为观察员国，土耳其成为对话伙伴国。之后，随着上海合作组织的发展，截至2023年10月，有9个成员国、3个观察员国、14个对话伙伴国。

上合组织在持续推进安全和政治合作的同时，还进一步谋划和启动了成员国之间在能源、贸易、交通、金融、人文等领域的合作。2013年9月13日，在吉尔吉斯斯坦首都比什凯克举行的元首理事会明确指出，上合组织将有效应对各类全球性威胁和挑战，确保上合组织地区社会经济可持续发展，将有针对性地进一步完善应对"三股势力"、跨国有组织犯罪、信息安全威胁等领域合作的法律基础，积极落实相关合作协议。同年11月，成员国政府首脑（总理）理事会第十二次会议就世界和地区经济发展的广泛议题等交换了意见，达成十五项共识。在此次会议上，俄方呼吁更加积极有效地探讨成立上合组织能源俱乐部事宜，并将其打造成各国开展能源项目对话的平台。2014年4月，中国在上合组织国防部长会议上提议，除了现已在乌兹别克斯坦设立的地区反恐机构之外，在上合组织框架内成立新的反恐中心，俄方表示完全支持。随着这些议程得到落实，上合组织内部的联动及其对周边的带动和辐射作用将进一步增强。

---

[①] 参见李强：《在第26次东盟与中日韩领导人会议上的讲话》，《人民日报》2023年9月7日。

2015年，习近平主席在俄罗斯乌法召开的上合组织第十五次峰会上进一步阐释，要坚持"上海精神"，"打造本地区命运共同体"。2016年，习近平主席在乌兹别克斯坦塔什干召开的上合组织第十六次峰会上高度评价该组织成立15年来取得的发展成就，赞扬上合组织打造了休戚与共、安危共担的命运共同体，形成了你中有我、我中有你的利益共同体。2017年，习近平主席在哈萨克斯坦阿斯塔纳召开的上合组织第十七次峰会上提议，上合组织要"构建平等相待、守望相助、休戚与共、安危共担的命运共同体"，阐述了上合组织命运共同体理念的内涵和要义。2023年7月，上海合作组织成员国元首理事会第二十三次会议举行，与会领导人积极评价上海合作组织发展取得的显著成就，欢迎伊朗正式加入"上合大家庭"，期待白俄罗斯尽快完成加入上海合作组织程序。各方表示，上海合作组织不断壮大，国际影响力不断提高，为深化睦邻友好、维护成员国共同利益、促进地区和世界持久和平与稳定、推动可持续发展作出重要贡献，成为相互信任、平等对话、互利合作的典范。成员国领导人签署并发表《上海合作组织成员国元首理事会新德里宣言》，共同发表关于打击极端化合作的声明、关于数字化转型领域合作的声明，批准关于给予伊朗上海合作组织成员国地位、关于签署白俄罗斯加入上海合作组织义务备忘录、关于上海合作组织至2030年经济发展战略等一系列决议。会议决定，由哈萨克斯坦接任2023年至2024年度上海合作组织轮值主席国。

第三，海湾合作委员会[①]地位的提升和作用扩大增进了西亚与东亚的合作。在西亚北非政治动荡不断演进的背景下，海合会成员国凭借较强的经济实力和相互支持，通过推进政治、经济和社会改革，基

---

① 海湾合作委员会，简称"海合会"。

本保持了自身的稳定。同时，以此为支撑，一方面顺势扩员，进一步加强一体化建设；另一方面积极对整个西亚地区局势走向施加影响。2011年5月，海合会在沙特首都利雅得首脑会议上决定，吸纳约旦为正式成员，与摩洛哥建立伙伴关系。由此，海合会从海湾伸展到地中海东岸甚至北非地区，从次区域性机制向区域性机制转变，成为中东君主制国家和逊尼派国家加强合作、应对地区变局的重要平台，在稳定巴林和也门政局、推动巴以和谈、应对叙利亚危机等方面的作用增大。

与此同时，海合会持续推进与东亚国家的合作。2014年3月，海合会在第一百三十届外长会议上决定重启对外自贸区谈判，其中包括与中国、日本的自贸区谈判。该进程如实现突破，将使西亚与东亚的联动大幅增强。

第四，美国"新丝绸之路计划"的实施促进了南亚和中亚的联系。该计划旨在构建一个以阿富汗为核心，囊括中亚五国以及南亚印度、巴基斯坦、孟加拉国等国的次区域合作机制，以加强南亚和中亚之间联系，重新确立阿富汗作为欧亚大陆十字路口的历史地位。进而以此为支撑，形成由美国支持甚至主导，印度发挥重要作用，向东连接东亚，向西经阿塞拜疆、格鲁吉亚、土耳其连接欧洲的区域经济一体化机制。[①]

"新丝绸之路计划"主要从两方面推进：一是使中亚、南亚的交通、通信、能源基础设施联通，并与东亚、中东和欧洲连接；二是使贸易、交通和通信领域的规则、法律、协议等相互衔接统一，以便货

---

① "Economic Integration in South and Central Asia," remarks by Geoffrey Pyatt, Principal Deputy Assistant Secretary, Bureau of South and Central Asian Affairs, Afghanistan Security Days, Organization for Security and Cooperation in Europe Vienna, Austria, March 12, 2013, http://www.state.gov/p/sca/rls/rmks/2013/205973.htm.

物和服务能够有效流通，使中亚丰富的油气和水电资源帮助满足南亚不断增长的能源需求。为此，美国首先对阿富汗基础设施建设进行直接投资，为能源输送管线、电厂等投入了20亿美元，修建和改建了3000多公里公路，帮助阿富汗建立国家铁路局并制定了国家铁路修建计划，为阿富汗修建4000公里光缆提供技术支持。同时，美国支持国际金融机构和私营公司建设连接中亚和南亚的基础设施项目，包括支持世界银行和伊斯兰发展银行为"中亚南亚—1000"（CASA—1000）输变电工程建设投资，该工程旨在将塔吉克斯坦和吉尔吉斯斯坦夏天剩余的水力发电资源输送到巴基斯坦；推动建设连接土库曼斯坦、乌兹别克斯坦、塔吉克斯坦、阿富汗、巴基斯坦的电线线路（TUTAP）工程，以及连接土库曼斯坦、阿富汗、巴基斯坦、印度的天然气管线（TAPI）工程，等等。[1]随着美国加快从阿富汗撤军，奥巴马政府曾把"新丝绸之路计划"与撤军安排、南亚与中亚作为整体加以整合。

美国的"新丝绸之路计划"主要出于外部需要，是为解决阿富汗问题而来，属于霸权争夺中的一种战略行动，具有一定的投机性。美国急于摆脱阿富汗战争的泥潭，但是又不愿放弃在阿富汗以及中亚地区的影响力，因此试图通过"新丝绸之路计划"来实现这两个颇为矛盾的目标。2011年7月，时任美国国务卿希拉里·克林顿在印度发表演讲时第一次明确提出"新丝绸之路计划"。2017年1月，美国共和党总统候选人特朗普击败民主党总统候选人希拉里就任美国新总统，相对于希拉里的"国际主义"，特朗普更多一些"美国主义"，重心转

---

[1] Lynne M. Tracy, Deputy Assistant Secretary, Bureau of South and Central Asian Affairs, "The United States and the New Silk Road," Washington DC, October 25, 2013, http://www.state.gov/p/sca/rls/rmks/2013/215906.htm.

向美国国内，不愿意承担更多的国际义务。①

"印太战略"是特朗普政府的产物，但作为地缘政治思想，"印太"由来已久。"印太"思想最早产生在国际关系领域，后来被官方采用。它历经了一个从思想到战略的漫长阶段。美国官员中希拉里首先在公开场合使用"印太战略"概念。2010年10月，美国前国务卿希拉里·克林顿就对"印太战略"概念进行了强调，她表示印太地区目前的战略部署亟须调整，印太地区的商业价值和全球贸易价值已经今非昔比，同时，美国应该与印度海军加强在太平洋地区的联系合作，为美国开拓"印太战略"打下良好基础。特朗普政府的"印太战略"聚焦于政治、经济和军事安全。特朗普声称的"开放、自由"的印太秩序的本质，是希望美国在世界范围内少担责，而其他国家要多担责，要提供更多的公共产品和服务。通过与美国达成战略合作的关系，实现地区战略需要，以维护地区稳定。侧重强调假如不依照公平和对等的规则，就会受到惩罚。由于美国近年在亚太地区的贸易逆差严重，商人出身的特朗普当然希望扭转这一局面，进而为美国商品的出口寻找可靠又具有潜力的消费市场，这对美国就业率的提升，对美国在亚太区域实体经济的投资，都具有重要作用。可见，该战略的本质就是为了服务美国利益。②

"印太战略"是美国整合印太地区、平衡中国影响力的地缘制衡框架。东盟作为联结印度洋和太平洋的中心地带，在美国"印太战略"中占据重要地位。拜登政府延续并重塑特朗普政府的"印太战略"，在地区和国家层面对东盟进行精准拉拢，并呈现政治、安全、经济领域联动之势，其发布的《印太战略报告》提出"塑造中国周边

---

① 李兴：《"丝绸之路经济带"与"新丝绸之路计划"——亚欧中心跨区域发展中美倡议比较分析》，《贵州省党校学报》2017年第2期。
② 江明月：《特朗普执政时期的"印太战略"研究》，渤海大学硕士学位论文，2021年。

战略环境",重构对华竞争领域,将东盟定位为关键盟友和伙伴。美国对东盟的拉拢和定位,形成分化中国—东盟关系的压力,但受制于东盟的利益诉求和政策选择,也为中国—东盟关系发展提供了契机。中国应积极化解美国"印太战略"的影响,巩固中国—东盟全面战略伙伴关系。[①]

第五,欧亚经济联盟建设促进独联体内部合作。根据普京的构想,欧亚经济联盟由苏联加盟共和国组成,是一个类似欧盟、有效连接欧亚太平洋地区的超国家实体,其作用主要是协调成员国的经济和货币政策,周边国家也可申请加入。该机制以2012年启动的俄白哈关税同盟为基础,在世界贸易组织的原则和标准基础上开始一体化新阶段,争取在2015年1月1日前正式创建统一经济空间。空间将对其他国家开放,最终目标是建立统一的政治、经济、军事、海关和人文空间的欧亚经济联盟。

为此,俄白哈三国领导人2011年11月签署了《欧亚经济一体化宣言》《欧亚经济委员会条约》以及《欧亚经济委员会工作章程》等文件。根据这些文件,自2012年1月1日起,俄白哈三国之间的商品、劳务、资本和劳动力开始实现自由流动;欧亚经济委员会作为超国家常设管理机构正式挂牌办公,主要负责关税同盟以及统一经济空间框架内的一体化进程。2013年11月20日,欧亚经济委员会理事会会议在莫斯科召开,除俄白哈三国代表以外,会议还邀请了乌克兰、吉尔吉斯斯坦和亚美尼亚的代表与会。会议审议通过了吉尔吉斯斯坦加入关税同盟的"路线图",决定成立关于亚美尼亚加入关税同盟的工作组,启动亚方"入盟路线图"的编制工作。2015年初《欧

---

[①] 刘稚、安东程:《美国"印太战略"对中国——东盟关系的影响与应对》,《和平与发展》2022年第4期。

亚经济联盟条约》正式生效，之后陆续有其他独联体国家加入该组织。如亚美尼亚、吉尔吉斯斯坦加入。欧亚经济联盟是以俄罗斯为主导的，旨在推动整个欧洲和亚洲关系的联动，是对这一主张的探索。在全球化、地区一体化发展态势下，俄罗斯认为，全球主导地位的获得和巩固，必须只有构建区域经济集团，才能在全球经济发展中发挥真正的作用并且占据主动性，而欧亚经济联盟作为俄罗斯促进欧亚经济关系联动的前提条件，为俄罗斯推进欧亚一体化的实践提供重要的支持。①

上述主要机制从东南亚、中亚、西亚、南亚、横跨欧亚等五个方位出发，多从软性的经济层面合作着手，涉及政治、安全等多个方面。各个机制合作联动的领域存在差异，主要从五个方面展开，即高层政治会晤和磋商（如东盟系列峰会、上合组织成员国元首理事会、海合会首脑会议等）、基础设施互联互通、贸易投资往来、军事安全合作、人文社会交流，这成为拉紧亚洲内部合作的五大纽带。其中，最能体现也最直观的纽带仍然是内部经济联系。21世纪初至2014年初，区内贸易从8000亿美元增长到3万亿美元，贸易依存度超过50%；区内已签署的自贸协定从2002年的70个增加到2013年初的250多个，成为全球自贸区建设最活跃的地区；大多数国家的入境游客80%以上来自亚洲内部。中国与亚洲国家之间的经贸联系更是日趋紧密，已经成为许多亚洲国家的最大贸易伙伴、最大出口市场和重要投资来源地。中国的前十大贸易伙伴中有一半来自亚洲，对外投资约70%投向亚洲。截至2012年底，中国在亚洲国家开设了66所孔子学院和32所孔子课堂，互派留学生近50万人，同亚洲国家人员往

---

① Galustova Adelina：《新欧亚主义视角下的欧亚经济联盟：建立、发展与未来的前景》，华东师范大学硕士学位论文，2022年。

来超过3000万人次，入境中国内地的亚洲国家人员达1500多万人次，占入境外国人总数的57%，外国人入境人数前十位的国家中有7个是亚洲国家。[1]

基础设施互联互通对地区格局牵动力最强，影响也最深远。迄今为止，已有三条横跨欧亚的大铁路和三条油气管线网络。大铁路包括：第一欧亚大陆桥，东起俄罗斯符拉迪沃斯托克（海参崴），西至荷兰鹿特丹，横贯俄罗斯、哈萨克斯坦、白俄罗斯、波兰、德国、荷兰六个国家，全长13000公里；第二欧亚大陆桥，东起中国连云港，经新疆进哈萨克斯坦、俄罗斯、白俄罗斯、波兰、德国，西抵荷兰鹿特丹港，全长10900公里；第三条是渝新欧国际铁路联运大通道，东起中国重庆，经新疆进哈萨克斯坦、俄罗斯、白俄罗斯、波兰、德国，西至比利时安特卫普，全长11381公里。

已经建成的油气管线网络主要分为三部分。第一部分是原苏联成员国之间的油气管线网络。第二部分是中俄原油管道，西起俄罗斯远东管道斯科沃罗季诺分输站，东至中国大庆，全长近1000公里，2011年1月开始通油，每年向中国供应1500万吨原油，合同期限为20年。第三部分是中国—哈萨克斯坦天然气管道，该管道分一期和二期两个工程项目。一期工程为过境哈萨克斯坦的中亚天然气管道，西起阿姆河右岸的土库曼斯坦和乌兹别克斯坦边境，经乌兹别克斯坦中部，从奇姆肯特进入哈萨克斯坦南部，从哈过境与中国的霍尔果斯相连。天然气进入中国境内后与西气东输工程二线相接，输往东部沿海地区。2009年12月，一期工程中A线竣工并试运行，开始向中国境内输气。2010年8月23日，一期工程中的B线实现氮气和天然

---

[1] 参见刘振民：《坚持合作共赢 携手打造亚洲命运共同体》，《国际问题研究》2014年第2期。

气置换，一期工程正式实现双线运营。①二期工程为哈萨克斯坦境内管道，始于哈国西部曼格斯套州的别伊涅乌，在南哈萨克斯坦州的奇姆肯特与中亚天然气管道相连，全长1475公里，于2013年实现管线通气和压气站投产。经波兰、德国，西至比利时安特卫普的天然气管道，全长11381公里。

拟建设的跨国基础设施项目还有：美国"新丝绸之路计划"设想下的土库曼斯坦—阿富汗—巴基斯坦—印度（TAPI）油气管道；中国国家主席习近平2013年9月访问土库曼斯坦期间提议，加快推进建设中国—中亚天然气管道C线和尽早启动建设D线；俄罗斯总统普京提议的俄罗斯—朝鲜—韩国甚至延伸到日本的油气管道；中国—吉尔吉斯斯坦—乌兹别克斯坦铁路；习近平主席2014年2月与巴基斯坦总统侯赛因会晤确认进行改扩建的中巴喀喇昆仑公路；等等。这些纵横交错的基础设施犹如一条条现实的和潜在的经络，在持续强化着整个地区的联系沟通的同时，不断培育整个地区的共同体意识，增进地区内在联系的紧密程度。

### 三、地区格局盘整复杂性显著增加

从全球范围看，在亚洲整体性崛起态势持续凸显和地区内部联动不断加强的带动下，世界权力重心向亚洲聚合的趋势进一步发展，亚洲及其关联的太平洋在国际格局中的重要性越发突出。正如时任美国常务副国务卿伯恩斯2014年4月在亚洲协会讲话中所指出，展望21世纪，从西南亚横贯到美国西海岸的亚太地区"对于全球体系的未来将是最重要的"。这个地区拥有世界超过一半的人口和规模不断扩大

---

① 《中亚天然气管道向中国内地输气突破百亿立方》，中国新闻网2011年6月3日。

的中产阶级，在近几十年里取得了人类历史上空前的经济发展成就和脱贫成就，在全球经济产值和全球贸易中都分别占到了一半。这个地区对世界很重要，海湾国家的石油出口正越来越多地向东输送以满足东亚不断增长的需求，欧洲国家的经济复苏也越来越与亚洲的经济增长息息相关。与此同时，这个地区还面临各国军力增强、海洋争端、核扩散、环境问题、民族主义情绪高涨等重大挑战。[1]

从地区范围看，多股力量、多重矛盾、多种趋势竞相发展，分化重组明显加剧，在特定区域和一定程度上造成碎片化趋势，使格局盘整演变的复杂性和不确定性越来越突出。

第一，区域外影响加重。为从亚洲崛起中分取红利，美欧等域外力量卷入增多，势必给亚洲的内聚和内部联动造成牵制甚至羁绊。美欧通过北约框架与中亚国家推进各种伙伴关系计划，从西面消减亚洲内部的黏合作用。美国在"再平衡"政策框架下加强与亚太地区传统盟国和新兴伙伴关系，不仅给亚洲内部整合增添了新的变数，从东面牵制了韩国、日本、菲律宾甚至澳大利亚进一步向亚洲聚拢，对亚洲内部整合起到了分化甚至瓦解的作用。

这一方面对区域的内部联动造成了消减效果，另一方面增加了边缘地带国家对区域整体性崛起的影响权重，中亚的哈萨克斯坦、西亚的土耳其、东南亚的印度尼西亚等国均属此列。近些年来这些国家积极开展多方位外交（如土耳其在继续寻求加入欧盟的同时推行"南下"和"东向"外交等），同样给地区整体性崛起造成了方向散乱的影响。在此背景下，西太平洋和印度洋日益受到相关国家的重视，美

---

[1] The Transcript of the Remarks Delivered by Deputy Secretary of State William J. Burns in His Appearance at the Asia Society Policy Institute's Launch Event on April 8, 2014, http：//www.asiasociety.org /policy－institute /transcript－amb－william－j－burns－asia－society－policy－institute－launch.

国、日本、印度、澳大利亚、菲律宾等国围绕这些海域加强经济和安全合作，这在提升关联海域形势发展对地区格局演变影响、从海洋方向促进亚洲内部联动及其整体性崛起的同时，也在客观上形成了海洋国家对陆地国家合作的牵制。

第二，地区合作机制相互抵消作用上升。区域内多个合作机制交织并存，相互竞争和碰撞也增大了区域内部损耗，削弱了地区崛起的内在支撑。亚洲存在的系列机制在从不同角度和不同层次区域促进亚洲内部联动的同时，由于各自追求目标、议程轻重缓急等方面的差异，在客观上相互掣肘。特别是美、俄、日、印等大国出于加强对亚太及次区域主导地位的考量，纷纷加紧推行各自的战略，力图按照自己的意愿强化对次区域合作机制的塑造。例如，美国持续加强与东盟的政治、经济、军事关系，俄罗斯加强与印度、日本、越南、韩国等的经济、安全关系，日本持续推进与东盟、中东、中亚的经济和安全关系，印度加强与日本、菲律宾、越南、澳大利亚以及伊朗等国的关系。这在增进以某个战略力量为中心的次区域整合的同时，由于各中心国家的战略目标和战略实施之间存在竞争和冲突，使这些合作机制在整个地区范围内实现联动受到不同程度的阻隔和削弱。如果地区主要国家不能从亚洲全局出发，求大同存小异，积极促进各个次区域合作机制的相互开放、互补共荣，整个亚洲的内部联动将受到分化抑制。

第三，地区挑战考验整体性崛起。亚洲长期存在多个地区热点难点问题，有五个亟待解决。由于朝鲜进行多次核试验并且确立了经济建设和增强核及导弹能力并重的双轨战略，2018年停止核试验，朝鲜核问题处于表面缓和、实际危险继续酝酿的状态。随着阿富汗新总统选举以及美国和北约撤离作战部队，阿富汗问题重建进程进入新阶段。在2013年11月实现谈判的历史性突破之后，伊朗核问题要在2014年达成永久性协议依然存在变数。在2014年两轮政治谈判失败的情况下，叙利亚政府和反对派找到危机政治解决方案不容乐观。从2013年7月开始，以色列和巴勒斯坦在美国推动下进行了十余次谈判；2023年5月13日，在埃及斡旋下，以色列与巴勒斯坦伊斯兰圣战组织达成停火协议，但冲突依然存在。2023年10月7日，爆发了新一轮巴以冲突，本轮巴以冲突造成大量平民伤亡，导致严重人道主义灾难，国际社会高度关注。

俄罗斯具厚重战略潜力，其作为安理会常任理事国、核大国和军工大国的地位并没有发生变化，在乌克兰危机中展现出很强的对美西方斗争意志和经验，又具备广阔战略纵深、丰厚资源禀赋和在能源粮食等领域的重要国际影响，未来仍将是影响国际格局走向的重要国家。由于美西方近三十年来在欧亚大陆西侧不断加剧对俄遏压，2022年2月俄乌冲突激烈爆发。一年来，个别国家借这场危机谋取地缘战略私利，以多种手段挑动大国间竞争与对抗，试图推动国际关系"阵营化"，以集团对抗取代对话合作，导致乌克兰危机的影响持续外溢，牵动大国关系深刻分化重组、国际形势剧烈动荡变革、多边平台博弈显著加剧。[①] 由于俄罗斯在亚洲和世界的影响，俄乌冲突的发展将进一步加剧亚洲地区的不稳定和政治局势的紧张，俄乌冲突引发欧亚大陆地缘战略格局乃至整个国际格局的新一轮调整。

此外，中日钓鱼岛争端以及中国与有关东南亚国家在南海的争端同样存在引发局势紧张的可能性。围绕这些问题，如果有关国家能够积极互动，超越分歧，展开合作，通过多边谈判对话寻找到解决方案，并以此为牵引促进相互合作，甚至在此基础上形成次区域合作框架，将进一步推升亚洲整体性崛起态势。反之，如果有关国家依然固

---

① 杨晨曦：《俄乌冲突带来国际战略态势深刻演变》，《光明日报》2023年2月26日。

守零和博弈思维，把这些问题作为牵制对手的地缘战略工具，不仅不利于问题的解决，还将破坏地区稳定，严重阻碍亚洲整体性崛起。

这几个方面的效应在提升亚洲在世界格局演化中的地位和权重的同时，增添了亚洲内部地区格局整合的难度，使亚洲的整体性崛起无法定格而继续处于演进当中。未来整个地区的崛起越来越取决于能否防止上述已显露苗头的碎片化趋势进一步扩大，以及能否整合各个次区域的合作进而增进合力，共同推动亚洲的整体性崛起进程。

中国快速发展既是亚洲整体性崛起的重要动力，也深受亚洲整体性崛起效应的影响。伴随中国综合国力的不断提升，整个地区范围的联动和整合围绕中国展开的成分也在不断增加，中国对地区内部联动和整合的促进抬升作用越来越突出。这给中国进一步快速发展提供有利态势和地区支撑的同时，也给中国所处的地区环境增添了越来越多的复杂变数，使中国在大国关系、周边外交、区域合作、热点难点问题解决等多个方面面临越来越大的压力。中国的亚洲外交在坚持既定指导原则和方针的同时，需进一步细化针对各次区域乃至重要国家的具体战略，从局部着手深耕细作，推动外部整体环境的改善。

## 美欧问题凸显　世界失序加重
——世界秩序变革调整大势的观察与思考

回溯前瞻国际大势，世界不约而同纷纷聚焦西方发达国家。就连以往常常更多审视其他国家和地区风险挑战的美欧国家，也都更加担忧自身存在的问题和可能发生的变局及其对世界现实和潜在的重大冲击。

自近代以来，世界历史演进的一条重要主线就是欧美向全球扩张并逐步确立主导地位。特别是1991年苏联解体之后，美欧更是借助无孔不入的全球化和信息化进程，凭借强大的资本和军事力量，将其政治、经济、文化、军事等一整套思想、制度及其实践全方位推广，使西方国家在世界范围内的权势盛极一时。在美洲，美国推动建立北美自由贸易区，并利用20世纪90年代拉美债务危机全面推广实施新自由主义经济政策。在欧洲，北约东扩和欧盟东扩不断推进，甚至一度要把环地中海周边地区也整合进来。在全球，美欧高举保护人权的旗帜，利用联合国人权委员会这个平台批评指责广大发展中国家的人权发展，喊着"人权高于主权"的论调对发展中国家大肆进行人道主义干预。与此同时，美欧文化也裹挟着一股强势向全球广泛传播。在此进程中，世界的动荡和混乱主要集中于广大发展中国家或者西方在亚非拉地区所制造的种种危机。

然而，2008年美国爆发金融危机，并引发欧洲的债务危机。由此美欧受到金融经济危机影响，激发和催化的政治、经济、社会、安全问题不断发酵和持续累积，使得一些问题变得越来越突出。这给美欧内部的发展和治理构成一系列挑战。这些挑战的衍生和发展同美欧长期奉行的价值观、制度设计、道路选择紧密相关，具有比较明显的系统性、根本性和长期性，短期内难以实现重大改变，除非进行比较全面深刻的变革。例如，2016年英国公投"脱欧"和美国特朗普当选总统作为重大历史事件，尽管是管中窥豹，却已充分体现出问题之深刻、克服困难之艰难、冲击世界之严重。这一趋势在英国的"脱欧"谈判和欧洲多国的政局变动，以及美国政府的施政中更加充分地反映出来，对世界造成更大更广的系列冲击。这就使得长期占据国际体系主导地位的美欧的自身发展和稳定问题日益成为加重世界失序混乱和不确定性的重要因素。这已成为观察和思考世界变革调整大势的一个重要视角。

## 一、经济：整体下沉态势明显

从经济领域看，美欧整体下沉的态势变得越来越明显。2008年以来，美欧通过加强金融监管、实行量化宽松的货币政策、坚持紧缩性财政政策等，不断刺激经济增长，确实也实现了经济不同程度的增长。美、英、德等国的国内生产总值增速甚至从2014年至2017年初都实现了1%以上的增长。但是，总体上看，以"西方七国"[①]为代表的美欧传统发达国家整体下沉趋势仍在继续。根据国际货币基金组织

---

① 西方七国（G7）：美、加、英、法、德、意、日。

提供的数据，从2007年到2015年底，"西方七国"国内生产总值总和在世界国内生产总值总量中所占的比例从54.82%下降至46.38%；2020年、2021年、2022年，这个比例分别进一步下降到45.66%、44%、43.1%。

其中，美国作为西方发达国家的首要代表和世界唯一超级大国，其"一超"的总体地位依然突出，经济总量继续保持增长态势。但是，美国经济在世界经济体系中的相对权重却在下降。例如，根据国际货币基金组织提供的数据加以计算，从2006年到2017年，美国国内生产总值在世界国内生产总值总量中所占比例从27.13%下降到23.8%。美国政府债务则大幅攀升，截至2016财年于9月结束时，已经达到19.5万亿美元，约为国内生产总值的106%。在美国之外，英国、法国、德国、日本等西方主要国家，虽然就自身发展的纵向比较而言绝对经济总量大都不断提高，但就横向比较而言各自在世界经济格局中的相对占比同样在持续下降。它们的国内生产总值在世界国内生产总值总量中所占的比例，从2006年到2017年，同样分别从5.07%下降到3.66%，从4.55%下降到2.39%，从5.88%下降到4.32%，从8.53%下降到5.12%。

这种经济发展态势表明，20世纪80年代以来，里根总统和撒切尔夫人等领导人在美英实行并向全世界推广的、以"华盛顿共识"为代表的新自由主义经济政策存在明显弊端，已遭遇严重挫折，亟须调整。然而，2008年国际金融危机以来，美欧积极寻求经济发展新的增长点和新的增长模式，至今尚未找到，仍在探索之中。这也就是说，美欧依然没能从经济政策乃至制度层面找到解决问题的办法，或者有解决问题的方案却囿于制度局限而无法加以推行。美欧在经历19世纪的"自由贸易资本主义1.0版"、20世纪30年代的"国家福利资本主义2.0版"、20世纪80年代的"新自由资本主义3.0版"之后，能否如其思想家和政要所期待的那样转型升级为"更加温和、更加注重公平的资本主义4.0版",这依然是它们亟待解决的重大问题。在此态势下,美欧的经济民族主义情绪高涨,贸易保护主义持续上升,对外援助不断减少,正在从过去经济全球化、贸易自由化、地区一体化的积极推动者和全球经济治理的主要供给方演变成如今的阻碍者和需求方,对世界发展的消极影响持续增大。国际社会越来越期待新兴经济体和广大发展中国家,尤其是新兴大国对世界的发展进步发挥积极的再平衡作用。

## 二、政治社会:多方矛盾交织并持续加重

从政治社会领域看,美欧长期存在的多重矛盾相互交织联动并呈持续加重之势。第一,在全球化进程中,美欧资本在世界范围内追逐最大利润,导致产业大批外移到亚非拉新兴经济体和发展中国家,加剧了美欧内部资本与劳动的对立。同时,从亚非拉发展中国家尤其是被美欧发动战争打乱的阿富汗、伊拉克、叙利亚、利比亚等国大批涌入的外来移民,与当地民众在就业方面形成竞争,客观上拉低了美欧中下层民众的就业薪酬。此外,人工智能等一系列先进技术在美欧制造业和服务业得到不断推广应用,又替代了越来越多中低收入者的就业。例如,在美国,无人驾驶汽车得到日益广泛的应用,直接威胁几百万名职业卡车司机的工作机会;几千万名墨西哥移民的存在直接挤压美国本土受教育程度不高的中年男子就业机会。这些因素加上金融危机之后经济发展乏力,市场无法提供更多的就业机会,使得美欧内部的失业问题难有明显好转。

第二,与上述变化趋势紧密相关,金融和制造业资本家群体所代表的富有阶层作为全球化进程的"赢者",由于资本的全球扩张而导

致财富持续快速增长。而广大中产阶级和下层民众作为全球化进程的"输者",则由于就业竞争力下降和机会流失,财富持续缩水。这"一升一降"的直接后果就是社会两极分化持续加重,中产阶级的规模持续萎缩,美欧社会原有的中间大、两头小的橄榄型社会结构向中下层规模持续扩大的金字塔型转变。又以美国为例,疫情加剧了美国的马太效应。美联储数据显示,随着美国中产阶级财富持续缩水,美国收入前1%的"超级富人"的财富,已经超过了收入在中间60%的家庭拥有的所有财产,这是美国历史上有统计以来的首次。美国前1%最富裕的家庭所拥有的财产截至2021年二季度达43.27万亿美元,已经超过了美国9成家庭的财产总和(40.28万亿美元),且这些超级富人的财产量在2020年疫情来临后增幅显著。美国排名在后50%的国民仅拥有约3万亿美元的财富,是最富裕的1%的人的约十四分之一。美联储数据显示,在过去30年中,美国财富的10%已转移到收入最高的20%人手中,他们现在拥有总收入的70%。"穷者越穷,富者越富。"[1]这就意味着,自20世纪80年代以来不断扩大的两极分化可能在新政下进一步加剧而非减轻。

第三,本国民众与外来移民的人口比例此消彼长引发忧虑,增大外来移民融合难度,激化安全矛盾。美欧原本就长期存在大批外来移民。金融危机后,在经济增长乏力和就业机会总体下降的背景下,外来移民就业所受排挤和被边缘化加重,与当地社会的文化和身份认同程度明显下降。这种趋势在又一组"一升一降"(即美欧社会长期存在的白人人口老龄化和出生率下降导致白人人口相对数量持续下降,以及外来移民人口增长尤其是2014年以来新一轮难民移民大规模涌

---

[1] 《美国历史首次!前1%的超级富人拥有财富超过中产阶级总和》,观察者网2021年10月9日。

入导致包括穆斯林在内的非白人人口数量不断上升）因素的共同作用下快速凸显出来。以美欧白人与穆斯林的对比为例，美国皮尤研究中心2017年11月29日发布的预测报告显示，即便今后三十年不接纳非法移民或难民，欧洲的穆斯林人口仍会持续增加。如果合法移民人数增长保持现有水平，到2050年，穆斯林将占据欧洲总人口的11%多。以2016年年中统计的2580万欧洲穆斯林为基数，这家机构设置"零移民""中等规模移民"和"大规模移民"三种模型，推算欧洲联盟28个成员国以及挪威、瑞士到2050年的穆斯林人口。"零移民"情况下，欧洲穆斯林人口数量2050年将达到3000万，占总人口7.4%，高于2016年的4.9%。根据"零移民"模型，法国2016年有570万穆斯林人口，到2050年，仍将是穆斯林人口最多的欧洲国家。根据"中等规模移民"这一模型，欧洲穆斯林人口2050年将达到5880万，占比达到11.2%。"大规模移民"情况下，欧洲穆斯林人口2050年将达到7500万，占总人口14%。皮尤研究中心推测，即使人数大增，穆斯林群体仍比基督教徒和不信宗教的人"少很多"。另外，德国穆斯林人口2050年占比将为20%，瑞典为31%。报告说，移民遏止了欧洲人口下降。如果将来移民不再增加，欧洲总人口将从2016年的5.21亿减少至2050年的4.82亿。[①]这种人口结构的变化趋势，使得美欧本土白人与外来各种有色族裔移民之间的经济利益之争、价值文化的碰撞、身份认同的纠结、政治认同的分裂等愈加凸显。在外来移民和难民制造的暴恐袭击和刑事犯罪明显上升的催化作用下，这一系列裂隙所引发的现实和潜在安全风险变得越发突出，激发和助推美欧社会本国民众的排外主义、反移民思潮，甚至开始出现极端化苗头。美欧曾经呈现和极力标榜的自由、开放、多元、包容、融合的气象开始

---

① 王逸君：《即使没难民 欧洲穆斯林人口仍将翻番》，新华网2017年12月1日。

显著减退。

所有这些问题叠加在一起，为美欧极右思潮的发展壮大提供了有利条件，使得混杂反精英、反建制、反移民、反一体化、白人至上等元素的政治思潮快速泛起，使得西方民主制度的声誉和影响不断下降。美式民主是建立在资本基础上的"富人游戏"，与人民民主有着本质区别。100多年前，美国俄亥俄州共和党联邦参议员马克·汉纳这样形容美国政治："在政界，有两样东西很重要，第一是金钱，第二个我就不记得了。"100多年后再看，金钱依旧是美国政治的"硬通货"，而且作用更无可替代。以2020年美国总统和国会选举为例，此次选举总支出高达140亿美元，是2016年的2倍和2008年的3倍，被称为"史上最烧钱的大选"。其中，总统选举花费再创历史纪录，达到66亿美元；国会选举花销超过70亿美元。2020年10月，美国盖洛普民调公司调查显示，对总统选举非常有信心的美国受访者比例仅有19%，创下自2004年以来该调查的最低纪录。2020年11月，《华尔街日报》网站指出，在2020年大选中，人们对美国民主制度的信心下降到20年来最低点。2021年10月美国智库皮尤研究中心对美国、德国、韩国等17个发达经济体所做的调查结果显示，美国被视为政治极化最严重国家，90%的美国受访者认为不同党派的支持者之间存在严重分歧，近六成美国受访者认为民众不仅在政策领域意见相左，在基本事实方面也难以达成共识。根据美联社——NORC公共事务研究中心的一项民意调查，只有16%的美国人表示民主运作良好或非常好，45%的美国人认为民主运作不正常，而另外38%的美国人认为民主运作得不太良好。美国皮尤研究中心调查显示，仅有20%的美国人一直或多数时候都信任联邦政府。[1]

---

[1] 《美国民主情况》，人民网2021年12月6日。

《华盛顿邮报》和马里兰大学联合调查显示，美国人对民主的自豪感急剧下降，从2002年的90%下降到2022年的54%。加利福尼亚公共政策研究所民调显示，加州选民普遍担忧美国民主正偏离正轨，其中62%的选民认为美国正朝着错误方向发展，46%对持不同政治观点的美国人合作解决分歧的前景感到悲观，52%对当前美国民主的运作方式不满。昆尼皮亚克大学民调显示，67%受访者认为美国民主制度有崩溃危险，48%认为美国可能再次发生类似国会暴乱的事件。尽管美国自身民主面临种种问题，但并未反躬自省，而是内病外治，仍继续在全球输出美式民主价值观，利用民主议题打压别国、谋取私利，加剧国际社会分裂和阵营对抗。例如，拜登政府上台后，长达20年的阿富汗战争以美军仓促撤离告终。美国打烂了一个国家，毁掉了几代人的前途，最后一走了之。美军虽然撤离了，但美国政府继续对阿富汗实施制裁，非法冻结阿央行资产，当地民众生活雪上加霜。2022年5月，联合国发布报告显示，阿富汗近2000万人面临严重饥荒。[①]

这些变化都在共同重塑着美欧国家的政治生态。例如，2016年英国全民公投"脱欧"、法国"国民阵线"和意大利"五星运动"等右翼党派影响不断上升、美国特朗普当选总统、德国纳粹思想重新受到关注等事态，其实都是这种政治生态深刻变化的反映和结果。

## 三、对外关系：国际地位和作用相对下降

从对外关系领域看，美欧的国际地位和作用相对而言不断下降。在自身经济实力整体下降和政治社会安全问题凸显的背景下，"伊斯

---

[①]《2022年美国民主情况》，《人民日报》2023年3月21日。

兰国"等极端组织威胁持续、叙利亚危机愈演愈烈且尚无重大转机、乌克兰问题仍陷僵局、朝核问题面临新形势、英国全民公投脱离欧盟、总统大选影响美国软实力等一系列挑战,使得美欧掌控地区和国际局势的意愿、能力和决心均不同程度地有所下降。美欧对有利于地区和世界发展稳定的问题和危机越来越不愿意出力,为获取和维护自身利益则越来越不择手段。俄罗斯、南非、布隆迪、冈比亚四国相继宣布退出美欧主导的国际刑事法院,菲律宾杜特尔特政府表达类似意愿,诸如此类的因素从一个侧面表明美欧自近代尤其是第二次世界大战结束以来所主导的国际体系正在酝酿更加深刻的变动。为了防止世界主导地位进一步下滑,美欧加快调整内外战略。

就美国而言,其维护霸权的战略在总统更替中既延续又调整。奥巴马政府执政八年,为了确保美国继续"领导世界一百年",极力掌握世界发展和国际秩序转换的战略主动权。在经济社会领域,积极推进金融、教育、科技、医疗、移民等一系列改革,力图通过"再工业化"计划来促使美国海外企业回归,实施能源自给计划降低生产成本和提升经济竞争力,与23个经济体(共50个国家)开启服务贸易协定谈判,与欧盟进行"跨大西洋贸易与投资伙伴协议"(TTIP)谈判,与日本、澳大利亚、加拿大、新加坡、文莱、马来西亚、越南、新西兰、智利、墨西哥、秘鲁等11个国家谈判达成跨太平洋伙伴关系协定(TPP),力图主导制定新的更高标准的国际贸易规则体系。在政治外交领域,强调使用尽可能少的成本来更好地维护美国国家利益,注重借助同盟和伙伴的作用,抬高对外军事行动门槛,在地区战略中更多采用"离岸平衡"和借力打力策略,对打压对象更多使用经济金融制裁和多边施压等政策措施。

特朗普政府曾高举"美国再度强大"和"美国第一"的旗号,其竞选主张、政策顾问和组建的政府班底倾向表明,美国内外战略在保持一定延续性的同时发生较大变化。对内，力图通过大幅减税和增加补贴等措施来促使制造业回归和提升企业竞争力，谋求放松国内化石能源开发限制，大规模升级改造基础设施，增加中产阶级就业和中下层民众福利保障；对外，把消除"伊斯兰国"威胁作为首要紧迫任务，实行大规模强军计划，帮助盟友伙伴提升能力并分担更多安全保护费用，寻求与俄罗斯加强反恐合作，宣布重新谈判或退出已经加入并生效的北美自贸区协议（NAFTA），"退出"已经结束谈判但尚未批准生效的TPP，尖锐批评尚未结束谈判的TTIP。这些政策主张，势必给美国乃至整个世界造成深远影响。

拜登政府就职以来，提出"美国回来了"和"中产阶级外交"两个口号，力图在外恢复美国的软实力，对内更好满足中产阶级的需求，但其实际推行的政策仍带有"美国优先"的浓重痕迹。拜登政府推行"美国优先"政策的手段与特朗普政府有很大不同，在侧重正面引导舆论的同时，低调谋取单边利益，用虚实结合的方式维持美国利益与国际利益的表面平衡。拜登政府此举是多种因素共同促成的，在国际影响力持续下降、国内危机不断出现、大国竞争加剧和同盟内部分化，以及特朗普刻意制造了既成事实的背景下，继续坚持"美国优先"成为一种自然选择。[①]

从欧盟来看，其坚持以全方位推进一体化建设来应对重重危机。对内，欧盟在应对债务危机、气候变化、难民危机以及乌克兰危机、英国"脱欧"、特朗普就任美国总统的过程中，力图通过持续全面推进银行联盟、财政联盟、能源联盟、投资联盟、数字联盟、防务联盟建设，确保团结，有力应对来势猛烈的民粹主义浪潮和右翼势力崛

---

① 刘卫东：《拜登政府的"美国优先"政策：动因、特征与前景——兼论"美国优先"的政治底色与逻辑陷阱》，《世界经济与政治论坛》2023年第2期。

起，穿越"转型时刻"。对外，欧盟在继续强调价值观、多边外交、政治解决办法的同时，更加重视加强军事力量建设。2016年7月推出题为"共同愿景、共同行动：一个更强大的欧洲"的外交与安全政策全球战略，强调要加强跨大西洋纽带和北约联盟、进一步整合东欧和南欧、注重用综合方式应对危机，支持世界各区域合作机制发展，强化以联合国等多边规制为基础的全球秩序；2016年6月底推出《欧盟对华新战略要素》的联合战略文件，阐明五年内中欧关系面临的机遇和挑战，在全球和地区治理、中欧投资协议和自贸区协议谈判等方面加强对华合作等。这些内外战略的实施在2017年经受了英国"脱欧"谈判，法国、德国、荷兰、意大利等国大选的考验。欧盟在战略上对中国采取"清醒"但"不对抗"态度。除传统动荡地区外，近年来欧洲周边地缘战略环境的碎片化有进一步扩大的趋势。2020年，在东部地中海地区，土耳其和希腊、塞浦路斯围绕石油资源开采问题出现矛盾，能源安全由区域博弈的"暗线"转为"明线"。在北极区域，国家博弈升级，美俄不断强化军事建设、展开军事演习。在乌克兰问题上，北约和俄罗斯双方一直以来都处于对立态势，欧盟东部地区持续紧张。2014年的乌克兰危机则从根本上彻底改变了欧盟安全秩序，使战火阴霾再次笼罩着欧洲大陆。其后，北约成员国与邻国俄罗斯的战略利益争夺日益激烈，双方的"威慑游戏"逐步升级。2022年春天爆发的俄乌冲突更加把北约和俄罗斯双方利益的激烈争夺推上顶峰。而且，在当前美俄对抗、欧俄博弈加剧的背景下，欧洲东部及周边地区各国之间的民族关系问题与历史遗留矛盾也不时会产生危机。[①]

---

① 参见程思凝：《多重危机推动下的欧盟"战略自主"研究》，上海外国语大学硕士学位论文，2022年。

面对国际形势变化，欧盟对外战略一直处于调整之中。2016年，欧盟全球战略明晰了"有原则的务实主义"（principled pragmatism）的对外行动原则，尽管已表示软实力难以应对变化的世界，但战略上仍希望遏制实力政治，地缘政治诉求也远非其战略目标。此后，在特朗普主义冲击下，以马克龙索邦演讲为标志，欧盟对外战略开始以"战略自主"和"欧洲主权"为目标。在中美博弈、新冠疫情以及俄乌冲突三重力量的共同推动下，欧盟以前所未有的方式加速对外战略调整，以地缘政治竞争和冲突为主导的战略日渐成形。欧盟明确作为地缘政治行为体参与大国博弈；综合利用其政策工具，攻防结合，构建"选择性脱钩"全球化应对方案；意识形态不仅被纳入经济、政治竞争和对抗，还因俄乌冲突被纳入安全考量，意识形态实现全领域连接。不仅如此，俄乌冲突还以前所未有的方式强化了欧盟对外战略中的防务与安全维度。[1]

所有这些战略和政策的实施效果势必影响欧盟作为一个世界力量中心的国际地位的升降，甚至欧盟本身的存亡。

综上所述，这种政治、经济、社会、安全和对外战略等方面的变化趋势，使美欧呈现自顾不暇之态，使它们的发展战略更加聚焦国内而势必减少对全球事务的资源投入，使它们长期主导的全球化和地区一体化进程明显受挫，使它们的国际影响力进一步下降，它们给世界发展稳定造成越来越多的麻烦。在此演化中，跨大西洋两岸美欧内部的分歧可能扩大，俄罗斯的战略环境可能得到改善但俄乌冲突给俄罗斯制造了一些困难，日本追求政治和军事大国的步伐可能进一步加快，新兴大国在地区和全球事务中的作用有望提升，横跨东南亚—南亚—中亚—西亚—北非的伊斯兰世界可能发生重大变动，基督教文

---

[1] 金玲：《外战略转型与中欧关系重塑》，《外交评论》2022年第4期。

明、伊斯兰文明、中华文明三大文明体系之间,以及中美俄、美欧俄、中美欧、中美日、中美印等三角关系之间的联动调适将更趋错综复杂和多变难定,世界的多极化、板块化和碎片化趋势将更加凸显,国际安全形势将更加复杂多变甚至面临更多更大的风险。

# 当前国际战略环境特点与走势

当前,世界政治、经济、文化、社会、军事在延续诸多规律性变动的同时,因人口、技术、生产方式、思想观念、各国国内治理和互动交往形式等因素快速变化,特别是全球化和信息化进程的深入塑造作用,呈现出越来越多的新趋势和新形态。

在此背景下,世界各国尤其是大国不断调整内外战略和政策,世界格局和秩序面临重塑。正确认识当前国际战略形势变化特点,准确把握其发展走势,对我们推进强国建设、民族复兴伟业,具有重要意义。

## 一、多极化趋势增强国际和地区格局变化动态

世界多极化,实质就是世界范围内的力量分布从一个中心向更多中心扩散和聚集,以及中心之间的力量对比差距缩小和平衡度增加。

从百年以上时段看,多极化趋势就是自近代以来欧美作为世界中心的主导地位相对下降,亚非拉地区的影响力相对上升;从二战后70年时段看,多极化趋势就是西方国家主导的殖民体系瓦解,广大发展中国家实现民族解放和国家独立,并在世界政治舞台上扮演越来

越重要的角色；从冷战后30年时段看，多极化趋势就是美国"一超独大"地位相对削弱，其他大国及地区强国的国际地位和影响力不断上升。

从这个意义和不同时段来看，世界多极化趋势已不可逆转，目前正在不同层面和不同领域持续深化。

从全球范围看，尽管中、俄、巴西等国经济增速开始不同程度放缓，西方主要国家逐步摆脱金融经济危机且经济增速加快，但从整体上看，以"西方七国"为代表的传统发达国家和以"金砖五国"为代表的新兴经济体及发展中国家之间，总体力量对比差距缩小的态势仍在继续。

在实力变化方面，2007年至2014年，"西方七国"GDP总和在世界GDP总量中所占比例从54.82%下降到45.68%，外汇储备总和在世界外汇储备总量中所占比例从22.92%下降到13.24%，军费开支总和在世界各国军费开支总量中所占比例从61.67%下降到48.81%。相比之下，新兴经济体和发展中国家则继续保持群体性崛起态势。2007年至2014年，"金砖五国"GDP总和在世界GDP总量中所占比例从13.79%增长到21.82%，外汇储备总和从17.73%增长到28.33%，军费开支总和从12.88%上升到21.54%。2022年，"金砖五国"GDP总和达25.95万亿美元，占世界GDP总量的25.55%，"西方七国"GDP总和达43.77万亿美元，占世界GDP总量的43.1%。虽然金砖国家与"西方七国"相比有差距，但从未来的发展来看，GDP会大幅度提升，占世界GDP总量比重越来越高。

在国际影响力方面，新兴经济体和发展中国家对地区和国际事务的参与度，以及其在地区和国际机制创建和变革等方面的作用不断增强。在联合国、二十国集团、七十七国集团、不结盟运动等多边框架下，新兴经济体和发展中国家积极开展合作，话语权扩大，影响力增强。"金砖五国"要求国际货币基金组织落实2010年通过的投票权改革方案，并于2013年4月在南非德班峰会上宣告建立金砖国家开发银行和外汇储备库，2015年6月金砖国家开发银行在中国上海挂牌成立，对进一步完善多边开发融资体系产生重要推动作用。

相形之下，美国作为"一超"的综合国力虽依然突出，但对世界格局和国际体系演变的主导力进一步削弱，与其他大国的差距进一步缩小。加之国际体系转型和国际形势日趋复杂，特别是叙利亚危机愈演愈烈、"伊斯兰国"等极端组织威胁不断增加、乌克兰问题陷入僵局等，都使美国独掌地区和国际局势的意愿、决心和能力有所下降。

在"一超"与"多强"之间综合国力差距缩小，"多强"之间国际地位均衡化发展的背景下，中国、俄罗斯、欧盟、日本、印度等"多强"依托各自区域发挥优势，积极维护提升自身地位和影响力。巴西、澳大利亚、韩国、印尼、土耳其、伊朗、南非等"中等强国"，自主发展的意愿和能力也不同程度加强，在国际和地区事务中越发活跃。在乌克兰、叙利亚、阿富汗、伊核、朝核等地区和国际热点问题上，中、俄、印度、伊朗、土耳其、沙特等国影响力持续上升。随着非盟、阿盟、东盟、南亚区域合作联盟、拉美共同体等区域合作向前推进，新兴经济体的地位和影响力进一步提升。此外，国际非政府组织、跨国公司等非国家行为体，也凭借各自优势，对国际和地区事务施加越来越大的影响，给大国的地位和作用造成制约和冲击。

**二、大国战略竞争多维度加剧**

面对多极化趋势深入发展，世界主要战略力量加快调整内外战略，力求明确定位，累积和发挥优势。

美国大幅强化近中期战略谋划,力图紧握世界发展和国际秩序转换主动权,确保其全球领导地位。

欧盟在应对债务危机、乌克兰危机、气候变化、难民危机过程中,力图通过强化内部整合,穿越"转型时刻"迈向一体化建设的新阶段,确保作为世界力量中心一极的国际地位。

俄罗斯近些年来应对乌克兰危机,自2022年以来在俄乌冲突中采取应对行动。同时,俄罗斯继续推进欧亚经济联盟建设,强化对原苏联成员国的掌控,巩固周边战略依托,积极促进与亚太地区合作,注重借助"金砖国家"和上海合作组织提升和保持国际影响力,利用伊核问题、叙利亚危机和打击"伊斯兰国"等运筹俄美欧关系。

日本在经济上确保经济大国地位。军事上从武器装备研制买卖、军费投入、安保体制和法案修改等多方面大幅加强军备建设。外交上推进"地球仪外交",大力强化与美国、韩国、澳大利亚、菲律宾、越南、印度等国安全合作,增加对亚非拉发展中国家援助,再度联合德国、印度、巴西力争成为联合国安理会常任理事国,向政治大国迈进。

印度对内推进经济改革,加强航空航天开发、国防建设。对外以强化对南亚和印度洋主导权为基点,积极推行大国平衡和强势周边外交,努力寻求成为联合国安理会常任理事国,大国心态和相应外交路线不断凸显。

随着上述各主要力量的战略调整,大国之间总体上竞争合作并存交织,在增进合作的同时,竞争面不断扩大。从国内经济结构调整转型、社会矛盾治理、政治模式创新,到国际定位的矫正确认,对外战略的设计谋划、实施路径选择和政策策略应用,渐成全方位竞争态势。从战略层面看,大国竞争在两个维度上表现最为突出。

一是围绕亚洲及其关联的西太平洋和印度洋的地缘战略碰撞加

剧。为了全面掌控从西太平洋和东亚延伸到印度洋和南亚的弧形地带，支撑全球领导地位，美国在中东（西南亚和西亚）和亚太之间进行"再平衡"：一方面适度减少在中东的投入，组建全球反恐联盟打击"伊斯兰国"，对叙利亚危机加以控制而非设法解决；另一方面大幅增加对亚太的关注和投入，特别是着力加强在中东与亚太连接部位（中亚、东南亚和西南太平洋）的力量部署。受美国战略调整的刺激和推动，其他战略力量也纷纷聚焦这一区域，加大力量投放。欧盟强调发展与亚洲国家关系，英、法、德等国均更加重视并不断推进与东北亚、东南亚、南亚国家关系。俄罗斯明显增加在西亚、中亚、南亚、东南亚的外交和军事力量部署，大幅强化与叙利亚、印度、越南等战略支点国家合作，积极介入并发挥伊朗核问题和叙利亚危机的地缘战略杠杆作用。日本搭乘美国地缘战略部署调整便车，顺势强化与美盟友伙伴的政治安全关系，变换政府开发援助和经贸合作方式，加大对东南亚、南亚和中亚的力量投入。印度在强化对南亚和印度洋主导地位的同时，北上介入中亚，西向加强与中东国家能源经贸合作，东进强化与日本、澳大利亚、越南等亚太国家合作。

二是军事战略竞争扩展深化。随着世界新军事革命深入发展，武器装备远程精确化、智能化、隐身化、无人化趋势增强，太空和网络空间成为新的战略竞争制高点，战争形态加速向信息化战争演变。主要国家积极调整安全战略和防务政策，加紧推进军事转型，重塑军事力量体系。美国不断翻新"军事"概念，从"空海一体战"到"第三次抵消战略"，再到"全球公域介入与机动联合"，力图实现平衡威慑大国、瓦解暴力恐怖势力和提升盟友能力三大军事战略目标。为此，美国着力发展全球快速打击系统，完成全球反导系统部署，强化核威慑和网络威慑能力，加紧研制智能化武器、电磁武器和激光武器等，确保绝对军事优势。俄罗斯继续谋求在潜艇和导弹等战略力量方面的传统优势，同时依据俄联邦国家安全战略，坚定推进军备升级，把提高机动性和快反能力作为军队改革方向的核心。日本大幅调整安保政策，加强军备力量建设，用"防卫装备转移三原则"取代"武器出口三原则"，增加军费开支，签署《日美安保合作新指针》，强推通过安保法案，全面突破集体自卫权和自卫队海内外军事活动范围，大步逼近军事大国目标。印度连续多年大幅提高国防预算，加强海陆空战略力量建设，不断扩大对外军购规模，加强与美、俄、日、法、英等国军事技术合作。

随着世界主要力量的战略调整和政策实践持续展开，从总体上看，为应对金融危机而催化出现的大国之间竞争、合作并存交织的关系形态将持续演化。当前，世界进入新的动荡变革期，国际战略竞争日趋激烈，大国之间信任缺失，大国博弈竞争加速升级，地缘政治局势持续紧张，全球经济复苏道阻且长，冷战思维、零和思维沉渣泛起，单边主义、保护主义、霸权主义甚嚣尘上，民粹主义抬头趋势明显，新一轮科技革命和产业变革带来的竞争空前激烈。[1]经济全球化是世界经济发展的必然趋势，契合各国人民要发展、要合作的时代潮流。历史上的经济全球化，促成了贸易大繁荣、投资大便利、人员大流动、技术大发展，为世界经济发展作出了重要贡献。但是，经济全球化也积存了不少问题和弊端，出现"回头浪"。[2]在全球性挑战日益突出的大背景下，包括全球经济发展面临多种困难、恐怖主义和极端主义威胁居高不下、难民移民问题的经济安全外溢效应凸显、国际能源格局面临深刻调整、全球气候变化应对可能被美国政府逆转、核扩

---

[1] 参见中华人民共和国国务院新闻办公室：《共建"一带一路"：构建人类命运共同体的重大实践》，《人民日报》2023年10月11日。
[2] 中华人民共和国国务院新闻办公室：《携手构建人类命运共同体：中国的倡议与行动》，《人民日报》2023年9月27日。

散威胁依然严峻，大国之间增进合作的需求不减反增。与此同时，由于整个世界格局演进面临和平条件下前所未有的大变革大调整，混乱失序因素明显增多、不确定性和风险性持续高企，大国为了更好地因应变局、维护利益、确保安全，战略和政策的进取性普遍强势。这就导致大国之间的竞争、碰撞、摩擦不断上升。从国内经济结构调整转型、社会矛盾治理、政治模式创新，到国际定位的矫正确认、对外战略的设计谋划、实施路径选择和政策策略应用，再到地缘政治布局改变和军事力量部署调整，大国博弈渐成全方位展开态势。

### 三、国际秩序在和平渐变中全面重塑

当今国际秩序源自17世纪威斯特伐利亚体系。自那以来，这个秩序历经欧美殖民体系瓦解和亚非拉民族独立解放运动兴起的冲击，在两次世界大战的废墟上，形成以联合国为核心的国际秩序。之后，这个秩序又历经冷战的洗礼和冷战后一系列重大事件的考验，在联合国成立60周年和70周年等重要时间节点的改革推动下不断演进。过去数百年来，列强是通过战争、殖民、划分势力范围等方式争夺利益和霸权，然后通过殖民者对被殖民者、战胜者对战败者强加的规则设定和制度安排加以固化，由此推动国际秩序不断演进。如今世界主要力量在和平条件下，以制度创新和经济、科技、军事、文化实力消长为支撑，通过游说、施压、外交折冲来调整国际规制，以重新划分利益、确立彼此地位关系、重塑地区和国际秩序。由于没有任何一方能够按照自己的意愿全面主导该进程，规则调整和制度重构都是在各方激烈谈判博弈中缓慢渐进地改革蜕变而成，呈现新旧重叠交织、体现各方妥协共识等突出特点。

在此进程中，国际关系长期积累的一系列公认的原则被反复强

化，越来越被巩固加强。不少国际规制推陈出新，关贸总协定变成世界贸易组织，联合国人权委员会被人权理事会替代，《海洋法公约》《反恐怖主义公约》《反腐败公约》，以及《巴黎协定》《移民全球契约》等一系列国际规制产生，越来越多的规制都在与时俱进地发展完善。美国原本是现有国际秩序的重要创立者，也是最大受益者，如今却大有对其重构之势。在特朗普政府连续退出多个国际机制之后，拜登政府在"新多边主义"旗号下急欲主导已有国际机制改革和新规制的创立。其他大国纷纷推动地区和国际机制变革，在网络、太空和人工智能等领域加强规则竞争。东盟、非盟、拉美共同体等在地区事务中的作用增强，国际社会为共同应对各种全球性挑战而构建新的国际规则、体制、机制，这些都在不断推动国际秩序深入演化，进而形成新的全球架构。

### 四、中国与世界互动呈现新形态

在世界多极化持续深入发展、国际新旧规制交织重构中，中国的地位和作用尤为显著。这既得益于亚太地缘板块在全球地缘战略格局变动中更加重要的托举效应，更基于中国改革开放以来综合国力持续快速增长的深厚基础。站在新的高度和起点上，中国与世界的互动开始呈现两个新特点。

一是双向互动日趋平衡。如果说之前世界对中国的影响远大于中国对世界的影响，那么如今中国对世界的影响正在快速增大，不断接近甚至超过世界对中国的影响。中国从过去的吸收借鉴和被动接受，发展为越来越多地展示自身理念、提出主张、增加贡献和主动塑造。

在经济发展方面，2014年中国对外直接投资规模与同期吸引外资规模大致持平（仅差35.6亿美元）。①"未来5年，中国进口商品将超过10万亿美元，对外投资将超过5000亿美元，出境旅游人数将超过5亿人次。"②截至2015年9月，中国共向166个国家和国际组织提供了近4000亿元人民币援助，派遣60多万援助人员。2015年9月，习近平主席宣布，中国将设立"南南合作援助基金"，首期提供20亿美元，用于支持发展中国家落实2015年后发展议程，并在2017年5月宣布增资10亿美元，2022年将"南南合作援助基金"升级为"全球发展和南南合作基金"，"中方已经成立总额40亿美元的全球发展和南南合作基金，中国金融机构即将推出100亿美元专项资金，专门用于落实全球发展倡议"③。中国将继续增加对最不发达国家投资，力争2030年达到120亿美元；中国将免除对有关最不发达国家、内陆发展中国家、小岛屿发展中国家截至2015年底到期未还的政府间无息贷款债务。④数据显示，我国经济总量连上新台阶。2013年到2021年，我国国内生产总值年均增长6.6%，高于同期世界2.6%和发展中经济体3.7%的平均增长水平。2014年、2016年、2017年、2018年、2020年，国内生产总值相继跨越60万亿元、70万亿元、80万亿元、90万亿元、100万亿元大关，2021年突破110万亿元，达114.4万亿元，按不变价计算为2012年的1.8倍。"中国十年年均经济增长达到6.2%，经济总量占全球比重由2012年的11.3%提升到18%左右，货物贸易总额连续6年位居世界第一，对世界经济增长的平均贡献率超过30%，一直

---

① 参见孙仁斌、陈梦阳、徐扬：《李克强：中国不是世界经济风险之源》，新华网2015年9月10日。
② 习近平：《迈向命运共同体 开创亚洲新未来——在博鳌亚洲论坛2015年年会上的主旨演讲》，《人民日报》2015年3月29日。
③ 习近平：《勠力同心 携手同行 迈向发展共同体——在"金砖+"领导人对话会上的讲话》，《人民日报》2023年8月25日。
④ 习近平：《谋共同永续发展 做合作共赢伙伴——在联合国发展峰会上的讲话》，《人民日报》2015年9月27日。

是推动世界经济增长的最大引擎。"①

国家统计局发布《新理念引领新发展 新时代开创新局面——党的十八大以来经济社会发展成就系列报告之一》指出，2013年到2021年，我国对世界经济增长的平均贡献率超过30%，达38.6%，居世界第一。这一数字超过"西方七国"贡献率的总和。作为世界经济增长的重要引擎，中国经济充满韧性活力，备受世界瞩目。

随着新一轮对外开放全面展开，特别是"一带一路"建设推进，中国对周边乃至更广阔地区的经济社会发展拉动作用将进一步增大。

在政治外交方面，中国围绕世界发展方向、国际体系变动、全球性挑战、地区热点难点问题，不断提出新的主张、方案和建议，并树立典范，积极落实。2015年6月，中国向联合国气候变化框架公约秘书处提交了应对气候变化国家自主贡献文件《强化应对气候变化行动——中国国家自主贡献》。2023年10月，巴以再次发生冲突。习近平主席多次就巴以局势阐明中国原则立场，强调应立即停火止战，保障人道主义救援通道安全畅通，防止冲突扩大，根本出路是落实"两国方案"，凝聚国际促和共识，推动巴勒斯坦问题早日得到全面、公正、持久解决。中方据此提交了《中国关于解决巴以冲突的立场文件》，提出推动全面停火止战、切实保护平民、确保人道主义救援、加大外交斡旋、寻求政治解决等各方面建议。②中国积极开展穿梭外交，推动朝核问题有关六方重启谈判，为伊朗核问题谈判进行斡旋并提出建议，邀请巴以领导人访华，并劝和促谈，邀请叙利亚政府和反对派代表访华，推动寻求政治解决，等等。

在安全方面，中国作为联合国安理会常任理事国之一，承担的

---

① 李强：《在第十四届夏季达沃斯论坛开幕式上的致辞》，《人民日报》2023年6月28日。
② 参见《外交部发布〈中国关于解决巴以冲突的立场文件〉》，《人民日报》2023年12月1日。

维和费用摊款比例由2016年至2018年度的10.24%，升至2019年至2021年度的15.22%。中国自2016年成为联合国第二大维和摊款国，2019年成为第二大会费国。中国派出的维和官兵在安理会常任理事国中最多。习近平主席在第七十届联大讲话中宣布："中国将加入新的联合国维和能力待命机制，决定为此率先组建常备成建制维和警队，并建设8000人规模的维和待命部队。"[①] 截至2023年4月，中国共派出维和人员5万多人次，赴20多个国家和地区参加近30项联合国维和行动。

二是相互作用向规制层面扩展深入。中国国内推进改革创新体制机制、全面推进法治建设，需要考虑国际因素，特别要兼顾改革开放以来长期合法存在、日益融入且有利于中国经济社会发展的国际元素，例如法律的修订制定和实施、经济社会文化管理体制机制的改革完善等。也就是说，中国国内规制的改革创新需要放到开放条件下和国内国际两个大局相互融合的环境中进行。中国在坚决维护以联合国宪章宗旨和原则为核心的国际秩序和国际体系的同时，推动国际规制变革以适应全球性挑战日益增多的新形势，增强广大发展中国家的代表性和发言权。在全球层面，中国一向支持联合国在各成员国协商一致的基础上，兼顾公平与效率原则，逐步推进联合国改革。中国支持二十国集团作为全球经济治理的主要平台发挥更大作用，推动创建金砖国家银行、亚洲基础设施投资银行等金融机构，敦促国际货币基金组织和世界银行等进行相应改革。在地区层面，中国在金砖国家合作机制、上海合作组织、亚太经合组织等多边机制中，扮演着日益重要的角色。"中国是非洲的可靠朋友，过去10年向非洲提供大量发展援

---

① 习近平：《携手构建合作共赢新伙伴 同心打造人类命运共同体——在第七十届联合国大会一般性辩论时的讲话》，《人民日报》2015年9月29日。

助，参与建设6000多公里铁路、6000多公里公路、80多个大型电力设施。下阶段，中国将同非洲国家开展更多合作，支持非洲增强自主发展能力。这包括提供卫星测绘成套数据产品；实施'智慧海关'合作伙伴计划；协同联合国教科文组织开展'全球发展倡议助力非洲未来'行动，积极支持非洲实现可持续发展。"①

中国与世界互动的这两个新特点，决定了中国未来发展面临的重要战略机遇期，将越来越多地取决于内部因素，即国内的全方位改革发展以及在世界中的角色定位和行为选择，外部因素对中国发展战略机遇期的影响将进一步降低。

### 五、中美新型大国关系形态渐显

中国对世界的输出性影响增大，同样体现为中国在中美关系中的主动性增强。中美关系作为当今世界最重要的双边关系之一，浓缩了"一超"与"多强"、守成大国与新兴大国、发达大国与发展中大国、资本主义大国与社会主义大国、全球大国与具有重要世界影响的地区大国等多重特性，既空前复杂更十分重要，其互动走向不仅直接牵动地区秩序、国际格局和全球未来，而且决定性地影响中国中长期的国际战略环境，甚至影响着中国与世界互动的整体状态。

2013年，中美共同作出构建新型大国关系的战略抉择。多年来，两国由于文化传统、发展阶段、地缘政治经济等因素差异，所形成的结构性矛盾越来越突出，作为两国关系压舱石和推进器的经贸合作负面因素上升，双方在国际秩序和地区格局层面的分歧不断凸显，使两

---

① 习近平:《勤力同心 携手同行 迈向发展共同体——在"金砖+"领导人对话会上的讲话》，《人民日报》2023年8月25日。

国面临着竞争失控、走向对抗冲突的风险。与此同时，正是预见到这种风险的存在及其后果的难以承受，两国领导人都明确把不冲突、不对抗确定为中美构建新型大国关系的核心内容和首要原则。尽管美国对新型大国关系的概念和内涵持有不同看法，领导人在讲话中对此概念也提及不多，但在实践上，美国把对华发展"建设性合作关系"作为其"亚洲战略的核心支柱"和"更大范围的亚太战略的关键要素"，认为中美关系不是一种零和博弈，双方有足够大的管控分歧的能力。这表明美方已把不冲突、不对抗作为对华关系的底线。由此可见，在中方的积极推动下，中美新型大国关系逐步呈现新的形态，这种形态具有四个突出特点。

一是加强合作共赢，逐步改变两国关系的结构和性质。合作共赢是中美关系发展的唯一正确选择。这是两国在全球化相互依存时代，双方在全球、地区和双边等不同层面利益日趋交融等情势下，发展关系的必然要求。中美在第七轮战略与经济对话和第六轮中美人文交流高层磋商框架下确定了246个合作项目；2015年习近平主席在访美期间达成49项重要共识，确定了一系列合作项目。这些合作共识和项目如果能够得以落实，将为双方整体关系的发展提供巨大推动力。近年来，中美在伊核问题谈判、推动朝核问题谈判、打击"基地"组织和"伊斯兰国"等恐怖主义势力、应对埃博拉病毒等方面展开积极合作，2014年和2015年，两国连续发表有关气候变化的联合声明并签署一系列合作协议，确立了气候变化全球治理的新标杆，这些都充分展示了中美在全球治理合作方面已经取得的新亮点，以及未来合作的巨大空间。尽管这些合作尚不足以改变中美关系的结构，更难以消除两国在政治、军事、安全等领域的重大分歧，但随着此类合作进一步增多，中美关系的结构和特质势必发生变化，至少将改变双方对矛盾分歧的看法，启发解决问题的新思路，降低发生冲突对抗的可能性。

二是不断完善机制建设，为两国关系发展提供强有力的制度保障。2013年以来，中美领导人除了在国际多边场合举行双边会谈，通过热线电话直接沟通、特别代表传递口信等之外，也根据实际情况举行会晤，这不仅为两国关系定调并提供顶层指导，更有助于增进双方战略互信。在首脑会晤指引下，中美已相继建立了多个对话渠道和交流机制，以便更有针对性地处理各领域问题和促进合作。2015年9月，习近平主席访美期间，双方对现有机制所发挥的重要作用予以充分肯定，并提议新增多个对话交流机制。上述机制将明显提高两国关系的机制化水平，为处理各种复杂问题和促进各领域合作进而构建新型大国关系提供有力的制度支撑。

三是强化意愿和实际努力，提高危机管控能力和水平。由于中美在国际秩序、地区格局、地缘政治、军事战略等方面的差异性和竞争性日益突出，美国在战略焦虑感驱使下加大对华牵制防范力度，使得两国战略互信水平滞后于新型大国关系构建的需要，双方在战略意图和敏感问题处理等方面存在误解误判的危险。为此，两国基于不冲突、不对抗的底线共识，明确表示要以建设性方式管控分歧，对"燃点"低的问题加强预防性管理。一段时间以来，中美两军关系保持良好发展势头，双方就海空相遇安全行为准则中"空中相遇"附件和重大军事行动相互通报机制中新增"军事危机通报"附件达成一致并正式签署，在风险管控方面迈出新的步伐。在备受国际关注的南海问题上，双方支持通过对话管控分歧，同意继续就有关问题保持建设性沟通。在美方热炒的网络安全问题上，两国主管部门就共同打击网络犯罪达成共识，同意加强案件协查和信息分享，共同探讨推动制定国际社会网络空间合适的国家行为准则，决定建立两国共同打击网络犯罪及相关事项高级别联合对话机制等。上述机制和努力虽不足以消除和解决可能引发危机的问题和因素，却都将有助于预防和妥善处理两国间可能触发的危机,有利于保持新型大国关系建设平稳推进。

2023年11月15日(旧金山当地时间),习近平在美国旧金山斐洛里庄园同美国总统拜登举行中美元首会晤。两国领导人再次强调要有效管控分歧。习近平主席指出,50多年来,中美关系从来不是一帆风顺的,总会有这样那样的问题,总是在曲折中向前发展。这么两个大国,不打交道是不行的,想改变对方是不切实际的,冲突对抗的后果是谁都不能承受的。我还是那个看法,大国竞争不是这个时代的底色,解决不了中美两国和世界面临的问题。这个地球容得下中美两国,我们各自的成功是彼此的机遇。①"共同有效管控分歧。不能让分歧成为横亘在两国之间的鸿沟,而是要想办法架起相向而行的桥梁。双方要了解彼此的原则底线,不折腾、不挑事、不越界,多沟通、多对话、多商量,冷静处理分歧和意外。"拜登表示,他始终认为,美中关系是世界上最重要的双边关系,美中冲突并非不可避免,一个稳定和发展的中国符合美国和世界的利益,中国经济增长有利于美国,也有利于世界。美中关系保持稳定,防止冲突,管控分歧,并在符合双方利益的领域开展合作,有助于两国更好应对各自和共同面临的问题。两国元首认可双方团队自巴厘岛会晤以来讨论确立中美关系指导原则所作努力,两国元首同意推动和加强中美各领域对话合作,两国元首强调在当下关键十年中美加快努力应对气候危机的重要性。②

四是大幅扩展人文交流,厚植两国关系社会基础。中美虽相距遥远,但两国人民友好交往源远流长。200多年前,美国商船"中国皇后号"首航跨洋过海到中国。80多年前,中美两国为抗击日本法西斯、争取世界和平并肩战斗。50多年前,中美运动员用"乒乓外交"

---

① 《习近平:大国竞争不是这个时代的底色》,人民日报客户端2023年11月16日。
② 《习近平同美国总统拜登举行中美元首会晤》,《人民日报》2023年11月17日。

不仅拉近两国人民间距离，而且拉开中美关系改善和发展的历史序幕。2023年8月，习近平主席先后复信美国华盛顿州"美中青少年学生交流协会"和各界友好人士，复信美国史迪威将军外孙约翰·伊斯特布鲁克。习近平主席给予美国友好人士的复信，传递出中国对深化中美人民友谊的期待和信心。中美关系虽经风雨，但人文交流从未停止。历史已经表明，中美关系的大门一旦开启，民间的往来便势不可当，从涓涓细流发展成澎湃江河，主体更加多元，不断向纵深拓展。高等院校、企业组织、民间团体、智库机构等纷纷参与到人文交流体系中，扮演越来越重要的角色。正如习近平主席所指出，"中美关系的希望在人民，基础在民间"，"我们始终寄希望于美国人民，希望两国人民友好下去"。中美民间人文交流是中美关系的重要组成部分，人民间的友谊能够跨越艰难险阻，只有通过中美各界的"多走动、多交流"，才能消除隔阂，增进理解与互信。建交40多年来，两国地方交流和友好城市建设越来越热络：友好省州和友城已覆盖美国90%以上州市，中美友城大会等机制富有成效并促成双方众多合作项目。两国人文交流的领域、层次与规模也在持续扩大，教育、文化、体育、科技、青年、妇女等各方面交往点面结合、亮点纷呈。①2023年11月，习近平主席在美国旧金山同美国总统拜登举行中美元首会晤，双方达成重要共识，两国将推出更多便利人员往来、促进人文交流的措施，包括增加中美客运直航航班，举办中美旅游高层对话，优化签证申请流程等。在美国友好团体联合欢迎宴会上的演讲中，习近平主席指出："我愿在此宣布，为扩大中美两国人民特别是青少年一代交

---

① 参见高文成：《让中美关系的"力量源泉"涌动不息》，新华网2023年9月1日；王栋、高丹：《推动中美人文交流 中美人民友谊常在》，新华每日电讯2023年9月7日。

流，中方未来5年愿邀请5万名美国青少年来华交流学习。"[1]

2022年7月28日，国家主席习近平应约同美国总统拜登通电话。习近平主席强调，从战略竞争的视角看待和定义中美关系，把中国视为最主要对手和最严峻的长期挑战，是对中美关系的误判和中国发展的误读，会对两国人民和国际社会产生误导。双方要保持各层级沟通，用好现有沟通渠道，推动双方合作。拜登总统表示，当今世界正处于一个关键时期。美中合作不仅有利于两国人民，也有利于各国人民。美方希望同中方保持畅通对话，增进相互了解，避免误解误判，寻求在利益交融的领域开展合作，同时妥善管控分歧。[2]在新的形势下，中美两国如能正确把握和顺应时代潮流，坚持相向而行，不断确认两国关系的运行原则，不断厘清并矫正两国关系的发展路径和实施举措，就很有可能推动中美新型大国关系构建迈向新阶段，使两国共同开创世界历史之先河。这有利于亚太地区乃至整个世界实现和平与繁荣，也将为中国"十四五"规划的实施营造一个良好的国际战略环境。

当前，世界进入新的动荡变革期，经济增速放缓、气候变化、地缘政治干扰等挑战更加突出，国家之间的分歧与争端被有意无意放大，全球发展事业面临巨大挑战，中国面临的国际战略环境也进一步发展。但科技创新的突破及其应用、国际能源格局的深入调整、国际经济格局变化和经贸规则新体系构建、乌克兰危机引发的俄乌冲突、"伊斯兰国"威胁可能导致中东欧和中东地区格局变动的走向、美国新政府的全球战略调整、德国乃至欧盟整体的战略前景、日本在新安保体制下的对外战略变化、美欧俄和中美日印等大国的新互动等，都

---

[1] 习近平：《汇聚两国人民力量 推进中美友好事业——在美国友好团体联合欢迎宴会上的演讲》，《人民日报》2023年11月17日。
[2] 《习近平同美国总统拜登通电话》，《人民日报》2022年7月29日。

可能引发新的利益关系重组,甚至在局部造成矛盾激化和外溢,给国际战略环境演化增添曲折性和不确定性。这些是我们在研判未来形势发展走向时必须予以考虑的因素。

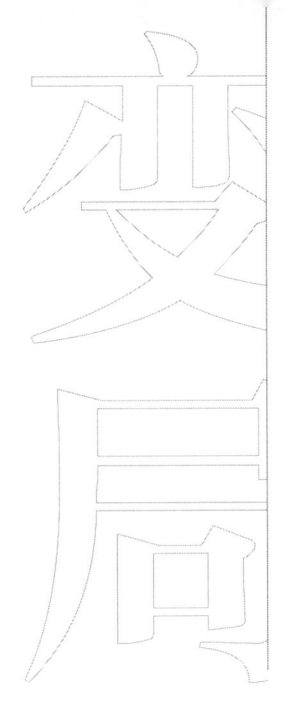

中 篇

# 21世纪中国国际战略框架初显

21世纪，中国以崭新姿态站立于世界。经过头10年的发展，到2010年，中国已成为世界第二大经济体，中国经济对世界经济增长的贡献率高达50%左右，开始与世界全方位相互交融。经过头20年的发展，到2020年，中国全面建成小康社会，在相当程度上影响世界的前景。经过头50年的发展，到2050年，中国将全面建成富强民主文明和谐美丽的社会主义现代化强国，实现中华民族伟大复兴，在很大程度上将改变世界格局、全人类和全球文明的面貌。这就是中国实现中华民族伟大复兴中国梦的伟大意义所在。

基于这样的重大历史使命担当，进入新时代，中国高举和平、发展、合作、共赢的旗帜，全面推进中国特色大国外交，形成全方位、多层次、立体化的外交布局。中国创造性提出推动构建人类命运共同体、新型国际关系、全人类共同价值、共建"一带一路"、全球发展倡议、全球安全倡议、全球文明倡议等新理念，倡导全球治理观、正确义利观、安全观、发展观、合作观、生态观等重要理念，体现了鲜明的中国特色、中国风格、中国气派。①在此历史进程中，中国进一步扩大运用国内国际两个市场、国内国际两种资源、国内国际两种规则；中国国家利益的全球性扩展将进一步加快，国内国际两个大局交织互动将更加紧密深刻，对内决策的国际意义和对外决策的国内影响将大幅提升。这就意味着波澜壮阔的两大历史进程，即世界格局和国际体系的深刻调整同中国经济社会文化的深刻转型重塑，二者之间的全面深度交织联动将变得更加充分。

在此宏大背景下，着眼实现中华民族伟大复兴中国梦，着眼促进人类的发展进步繁荣，党中央丰富了和平发展战略思想，既表明中国走和平发展道路的坚定意志，又表明捍卫国家主权、安全、发展利益的坚定决心；既明确宣示中国坚持走和平发展道路，又积极倡导和推动世界各国共同走和平发展道路。党中央更加重视统筹发展和安全两件大事，提出总体国家安全观和走中国特色国家安全道路，创建国家安全委员会，构建了以人民安全为宗旨、以政治安全为根本、以经济安全为基础、以军事文化社会安全为保障、以促进国际安全为依托的五位一体的安全观体系，既重视外部安全又重视内部安全，既重视国土安全又重视国民安全，既重视传统安全又重视非传统安全。党中央又丰富了中国和世界命运与共的思想，既强烈表达实现中国梦的坚定信念，又创造性阐释中国梦的世界意义；既提出实现中华民族伟大复兴的"四个全面"战略布局，又谋划构建以合作共赢为核心的新型国际关系、打造人类命运共同体的路径，包括建立平等相待、互商互谅的伙伴关系，营造公道正义、共建共享的安全格局，谋求开放创新、包容互惠的发展前景，促进和而不同、兼收并蓄的文明交流，构筑尊

---

① 参见中华人民共和国国务院新闻办公室：《共建"一带一路"：构建人类命运共同体的重大实践》，《人民日报》2023年10月11日。

崇自然、绿色发展的生态体系。党中央还在国际舞台上树立并高高擎起中国特色大国外交这面重要旗帜，强调坚定中国特色社会主义道路，强调外交服从服务于发展，强调不结盟但结伴的独立自主和平外交，强调国际关系民主化和法治化，强调坚持不干涉别国内政和对外援助不附加任何政治条件，等等。

贯彻落实这些战略思想，中国对周边国家强调亲诚惠容理念，在已有区域次区域合作基础上，多方位多层次多头并举并进，深化互利合作和互联互通；对美国、俄罗斯、欧盟、日本、印度等世界主要力量从容开阖，积极发展新型关系，努力构建健康平衡稳定的框架，避免成为战略矛盾焦点；对广大发展中国家，以正确义利观为指导，搭平台、绘蓝图、续写关系新篇章，提升机制化合作水平，加强团结互助，努力实现共同发展；对全球治理体系，积极发掘中华文化中积极的处世之道和治理理念同当今时代的共鸣点，弘扬和平、发展、公平、正义、民主、自由这一全人类的共同价值，坚持共商共建共享的全球治理观，维护联合国宪章的宗旨和原则，推动变革现有全球治理体制中不公正不合理的安排，以责权利平衡为原则积极开展多边外交和承担更大国际责任。由此，21世纪中国国际战略框架已经初步显现。

# ○ 中国亚洲战略框架成形

当今世界正在经历大发展大变革大调整，各主要国家纷纷着眼未来新的国际格局、国际体系和国家间关系运作模式，加紧谋划、调整和推进战略。中国作为自身快速变化、外部环境复杂的大国，相关战略的谋划与实施尤显重要。

环顾世界，纵观古今，大国塑造国际环境无不从所处地区和周边环境开始，保障利益和维护国际地位无不从处理和巩固所处地区和周边格局态势着力。中国作为周边地缘战略环境和国际战略处境最为复杂的大国，要实现民族复兴，更需着力谋划和打造强有力的地区支撑。

如今之亚洲，世界经济秩序变革、大国战略调整和关系重组，以及国际安全形势复杂严峻均不同程度地投射于此。美、俄、日、印、中、韩、澳和东盟等力量组成的亚太多极体系持续孕育，格局重组深刻演化，多重博弈进一步展开；区域内多个国家经济转型、政治转制和社会转轨深入发展相互交织，局势发展多有变数；朝核、伊核、阿富汗和巴基斯坦等多个热点难点问题形势演变相互作用；多个区域和次区域机制发展并行交织，彼此竞争、碰撞和重整变得更加突出，整个亚太地区范围内多边机制的建构与解构这两大进程的博弈变得更加激烈。这四重因素相互强化，共同作用，推动该地区多重矛盾深入展开，使中国积极构建和实施新亚洲战略变得越来越紧迫。中国周边环境的复杂变动，以及亚洲格局演变中中国因素的多维效应凸显，已经突出地表明了这种重要性和紧迫性。

基于此新背景和新现实，中国在海南博鳌亚洲论坛上首次系统阐释了对以亚洲精神为核心的亚洲文明的认知，提出了推动共同发展、共建和谐亚洲的"亚洲倡议"，确立了以永做好邻居、好朋友、好伙伴为体现的"亚洲目标"，以及为了实现这些倡议和目标的中国的亚洲战略。概括起来，中国的长期亚洲战略就是始终把亚洲放在对外政策的首要位置，努力维护有利于亚洲和平与发展的地区环境。作为这个长期战略的具体落实，中国近期的亚洲战略是：着力实施扩大内需特别是消费需求的战略，为亚洲扩大对华出口提供重要机遇；着力实施"走出去"战略，更多投资亚洲国家，增加对亚洲发展中国家的经济援助；着力参与区域合作，提升本地区互联互通水平，推进同亚洲国家在旅游、文化、教育、青年等领域的交流合作，增进中国人民同亚洲各国人民相互了解和友谊。这既是中国亚洲战略比较清晰的构想，更是在实践中逐渐形成完善和将进一步提升展开的战略框架。

当今世界，变乱交织，人类社会面临前所未有的挑战，不稳定、不确定、难预料成为常态。2013年，习近平主席首次提出人类命运共同体的重要理念，此后又在包括博鳌亚洲论坛在内的诸多国际场合，深刻阐明了构建人类命运共同体的中国主张。习近平主席在博鳌亚洲论坛2022年年会开幕式上发表主旨演讲指出，过去几十年，亚洲地区总体保持稳定，经济持续快速增长，成就了"亚洲奇迹"。亚洲好，世界才能更好。我们要继续把亚洲发展好、建设好，展现亚洲的韧性、智慧、力量，打造世界的和平稳定锚、增长动力源、合作新高地。第一，坚定维护亚洲和平。第二，积极推动亚洲合作。第三，共同促进亚洲团结。①10年来，中国以务实行动推动构建人类命运共同体，取得一系列重大实践成果。现在，亚洲和世界都处在历史演变的十字路口。我们要高举人类命运共同体理念的旗帜，携手构建亚洲命运共同体，打造世界的和平稳定锚、增长动力源、合作新高地，为世界和平与发展注入更多确定性，努力创造人类更加美好的未来。②

如今之中国，正在从地区大国走向世界大国。构建和实施亚洲战略，是为了站稳亚洲，更是为了放眼世界；开拓运筹好世界，才能进一步巩固亚洲。事实上，中国的国际战略构建包括：坚定不移走和平发展道路，坚定不移奉行互利共赢的开放战略，深化同世界各国的互利合作；与各国共同承担维护世界和平稳定和使人民安居乐业这一首要责任；推动建设公平有效的全球发展体系，公平、公正、包容、有序的国际货币金融体系，公正合理的国际自由贸易体系；充分利用联合国、二十国集团、金砖国家等各层次的多边合作机制，开展务实有效的合作。这同样是中国早已在实践中逐步形成完善并将进一步提升展开的国际战略框架，而且与亚洲战略紧密连接、内在统一、相互延展。

在国内国际两个大局的统筹互动中，这些战略构想和框架的实施以中国自身的发展和安全为基础，以促进中国与亚洲乃至世界的共同发展、共同安全与共同繁荣为依归，以中国与世界尤其是周边国家关系的发展和改善为检验。在战略构想和框架明确之后，重要的是以适应形势发展要求的政策和途径来加以贯彻，这又对创新相关观念、机制和工具提出了新的要求。

---

① 参见习近平：《携手迎接挑战，合作开创未来——在博鳌亚洲论坛2022年年会开幕式上的主旨演讲》，《人民日报》2022年4月22日。
② 参见李强：《以人类命运共同体理念为引领 为世界和平与发展注入更多确定性——在博鳌亚洲论坛二〇二三年年会开幕式上的主旨演讲》，《人民日报》2023年3月31日。

# ◦ "合作共赢"：新型国际关系的核心思想

新型国际关系之所以新，在于走出了一条国与国交往的新道路，开辟了不同文明、不同制度国家和平共处、共同发展的世界历史新篇章，为构建人类命运共同体创造了条件。合作共赢，就是各国应摒弃一味谋求自身更大利益的理念，在追求本国利益时兼顾各国合理关切，在谋求本国发展时促进各国共同发展。[①]党的十八大以来，习近平总书记站在国家发展和民族复兴的历史新起点上，在坚持和继承中国国际战略优良传统的基础上，针对重要战略机遇期内涵和条件的新变化，着眼全局和未来，统筹国内国际两个大局、发展和安全两件大事，创新理念，积极谋划，奋发有为，开创了中国国际战略思想与实践的新境界。

## 一、以宏观视角把握整体发展环境

从中国自身角度看，经过40多年的改革开放和发展，中国经济

---

[①] 中华人民共和国国务院新闻办公室：《携手构建人类命运共同体：中国的倡议与行动》，《人民日报》2023年9月27日。

规模跻身世界第二位，科技创新实现系列重大突破，文化建设不断取得新成果，政治体制改革稳步推进，国防现代化建设取得长足进展，国家综合实力大幅提升，国际地位和影响力显著增强。站在新的历史起点上，习近平总书记明确提出实现中华民族伟大复兴中国梦的奋斗目标，并指出我国已经进入了实现中华民族伟大复兴的关键阶段。实现"两个一百年"奋斗目标和中华民族伟大复兴的中国梦，必须有和平的国际环境。

从世界角度看，多极化向前推进的态势不会改变，但国际格局发展演变的复杂性更加凸显；经济全球化进程不会改变，但世界经济调整的曲折性更加凸显；和平与发展的时代主题不会改变，但国际矛盾和斗争的尖锐性更加凸显；国际体系变革方向不会改变，但国际秩序之争的长期性更加凸显；亚太地区总体繁荣稳定的态势不会改变，但我国周边环境中的不确定性更加凸显。这就需要树立世界眼光，顺应世界潮流，把握时代脉搏，在历史规律的指导下，从林林总总的表象中发现本质，尤其要认清长远趋势。

从中国与世界的关系看，1971年我国恢复联合国合法席位，2001年加入世界贸易组织和推动建立上海合作组织，2005年在联合国人权理事会创设和建章立制过程中发挥重要作用，2010年促使国际货币基金组织和世界银行增加中国出资份额和投票权，2014年推动建立金砖国家银行和外汇储备基金，以及亚洲基础设施投资银行和丝路基金。习近平主席提出人类命运共同体的重要理念的十年来，在倡导政治解决危机，解决国际热点问题，劝和促谈、化干戈为玉帛等方面，也作出了卓有成效的努力，展现了负责任的大国担当。特别是高质量共建"一带一路"，带动广大发展中国家加快发展，为世界经济拓展了新空间。近些年来，中国维护以联合国为核心的国际体系，支持以世贸组织为核心的多边贸易体制，提出全球发展倡议、全球安全倡议、全球文明倡议，倡导和平、发展、合作、共赢，积极发挥世界和平建设者、全球发展贡献者、国际秩序维护者、全球公共产品提供者、国际热点问题斡旋者的负责任大国作用，提高发展中国家在全球治理中的代表性和发言权，推动全球治理体系朝着更加公正合理的方向改革完善，构建全球发展伙伴关系，为共同发展营造安全稳定的国际环境。比如，中国在2023年9月二十国集团领导人峰会上积极推动非盟成为二十国集团正式成员，在联合国安理会改革问题上支持就优先解决非洲诉求作出特殊安排，呼吁多边金融机构提高非洲国家发言权。总的来说，中国主张要团结不要分裂，要合作不要对抗，要包容不要排斥。中国同国际社会的互联互动已变得更加紧密。一方面，中国对世界的依靠、对国际事务的参与、对国际体系变革的促进在不断加深；另一方面，世界对中国的依靠、对中国外交关系的影响在不断加深。对整体发展环境的深刻把握为制定战略措施打下了坚实的基础。

## 二、以辩证思维丰富和平发展战略思想

中国特色社会主义制度、历史文化传统、国情、时代潮流和国家根本利益决定了中国只能走和平发展道路。这条道路来之不易，是新中国成立以来特别是改革开放40多年来，中国共产党经过艰辛探索和不断实践逐步形成的。

一方面，中国走和平发展道路的意志是坚定的。中国坚持把国家和民族发展放在自己力量的基点上，坚定不移走自己的路，坚持从中国大地上探寻适合自己的发展道路和解决问题的办法，可以依靠自身不断发展起来的力量更好地走和平发展道路，可以不断让中国广大人民群众和别国广大民众享受到和平发展带来的利益，使坚持走和平发

展道路的物质基础和社会基础变得越来越厚实。中国向世界作出了永远不称霸、永远不搞扩张的庄严承诺,强调中国始终是维护世界和平的坚定力量,中国发展绝不以牺牲别国利益为代价,绝不做损人利己、以邻为壑的事情。

另一方面,中国和平发展道路要走通走顺,需要世界其他国家也都走和平发展道路;需要把世界的机遇转化为中国的机遇,把中国的机遇转变为世界的机遇。只有各国都走和平发展道路,各国才能和平相处,共同发展。但是,把走和平发展道路作为国家战略抉择,不是要束缚中国维护国家利益的决心、手段和能力。"中国有必须维护的利益、必须捍卫的原则、必须坚守的底线。"[1]中国在坚持走和平发展道路的同时,决不放弃正当权益,决不牺牲国家核心利益;坚决维护领土主权和海洋权益,维护国家统一。

这就明确无误地阐明了中国在坚持和平发展的同时坚决维护国家核心利益的底线和不可动摇的决心,阐明了中国坚持自身和平发展与推动世界共同和平发展的内在联系,把中国的和平发展与世界的和平发展辩证统一起来了,丰富了和平发展战略思想。

### 三、以包容胸怀打造人类命运共同体

习近平总书记强调,"构建以合作共赢为核心的新型国际关系,打造人类命运共同体"[2],坚持互利共赢的开放战略,把合作共赢理念体现到政治、经济、安全、文化等对外合作的方方面面。

在政治上,要坚持国际关系民主化;坚持和平共处五项原则;坚

---

[1] 《习近平同美国总统拜登举行中美元首会晤》,《人民日报》2023年11月17日。
[2] 中共中央文献研究室编:《十八大以来重要文献选编》(中),中央文献出版社2016年版,第695页。

持国家不分大小、强弱、贫富都是国际社会平等成员；坚持世界的命运必须由各国人民共同掌握，维护国际公平正义，特别是要为广大发展中国家说话；坚持不干涉别国内政原则；坚持尊重各国人民自主选择的发展道路和社会制度；坚持通过对话协商以和平方式解决国家间的分歧和争端，反对动辄诉诸武力或以武力相威胁；坚持在不结盟原则前提下广交朋友，形成遍布全球的伙伴关系网络。

在经济上，把自身发展与世界发展联系起来，把中国人民利益同各国人民共同利益结合起来；要坚持正确义利观，做到义利兼顾、道义为先，要讲信义、重情义、扬正义、树道义，尤其是对那些与中国长期友好而自身发展任务艰巨的国家，要更多考虑对方利益；要维护发展机遇和发展空间，通过广泛开展经贸技术互利合作，努力形成深度交融的互利合作网络；要推动完善全球治理机制，促进世界经济强劲、可持续、平衡增长，把共同利益的蛋糕做大。

在安全上，提出总体国家安全观，倡导共同、综合、合作、可持续的安全观；主张和平解决国际争端和热点问题，建立平等透明、开放包容的地区和国际安全合作架构；反对单打独斗，反对动辄诉诸武力或以武力相威胁，反对颠覆别国合法政权，反对一切形式的恐怖主义；坚持理性、协调、并进的核安全观，主张发展和安全并重、权利和义务并重、自主和协作并重、治标和治本并重的健康持续发展轨道。

在文化上，主张包容互鉴，尊重世界文明多样性、发展道路多样化，坚持文明多彩、平等、包容原则，引导不同文明交流借鉴，取长补短，把世界多样性和各国差异性转化为发展活力和动力，为人类文明大发展、大繁荣注入新活力。这些主张顺应了世界潮流，把握了时代脉搏，为开创对外关系新态势提供了有力的理论指引。

以系统运筹完善国际关系战略布局。习近平总书记强调，新形势下不断拓展和深化外交战略布局，要更加奋发有为地推进周边外交，打造周边命运共同体，秉持亲诚惠容的周边外交理念，坚持与邻为善、以邻为伴，坚持睦邻、安邻、富邻，深化同周边国家的互利合作和互联互通，努力使周边同中国政治关系更加友好、经济纽带更加牢固、安全合作更加深化、人文联系更加紧密，成为可靠战略依托。要着力深化互利共赢格局，着力推进区域安全合作，着力巩固扩大社会民意基础，让命运共同体意识在周边国家落地生根。①

要切实运筹好大国关系，构建健康稳定的大国关系框架，扩大同发展中大国的合作。与美国按照不冲突、不对抗、相互尊重、合作共赢的要求，尊重彼此核心利益和重大关切，不断推进务实合作，加强在地区和全球问题上的沟通协调，妥善处理敏感问题和分歧，确保两国关系持续健康稳定向前发展。与俄罗斯互相视为最主要、最重要的全面战略协作伙伴，把两国关系都放到各自外交全局和对外政策优先地位，把双方高水平的政治关系优势转化为务实合作的实际成果。与欧盟着眼历史变革趋势，抓住发展机遇，共同努力建设和平、增长、改革、文明四座桥梁，使全面战略伙伴关系更具全球影响力。与周边大国沿着快速发展上升通道，抓住机遇，排除干扰，携手实现和平发展、合作发展和共同发展，推动合作伙伴关系上新台阶。与其他发达国家和发展中大国，通过二十国集团、金砖国家等框架积极推进友好合作关系。由此，中国与各大国的关系更趋多维平衡而且充满活力。

要切实加强同发展中国家的团结合作，把我国发展与广大发展中国家共同发展紧密联系起来。针对中国与发展中国家关系面临的新形势新任务，强调要落实正确义利观，政治上坚持正义、秉持公道、道义为先；经济上坚持互利共赢、共同发展，向发展中国家提供力所能

---

① 参见《习近平谈治国理政》第一卷，外文出版社2018年版，第296—299页。

及的帮助。对非洲，要按照"真、实、亲、诚"四字箴言，强调合作的互利共赢性质，要不折不扣落实承诺，不附加任何政治条件；对拉美，建立中拉合作论坛，在此框架下落实各项务实合作；对中东，建设性参与解决地区热点难点问题，积极提出政治解决建议，扩大参与经济重建，力所能及地提供人道主义援助，更好地发挥负责任的建设性大国作用。

要以更加积极的姿态参与国际事务，切实推进多边外交，推动国际体系和全球治理改革，增加我国和广大发展中国家的代表性和话语权。中国将坚定不移地做共同发展的推动者、多边贸易体制的维护者、全球经济治理的参与者；将继续着眼本国人民利益和人类共同利益，按照责任、权利、能力相一致的原则，力所能及地承担更多国际责任，积极参与国际体系改革和全球治理，推动国际政治经济秩序朝着更加公正合理方向发展；将继续建设性参与政治解决重大国际地区热点问题和应对全球性挑战，争取为维护世界和平、安全、稳定作出新的更大的贡献；将继续积极参与全球发展事业，与世界各国一道，推动世界繁荣进步。

要切实加强务实合作，积极推进"一带一路"建设，努力寻求同各方利益的汇合点，通过务实合作促进合作共赢，犹如两只翅膀，带动中国腾飞。所谓"一带"，就是丝绸之路经济带，就是要创新合作模式，加强政策沟通、设施联通、贸易畅通、资金融通、民心相通，以点带面，从线到片，逐步形成区域大合作，使中国与欧亚各国经济联系更加紧密、相互合作更加深入、发展空间更加广阔，把中国同欧亚国家的互利合作推向新的历史高度。所谓"一路"，就是21世纪海上丝绸之路，就是要同东盟国家加强海上合作，使用好中国—东盟海上合作基金，发展好海洋合作伙伴关系；通过亚洲基础设施投资银行，加强同东盟国家的互联互通，支持本地区发展中国家基础设施联通建设。

此外，还要切实落实好正确义利观，做好对外援助工作，真正做到弘义融利。要切实维护我国海外利益，不断提高保障能力和水平，加强保护力度。要提升我国软实力，讲好中国故事，做好对外宣传。注重阐述中国梦的世界意义，争取世界各国对中国梦的理解和支持，使世界相信中国梦是和平、发展、合作、共赢的梦，中国梦追求的是中国人民的福祉，也是各国人民共同的福祉。

总之，构建新型国际关系，应秉持相互尊重、公平正义、合作共赢原则；构建新型国际关系的基础在于深化拓展平等、开放、合作的全球伙伴关系；大国是构建新型国际关系的关键因素。

## 四、以特色外交开创对外关系新局面

习近平总书记的国际战略思想和实践，高举和平、发展、合作、共赢的旗帜，彰显鲜明的中国特色、中国风格、中国气派，形成一整套有中国特色、引领国际关系新风的大国外交。

中国特色大国外交，牢牢把握坚持和平发展、促进民族复兴这条主线，强调坚持中国共产党领导和中国特色社会主义，坚持我国的发展道路、社会制度、文化传统、价值观念，坚定不移走和平发展道路，坚持独立自主的和平外交方针，坚决维护国家主权、安全、发展利益，坚决维护国际公平正义。

中国特色大国外交强调增强战略定力，强化底线思维，坚持"两点论"，一分为二看问题，既要看到国际国内形势中有利的一面，也要看到不利的一面，从坏处着想，做最充分的准备，争取较好的结果。强调安不忘危，认为中国的事业越前进、越发展，新情况新问题就会越多，面临的风险和挑战就会越多，面对的不可预料的事情就会越多，必须增强忧患意识，做到居安思危。

中国特色大国外交强调顶层设计、立体思维、内外兼顾、通盘筹划、统一指挥、统筹实施，因时而变、积极而为。中央和地方、政府和民间、涉外各部门要牢固强化一盘棋意识，既各司其职，又形成合力；既充分发挥各方面积极性和创造力，又从国家利益的高度配合集中调度，保障中央对外工作的领导、决策、管理、处置等各项功能顺利实施，确保中央对外战略意图的实现，不断开创中国对外关系新局面，为实现强国建设、民族复兴的目标任务提供有力保障。

## 新时代中国国家安全理论与实践的新境界

总体国家安全观,是党的十八大以来以习近平同志为核心的党中央,适应新时代中国国家安全新形势新要求而创立的,是习近平新时代中国特色社会主义思想的重要组成部分。经过不断丰富和发展,总体国家安全观确立了大安全的理念,创建了新时代中国特色国家安全理论主体框架,充分体现了新时代中国国家安全理论和实践的特色所在。在总体国家安全观的指导下,新时代中国国家安全事业在指导方针、领导体制、国家安全体系和能力现代化建设、国家安全法治体系建设、工作方法、队伍建设、社会基础塑造等方面取得了历史性成就。

习近平总书记在党的二十大报告中指出:"我们要坚持以人民安全为宗旨、以政治安全为根本、以经济安全为基础、以军事科技文化社会安全为保障、以促进国际安全为依托,统筹外部安全和内部安全、国土安全和国民安全、传统安全和非传统安全、自身安全和共同安全,统筹维护和塑造国家安全,夯实国家安全和社会稳定基层基础,完善参与全球安全治理机制,建设更高水平的平安中国,以新安全格局保障新发展格局。"[1]

---

[1] 《习近平著作选读》第一卷,人民出版社2023年版,第43页。

## 一、科学判断新时代中国国家安全形势

总体国家安全观是针对中国特色社会主义进入新时代所面临的空前错综复杂的安全形势提出来的。改革开放以来，对内，我国始终高度重视正确处理改革、发展、稳定的关系，始终把维护国家安全和社会安定作为党和国家的一项基础性工作。我国社会保持大局稳定，为改革开放和社会主义现代化建设营造了良好环境。对外，党中央坚持和平与发展是时代主题，高举和平、发展、合作、共赢旗帜，坚定不移走和平发展道路，积极维护和延长战略机遇期。我国国际环境持续改善，为改革开放和经济建设提供了有利的外部条件。

然而，随着我国40多年快速发展和世界正经历百年未有之大变局，我国内外形势发生广泛而深刻的变化，发展仍然处于重要战略机遇期，前景十分光明，挑战也十分严峻，国家安全形势面临一系列前所未有的新局面、新问题、新挑战。

从国内发展看，我国前进道路上面对的矛盾和问题发生了深刻变化，发展阶段和发展任务发生了深刻变化，工作对象和工作条件发生了深刻变化，对中国共产党长期执政能力和领导水平的要求也发生了深刻变化。形势环境变化之快、改革发展稳定任务之重、矛盾风险挑战之多都前所未有。各种矛盾和挑战、困难和问题多发叠加、交织共振，风险越来越高，掌控和处理难度越来越大。行百里者半九十。中华民族伟大复兴绝不是轻轻松松、敲锣打鼓就能实现的。当前和今后一个时期，我国发展面临风险挑战前所未有。

从世界演进看，当今世界正处于百年未有之大变局，大发展大变革大调整持续深化，全方位综合国力竞争日趋激烈，国际形势正处在新的转折点上，各种战略力量加快分化组合，国际体系进入了加速演变和深刻调整的时期。国际格局发展演变的复杂性、世界经济调整的

曲折性、国际矛盾和斗争的尖锐性、国际秩序之争的长期性、周边环境的不确定性都更加凸显。加上新技术革命和新军事革命深入发展，国际形势演变速度之快、范围之广、程度之深、影响之大，为第二次世界大战结束以来所罕见，并与世界政治经济等领域发展变化相互呼应、相互作用，产生广泛影响。这些因素导致安全问题的内涵既远远超越了冷战时期对峙平衡的安全，也超越了传统意义上的政治军事安全，还超越了一国一域的安全，变得愈加复杂。像新冠疫情这样的重大突发事件不会是最后一次，全球气候变化、恐怖主义、数字治理等各种传统安全和非传统安全问题还将不断带来新的考验。

在中华民族伟大复兴战略全局和世界百年未有之大变局这两个重大历史性进程交织作用下，我国国家安全处于全面拓展期和深刻变化期，国家安全内涵和外延比历史上任何时候都要丰富，时空领域比历史上任何时候都要宽广，内外因素比历史上任何时候都要复杂，各种威胁和挑战的联动效应比历史上任何时候都要突出。

随着中国特色社会主义伟大事业不断推进，具有许多新的历史特点的伟大斗争不断展开，各种可以预见或难以预见的风险因素还将明显增多。随着我国持续发展壮大，与美国、欧盟、日本、印度等世界主要力量间的矛盾可能持续凸显，与周边乃至全球的互动不断拓宽加深，面临的维护国家主权、安全、发展利益的压力将持续增大，完全实现国家统一的需求将不断上升。

我们党是生于忧患、成长于忧患、壮大于忧患的政党。增强忧患意识，做到居安思危，是我们党治国理政的一个重大原则。党的十八大以来，我们党以自我革命精神推进全面从严治党，清除了党内存在的严重隐患，成效是显著的。但党面临的长期执政考验、改革开放考验、市场经济考验、外部环境考验具有长期性和复杂性，党面临的精神懈怠危险、能力不足危险、脱离群众危险、消极腐败危险具有尖锐性和严峻性，这是根据实际情况作出的大判断。我们党要团结带领人民坚持和发展中国特色社会主义，实现中华民族伟大复兴的中国梦，保证国家安全是头等大事。在前进道路上，我们面临的风险考验只会越来越复杂，甚至会遇到难以想象的惊涛骇浪。我们面临的重大斗争不仅不会少，而且会越来越复杂；不是短期的，而是长期的，至少要伴随我们实现第二个百年奋斗目标全过程。我们必须知危图安，深刻认识国家安全内涵外延、内外因素的复杂变化，必须时刻准备付出更为艰巨、更为艰苦的努力，有效应对重大挑战、克服重大阻力、解决重大矛盾，确保中华民族伟大复兴进程不被滞缓或打断。

## 二、确立大安全理念

总体国家安全观所说的"国家安全"，是指国家政权、主权、统一和领土完整、人民福祉、经济社会可持续发展和国家其他重大利益相对处于没有危险和不受内外威胁的状态，以及保障持续安全状态的能力。在我们党不同的历史时期，这个概念的具体内涵和外延有所不同，不断演进。

在革命时期，国家安全的核心就是打败日本帝国主义，推翻国民党反动统治，完成新民主主义革命，建立中华人民共和国，彻底结束旧中国半殖民地半封建社会的历史，彻底改变旧中国一盘散沙的局面，彻底废除列强强加给我国的不平等条约和帝国主义在我国的一切特权。

在新中国成立之初，国家安全最紧要的是，对内巩固浴血奋战得来的政权，推进社会主义建设；对外实现国家主权完全独立，使新生政权得到国际社会承认，坚决反对殖民主义、霸权主义和强权政治，运筹中美苏大三角格局，有力维护国际战略平衡和世界和平稳定。

改革开放之后，国家安全对内主要是实现经济发展和确保经济安全，同时坚持四项基本原则和确保政治安全；对外主要是全面发展同世界各国友好关系，提出并践行互信互利、平等协作的新安全观，为改革开放和社会主义现代化建设创造良好外部环境。

党的十八大以来，国家安全对内是巩固党的执政地位，团结带领人民坚持和发展中国特色社会主义，推进国家治理体系和治理能力现代化，实现国家长治久安；对外则是高举合作、创新、法治、共赢的旗帜，促进国际安全和世界和平，为全面建设社会主义现代化国家提供坚强保障。

经过新中国成立尤其是党的十八大以来在理论和实践两个维度的不断诠释，我们党适应国家安全形势的发展需求，坚持辩证、全面、系统的思想方法，逐步形成和确立了大安全的理念，主要体现在以下两个方面。

一是在治国理政的战略方面，突出国家安全在党和国家工作大局中的重要地位，明确提出国泰民安是人民群众最基本、最普遍的愿望，国家安全是安邦定国的重要基石；强调国家安全是实现中华民族伟大复兴、保证人民安居乐业的头等大事，要求始终把国家安全置于中国特色社会主义事业全局中来把握；高度重视正确处理改革、发展、稳定的关系，把维护国家安全和社会稳定作为党和国家的一项基础性工作；提出统筹国内国际两个大局、发展与安全两件大事，注重系统思维，立足国际秩序大变局来把握规律、立足防范风险的大前提来统筹、立足我国发展重要战略机遇期来谋划，构建大安全格局，筑牢国家安全屏障。

二是在国家安全的理论和实践方面，越来越强调总体把握、体系构建、系统保障。在新中国成立之初和改革开放之后，国家安全主要涉及军事安全、政治安全、经济安全等传统安全问题。进入21世纪尤其是党的十八大以来，随着我国经济社会发展和对外开放不断扩大，人民对国家安全有了更多更高的期待，各种非传统安全问题明显增多，国家安全内涵外延、时空领域、内外因素都发生前所未有的新变化，国家安全工作体制机制和途径方式不断创新。国家安全不仅囊括政治安全、国土安全、军事安全、经济安全、文化安全、社会安全、科技安全、信息安全、生态安全、资源安全、核安全、海外利益安全等重点领域的安全，而且涵盖网络、极地、深海、外空等新型领域安全，还扩展到生物安全等最新方面；不仅强调内部安全和自身安全，捍卫国家主权、领土完整、发展利益，还强调维护外部安全和推进国际共同安全，推动树立共同、综合、合作、可持续的全球安全观，构建普遍安全的人类命运共同体。这使得国家安全理论和实践呈现全局性谋划和整体性推进的新态势。

### 三、创建新时代中国特色国家安全理论框架

总体国家安全观作为新时代中国国家安全事业的指导思想，蕴含国家安全理论体系，这个理论体系的主体框架主要由以下六个方面构成。

（一）以国家利益至上为准则

国家利益是主权国家在国际社会中生存需求和发展需求的总和。我国的国家利益分为核心利益、重大利益、一般利益三个层次。维护国家安全主要是维护国家利益，尤其是核心利益，这是主权国家不能被侵犯的红线，关系国家存亡、政权巩固和强国进程。这既是国家安全工作的职责所在，更是国家安全工作的最高目标。习近平总书记在多个重要场合反复强调：中国人民不信邪也不怕邪，不惹事也不怕事，任何外国不要指望我们会吞下损害我国主权、安全、发展利益的

苦果。在一穷二白的时候敢于维护国家利益，不向外来压力弯腰、低头，现在发展强大了，更不会屈从于任何外来压力。这就划出了坚决捍卫我国核心利益的红线，亮明了维护中国国家安全的底线。

（二）以人民安全为宗旨

这是习近平总书记"以人民为中心"的治国理政理念在国家安全领域的集中体现。以人民安全为宗旨，要求其他方面和领域的安全都要统一于人民安全，更好地回应人民对国家安全的期待。把坚持群众路线作为国家安全工作的根本路线，联系群众、服务群众，想群众之所想、急群众之所急，不断提高人民的归属感、安全感、获得感、幸福感。把维护人民安全作为国家安全的根本追求和搞好各项安全工作的出发点和落脚点，切实解决好人民最关心最直接最现实的安全问题。

（三）以政治安全为根本

政治安全攸关党和国家的生死存亡，攸关中国特色社会主义发展全局，攸关党和国家的长治久安。要维护经济、社会、文化、军事等其他领域的安全，最终都需要以政治安全为前提条件。这就要站在党和国家事业全局的战略高度，更加自觉地坚持中国共产党的领导这个中国特色社会主义最本质的特征和中国特色社会主义制度的最大优势不动摇。要牢牢掌握意识形态工作领导权，坚决反对一切削弱、歪曲、否定中国共产党的领导和我国社会主义制度的言行。要坚决防范"颜色革命"，挫败国内外敌对势力"和平演变"的图谋。

（四）以经济安全为基础

这就要求坚持社会主义基本经济制度不动摇，不断完善社会主义市场经济体制。要以经济建设为中心，坚持发展是硬道理，把发展作为最大的安全，不断提高国家的经济整体实力、竞争力以及抵御内外各种冲击和威胁的能力，确保经济持续健康稳定发展，筑牢国家繁荣富强、人民幸福安康、社会和谐稳定的物质基础。

在新征程上,要完整、准确、全面贯彻新发展理念,积极构建新发展格局,稳步推进全面建设社会主义现代化国家。这不仅涉及经济安全的各个方面,也与其他领域的国家安全相互交织影响。

(五)以军事安全、科技安全、文化安全、社会安全为保障

这就要求重视军事、科技、文化、社会等领域出现的大量新情况新问题,遵循不同领域的特点规律,建立完善强基固本、化险为夷的各项对策措施,为维护国家安全提供强有力保障。

军事安全直接事关国家生死存亡和长治久安。维护军事安全,要坚持走中国特色强军之路,全面推进国防和军队现代化,更好地坚持党对军队绝对领导、坚持人民军队根本宗旨,使军队真正担当起党和人民赋予的历史重任。

维护科技安全,要坚持创新在我国现代化建设全局中的核心地位,把科技自立自强作为国家发展的战略支撑,面向世界科技前沿、面向经济主战场、面向国家重大需求、面向人民生命健康,深入实施科教兴国战略、人才强国战略、创新驱动发展战略,完善国家创新体系,加快建设科技强国。

维护文化安全,要坚定文化自信,坚持中国特色社会主义先进文化的前进方向和发展道路,巩固全党全国各族人民团结奋斗的共同思想基础,掌握文化交流交融交锋主动权,营造有利于维护文化安全的国际环境。

维护社会安全,要提高保障和改善民生水平,加快形成科学有效的社会治理体制机制,改进社会治理方式,提高社会治理水平,健全公共安全体系,加强网络空间治理和网络秩序维护,坚定不移走中国特色解决民族问题和做好宗教工作的正确道路。

### （六）以促进国际安全为依托

以促进国际安全为依托，这就要求既重视自身安全，又重视共同安全，通过促进国际安全来增强自身安全，推动各方朝着互利互惠、共同安全的目标相向而行。反对为一己之私挑起事端、激化矛盾，反对以邻为壑、损人利己，努力营造和谐稳定的国际和地区安全环境，搭建国际和地区安全合作新架构，走共商、共建、共享、共赢的安全之路，实现普遍安全、平等安全、包容安全。要积极参与地区和全球治理，提高我国参与全球治理的能力，为世界和平与发展作出应有贡献。

## 四、充分彰显新时代中国特色

总体国家安全观是以习近平同志为核心的党中央对中国国家安全理论的重大创新，标志着我们党对国家安全基本规律的认识实现了历史性飞跃、达到了新的历史高度，具有十分鲜明的中国特色和时代特征。

### （一）总体国家安全观充分体现了中国共产党与生俱来的强烈忧患意识

回望百年，我们党诞生于国家内忧外患、民族危难之时，对国家安全的重要性有着刻骨铭心的认识，始终把增强忧患意识、做到居安思危作为治党治国必须坚持的一个重大原则，把保障国家安全作为安邦定国的基础和头等大事，高度重视国家安全理论建设。

从新中国成立到改革开放，我们党依据国家发展的历史方位和所处时代特征的变化，不断发展国家安全理论。进入新时代，以习近平同志为核心的党中央科学运用马克思主义基本原理，结合中国实际和时代特征，不断汲取中华传统文化精髓，积极借鉴国际安全理论与实践，全面总结我们党维护国家安全的历史经验，准确把握国家安全基本规律和国家安全形势变化新特点新趋势，提出并深入阐发一系列具有原创性、时代性的新理念新思想新战略，形成并不断完善总体国家安全观，构建了中国特色国家安全理论体系。

（二）总体国家安全观强调坚持党对国家安全工作的绝对领导，坚持党中央对国家安全工作的集中统一领导，加强统筹协调，把中国共产党的领导贯穿到国家安全工作各方面全过程

中国共产党领导是中国特色社会主义最本质的特征，是中国特色社会主义制度的最大优势。党是最高政治领导力量，党的领导制度是中国特色社会主义的根本制度。必须坚持党政军民学、东西南北中，党是领导一切的，坚决维护党中央权威，健全总揽全局、协调各方的党的领导制度体系，把党的领导落实到国家治理各领域各方面各环节。

（三）总体国家安全观强调坚持统筹发展和安全

发展是安全的保障，安全是发展的前提，要把安全同经济社会发展一起谋划、一起部署。既要在发展中更多考虑安全因素，通过发展提升国家安全实力，善于运用发展成果来夯实国家安全的基础；又要深入推进国家安全思路、体制、手段创新，全面提高国家安全工作能力和水平，善于营造有利于经济社会发展的安全环境，使发展和安全相辅相成，实现高质量发展与高水平安全的良性互动和动态平衡，统一于中国特色社会主义的伟大事业之中。这是中国作为世界上最大的发展中国家和最大的社会主义国家，在不确定不稳定因素不断增多、各种风险挑战层出不穷的国际环境中，实现中华民族伟大复兴中国梦的必然要求。

（四）总体国家安全观强调坚持人民安全、政治安全、国家利益至上的有机统一

把人民安全置于最高位置，坚持国家安全一切为了人民、一切依

靠人民，充分发挥广大人民群众积极性、主动性、创造性，切实维护广大人民群众安全权益，始终把人民作为国家安全的基础性力量，汇聚起维护国家安全的强大力量。把政治安全置于首要位置，巩固政权安全、制度安全、意识形态安全，最根本的就是维护中国共产党的领导、维护中国特色社会主义制度、维护马克思主义指导地位、维护以习近平同志为核心的党中央权威和集中统一领导。把国家利益至上作为准则，对内坚持国家利益高于地方利益、整体利益高于局部利益，对外坚决维护国家主权、安全、发展利益，绝不拿自己的核心利益做交易，绝不放弃自己的正当权益。

中国共产党的宗旨和我国的国体政体决定了党、人民、国家是一个共同体，决定了人民安全、政治安全、国家利益至上三者是内在一致、紧密关联、相辅相成的。实现三者有机统一，就实现了人民安居乐业、党的长期执政、国家长治久安。

（五）总体国家安全观强调增强风险意识、坚持底线思维

随着我国社会主要矛盾变化和国际力量对比深刻调整，我国各类矛盾和风险将进入易发期，各种可以预见和难以预见的风险因素将明显增多。这就要求保持战略定力，时刻准备付出更为艰巨、更为艰苦的努力，有效应对重大挑战、克服重大阻力、解决重大矛盾。凡事从坏处准备、争取最好的结果，把困难估计得更充分一些，注重堵漏洞、强弱项，下好先手棋、打好主动仗，努力做到有备无患、遇事不慌，牢牢把握主动权。坚持把防范化解国家安全风险摆在突出位置，把风险思考得更深入一些，提高风险预见、预判能力，力争把可能带来重大风险的隐患发现和处置于萌芽状态，随时准备应对更加复杂困难的局面。

（六）总体国家安全观强调中国和世界实现共同安全

中国坚定不移走和平发展道路，坚定奉行独立自主的和平外交政

策和积极防御的国防政策，无论国际形势如何变化，无论自身如何发展，永远不称霸，永远不搞扩张，永远不谋求势力范围。同时，以自身发展维护和促进世界和平，积极推动其他国家走和平发展道路，反对一切形式的霸权主义和强权政治，促进国与国之间的长期和平相处，这是由中国特色社会主义制度、历史文化传统、基本国情、时代潮流和国家根本利益所决定的。

（七）总体国家安全观强调与时俱进，不断针对我国国家安全形势变化，提出新理念新思想新战略新举措，具有鲜明的开放性和科学性

总体国家安全观所涵盖的安全领域可以随着我国国家安全形势的变化以及国家安全内涵和外延的扩展而调整，不同领域安全的重要性和紧迫性也会随着我国国家安全形势和维护安全的能力变化而变化。

例如，针对我国海外利益的不断扩展及其面临安全风险的变化，党的十九届四中、五中全会都强调要构建海外利益保护和风险预警防范体系，完善领事保护工作机制，加强涉外法治工作，切实提高保护海外利益安全的能力和水平。针对新冠疫情全球大流行的挑战，强调生物安全问题已经成为全世界、全人类面临的重大生存和发展威胁之一，必须从保护人民健康、保障国家安全、维护国家长治久安的高度，把生物安全纳入国家安全体系；要全面研究全球生物安全环境、形势和面临的挑战、风险，深入分析我国生物安全的基本状况和基础条件，系统规划国家生物安全风险防控和治理体系建设，全面提高国家生物安全治理能力。这些都是新时代中国特色国家安全理论的本质特征，决定了中国特色国家安全道路的根本方向。

## 五、为全面建设社会主义现代化国家提供坚强保障

总体国家安全观是新形势下走中国特色国家安全道路、维护和塑造中国特色大国安全的强大思想武器和行动指南。

党的十八大以来，中共中央明确了总体国家安全观对国家安全工作的指导思想地位，把坚持总体国家安全观纳入坚持和发展中国特色社会主义基本方略，从全局和战略高度对国家安全作出一系列重大决策部署，强化国家安全工作顶层设计，完善各重要领域国家安全政策，并要求全党全国全面加以贯彻。

党的十九届四中全会通过的《中共中央关于坚持和完善中国特色社会主义制度、推进国家治理体系和治理能力现代化若干重大问题的决定》强调，坚持和完善共建共治共享的社会治理制度，要坚持总体国家安全观，完善国家安全体系。特别是党的十九届五中全会通过的《中共中央关于制定国民经济和社会发展第十四个五年规划和二〇三五年远景目标的建议》，首次把统筹发展和安全纳入"十四五"时期我国经济社会发展的指导思想，并列专章作出战略部署。习近平总书记在十九届中央政治局第二十六次集体学习时，就全面深入贯彻总体国家安全观提出要求，进一步明确了切实做好国家安全工作的战略安排。

（一）在指导方针上

2015年1月23日，中共中央政治局召开会议，审议通过了中华人民共和国第一部《国家安全战略纲要》。2016年12月9日，中共中央政治局召开会议，审议通过《关于加强国家安全工作的意见》。这为有关部门各司其职、相互配合，全面贯彻实施国家安全工作总体部署，更好地维护国家安全提供了重要行动指针。

（二）在领导体制上

根据党的十八届三中全会决定，我国于2013年11月12日创立中央国家安全委员会，习近平总书记亲自担任主席。中央国家安全委员会作为决策和议事协调机构，发挥统筹国家安全事务的作用，其职责重点是抓好国家安全方针政策贯彻落实，进一步完善国家安全工作机制，着力在提高把握全局、谋划发展的战略能力上下功夫，不断增强驾驭风险、迎接挑战的本领。

在中央国家安全委员会的集中统一领导下，我们党不断健全完善国家安全制度体系，制定《党委（党组）国家安全责任制规定》，明确了各级党委（党组）维护国家安全的主体责任，形成高效权威的国家安全领导体制，实施更有力的统筹协调，确保各部门权责分明，做到守土有责、守土尽责，把党对国家安全工作的绝对领导这个根本原则落到实处。

（三）在推进国家安全体系和能力现代化上

坚持以改革创新为动力，加强法治思维，构建系统完备、科学规范、运行有效的国家安全制度体系，提高运用科学技术维护国家安全的能力，不断增强塑造国家安全态势的能力。健全国家安全审查和监管制度，全面加强网络安全保障体系和能力建设，构建海外利益保护和风险预警防范体系，完善和落实安全生产责任制，完善国家应急管理体系，完善信访制度和各类调解联动工作体系，构建源头防控、排查梳理、纠纷化解、应急处置的社会矛盾综合治理机制，健全社会心理服务体系和危机干预机制，加强社会治安防控体系建设。发挥国家安全工作协调机制作用，用好国家安全政策工具箱。同国家现代化发展相协调，搞好战略层面筹划，深化资源要素共享，强化政策制度协调，构建一体化国家战略体系和能力，加快国防和军队现代化，促进国防实力和经济实力同步提升，实现富国和强军相统一。

## （四）在法治体系建设上

全国人大常委会先后于2014年11月审议通过《中华人民共和国反间谍法》，2015年7月审议通过《中华人民共和国国家安全法》，2015年12月审议通过《中华人民共和国反恐怖主义法》，2016年4月审议通过《中华人民共和国境外非政府组织境内活动管理法》，2016年11月7日审议通过《中华人民共和国网络安全法》，2017年9月1日审议通过《中华人民共和国核安全法》，2020年6月审议通过《中华人民共和国香港特别行政区维护国家安全法》，2020年10月审议通过《中华人民共和国生物安全法》，等等。这些法律制度的制定和批准施行使中国国家安全法治体系不断完善，为依法维护国家安全提供了法制保障。

未来，国家安全工作将进一步纳入法治化轨道，健全国家安全法律法规，完善重要领域国家安全立法，逐步形成一套立足我国国情、体现时代特点、适应我国所处战略安全环境，内容协调、程序严密、配套完备、运行有效的中国特色国家安全法律制度，大力提升国家安全工作法治化水平。

## （五）在工作方法上

强调科学统筹，坚持统筹推进各领域安全，统筹应对传统安全和非传统安全。既立足当前又着眼长远，既整体推进又突出重点，既讲原则性又讲策略性，既讲需求又讲能力，既重维护又重塑造，既立足于防又要有效处置风险，努力实现平衡兼顾、贯通驾驭。强调问题导向，根据国家安全形势的变化，针对国家安全面临的新问题和新挑战及时调整应对思路和策略手段。

## （六）在队伍建设上

加强国家安全战线党的建设，坚持以政治建设为统领，教育引导国家安全部门和各级干部，深刻领悟"两个确立"的决定性意义，增强"四个意识"、坚定"四个自信"、做到"两个维护",打造坚不可摧的国家安全干部队伍。

(七)在社会环境塑造上

全国人大常委会2015年7月1日通过了《中华人民共和国国家安全法》。这就要求,加强国家安全人民防线建设,把国家安全教育纳入国民教育体系和公务员教育培训体系,大力增强党员、干部特别是各级领导干部国家安全意识,用好全民国家安全教育日,加强新闻报道和舆论引导,普及国家安全相关法律知识,增强全民国家安全意识,完善立体化国家安全防控体系,形成全党全社会共同维护国家安全的强大合力。

展望未来,我国发展仍然处于重要战略机遇期,机遇和挑战都有新的发展变化,机遇和挑战之大都前所未有,总体上机遇大于挑战。

我们要更好地统筹中华民族伟大复兴战略全局和世界百年未有之大变局之间的关系,立足国内,放眼世界,深刻认识错综复杂的国际局势对我国的影响,既保持战略定力又善于积极应变,既集中精力办好自己的事,又积极参与全球治理、为国内发展创造良好环境。我们要强化统筹发展和安全,把安全发展贯穿国家发展各领域和全过程,不断增强发展的安全。我们要增强深刻理解和深入贯彻总体国家安全观的理论自觉和实践自觉,防范和化解影响我国现代化进程的各种风险,筑牢国家安全屏障,建设更高水平的平安中国,确保我们党实现全面建成社会主义现代化强国这个历史宏愿。

# 把握总体国家安全观的科学内涵

党的十八大以来，习近平总书记站在国家发展和民族复兴的新起点上，在继承中国国家安全理念与实践的基础上，针对当前和未来较长一个时期国家安全形势发展的新特点新趋势，着眼更好地统筹国内国际两个大局、安全与发展两件大事，更好地解决国家安全面临的新问题新挑战，提出总体国家安全观，指明中国特色国家安全道路，为实现"两个一百年"奋斗目标和中华民族伟大复兴的中国梦营造良好的国家安全环境，为实现国家长治久安和民族兴旺繁盛提供坚强有力的安全保障。

## 一、总体国家安全观突出"大安全"理念，强调系统性

2014年4月，在主持召开中央国家安全委员会第一次会议时，习近平总书记指出，坚持总体国家安全观，必须以人民安全为宗旨，以政治安全为根本，以经济安全为基础，以军事、文化、社会安全为保障，以促进国际安全为依托，走出一条中国特色国家安全道路。贯彻落实总体国家安全观，必须既重视外部安全，又重视内部安全，对内求发展、求变革、求稳定、建设平安中国，对外求和平、求合作、

求共赢、建设和谐世界;既重视国土安全,又重视国民安全,坚持以民为本、以人为本,坚持国家安全一切为了人民、一切依靠人民,真正夯实国家安全的群众基础;既重视传统安全,又重视非传统安全,构建集政治安全、国土安全、军事安全、经济安全、文化安全、社会安全、科技安全、信息安全、生态安全、资源安全、核安全等于一体的国家安全体系。[1]

这就打破了以往有关国家安全理念与实践在国内国际、不同领域、不同方面之间的相互区隔和各自局限,改变就事论事、头痛医头、脚痛医脚、彼此羁绊、存盲留白的局面,实现了全面系统的顶层设计。这一思想既统筹国内国际两个大局,统筹改革发展稳定、治党治国治军、内政外交国防等各个方面,又兼顾人民、政治、国土、军事、经济、文化、社会、科技、信息、生态、资源等诸多领域,把作为宗旨的人民安全,作为根本的政治安全,作为基础的经济安全,作为保障的军事、文化、社会安全[2],作为依托的国际安全等放到一个完整的系统里来思考、谋划、构建。

总体国家安全观强调用辩证思维和协调理念来看待和维护国家安全,既着眼于实现"两个一百年"奋斗目标,又着眼于国家的长治久安和中华民族的永续昌盛;既看到机遇,强调增强战略定力,维护和延长我国发展的重要战略机遇期,又居安思危,强调增强忧患意识,重视把握重要战略机遇期内涵和条件的新变化;既重视长期存在的政治、经济、社会、文化、军事等领域,又重视新兴凸显的信息、生态、资源、海洋、外空、网络、核等领域;既强调顺应世界潮流,充分利用国际大势有利因素,积极防范外部风险侵害冲击,又坚定地从

---

[1] 《习近平著作选读》第一卷,人民出版社2023年版,第235页。
[2] 党的二十大报告提出,以军事科技文化社会安全为保障。

中国国情出发，走中国特色国家安全道路；注重把国家发展与国家安全、国家安全与社会稳定、内部安全与外部安全、国土安全与国民安全、传统安全与非传统安全、本国安全与别国安全、安全体制机制与安全意识能力等联系起来，统分结合，点面结合，一般与重点结合，动态把握，贯通驾驭各种复杂因素。总体国家安全观把科学统筹作为国家安全工作的重要原则，运用科学思维来观察安全形势、分析安全问题、谋划安全对策，既立足当前又着眼长远，既整体推进又突出重点，既讲原则性又讲策略性，蕴含了历史唯物主义和辩证唯物主义的精髓。总体国家安全观强调的总体安全，是全面的、整体的、系统的安全，是发展的、动态的安全，是开放的、共同的安全，是主动塑造的安全。

## 二、贯彻总体国家安全观的具体要求

人民安全作为宗旨，要求坚持以民为本、以人为本，坚持国家安全一切为了人民、一切依靠人民，确保人民安居乐业幸福；增强发展的全面性、协调性、可持续性，加强保障和改善民生工作，缩小分配收入差距，大幅减少扶贫对象，从源头上预防和减少社会矛盾的产生；扎实推进全面依法治国，以促进社会公平正义、增进人民福祉为出发点和落脚点，加大协调各方面利益关系的力度，推动发展成果更多更公平惠及全体人民；加强对人民群众的国家安全教育，提高全民国家安全意识，最终实现人民安居乐业，社会和谐稳定，国家长治久安，民族兴旺繁荣。

政治安全作为根本，要求巩固中国共产党的执政地位，团结带领人民坚持和发展中国特色社会主义，进行具有许多新的历史特点的伟大斗争，坚决捍卫中国特色社会主义。当前和今后一个时期，维护政治安全，需要切实抓好全面从严治党这个关键，不断提高中国共产党的领导水平和执政水平、提高拒腐防变和抵御风险的能力，增强全国人民对中国特色社会主义的道路自信、理论自信、制度自信、文化自信。

经济安全作为基础，要求以经济建设为重心，把发展作为最大的安全，特别注重金融安全、资源能源安全、粮食安全、科技安全、重大基础设施网络安全、生态安全、产品安全等，强化风险防控，确保经济持续健康稳定发展，筑牢国家繁荣富强、人民幸福安康、社会和谐稳定的物质基础。当前和今后很长一个时期，维护经济安全，要贯彻新发展理念，切实把经济工作着力点放到转方式调结构上来，推进新型工业化、信息化、城镇化、农业现代化同步发展，着力推动传统产业向中高端迈进，积极发现培育新增长点；坚持互利共赢的开放战略，扎实推进"一带一路"建设，增强国际经济竞争力，切实提高海外利益保护能力和水平。

军事安全、科技安全、文化安全、社会安全作为保障，要求在军事安全上，更好坚持党对军队绝对领导、坚持人民军队根本宗旨，使军队真正担当起党赋予的历史重任；紧跟世界新军事革命加速发展潮流，大力推进军事创新，有针对性推进国防和军队建设改革，积极构建中国特色军事力量体系；与时俱进加强军事战略指导，积极运筹和平时期军事力量运用，按照能打仗打胜仗的要求大力拓展和深化军事斗争准备，提高以打赢信息化条件下局部战争能力为核心的完成多样化军事任务能力。

在文化安全上，要坚持中国特色社会主义先进文化前进方向和发展道路，培育和践行社会主义核心价值观，巩固马克思主义在意识形态领域的指导地位，巩固全党全国各族人民团结奋斗的共同思想基础；加大对中国人民和中华民族的优秀文化和光荣历史的宣传力度，通过多种方式，加强爱国主义、集体主义、社会主义教育，引导人民树立和坚持正确的历史观、民族观、国家观、文化观，增强做中国人的骨气和底气。要争取世界各国对中国梦的理解和支持，提升中国文化软实力，提高文化开放水平，扩大对外文化交流，努力传播当代中国价值理念，努力展示中华文化独特魅力，推动中华文化走向世界；努力提高国际话语权，加强国际传播能力和对外话语体系建设，发挥好新兴媒体作用，讲好中国故事，传播好中国声音，阐释好中国特色。

在社会安全上，要加快形成科学有效的社会治理体制机制，改进社会治理方式，健全公共安全体系，加强网络空间治理和网络秩序维护，激发社会组织活力，提高社会治理水平，确保社会安定有序；加快实现基本公共服务均等化，完善社会保障体系，完善和落实维护群众合法权益的体制机制，完善和落实社会稳定风险评估机制，预防和减少利益冲突；全面推进依法治国，更好维护人民群众合法权益，创新有效预防和化解社会矛盾体制，引导群众通过法律程序、运用法律手段解决；要正确把握党的民族、宗教政策，及时妥善解决影响民族团结的矛盾纠纷，加强新形势下的反分裂斗争和反恐怖斗争，坚决遏制打击暴恐势力和分裂势力。

促进国际安全作为依托，要求超越"你输我赢、你兴我衰"的"零和"思维，积极倡导普遍安全、平等安全、包容安全、合作安全理念；既重视自身安全，又重视共同安全，通过促进国际安全来增强自身安全，打造命运共同体，推动各方朝着互利互惠、共同安全的目标相向而行；努力营造和谐稳定的国际和地区安全环境，搭建国际和地区安全合作新架构，走共建、共享、共赢的安全之路。积极参与地区和全球治理，加大建设性参与解决热点难点问题的力度，为世界和平与发展作出应有贡献。

### 三、解决好紧迫任务

当前，贯彻落实总体国家安全观，走中国特色国家安全道路，需要着力解决好紧迫任务。

第一，维护网络和信息安全。从世界范围看，信息技术革命日新月异，深刻影响国际政治、经济、文化、社会、军事等，主要大国纷纷强化各自的网络和信息安全战略，国际新一轮网络和信息战略竞争方兴未艾。从我国情况看，网络和信息安全涉及国家和社会多个方面，对很多领域都是牵一发而动全身，具有全面性、综合性、系统性、战略性，带来的挑战和风险不断上升。这需要有关部门统筹协调各个领域的网络安全和信息化重大问题，制定实施国家网络安全和信息化发展战略、宏观规划和重大政策，整合相关机构职能，加大依法管理网络力度，形成从技术到内容、从日常安全到打击犯罪的互联网管理合力，不断增强安全保障能力。

第二，维护海洋安全。我国海洋事业总体上已进入历史上最好发展时期，但海洋战略利益拓展维护滞后于我国作为陆海兼备大国快速提升的需求，需要统筹内外、陆海、海洋开发和生态保护、海洋维稳和维权；坚持走依海富国、以海强国、人海和谐、合作共赢的发展道路，扎实推进海洋强国建设；坚持"主权属我、搁置争议、共同开发"的方针，用和平方式、谈判方式解决争端，推进互利友好合作，寻求和扩大共同利益的汇合点，更好地维护海洋安全。

第三，反恐怖斗争。当前，"伊斯兰国"、"基地"组织等国际恐怖主义和极端主义在西亚、北非、中亚、南亚、东南亚等地肆虐，对地区和国际安全构成严重威胁。"东突"等恐怖主义势力在我国境内制造暴力恐怖活动。这种内外形势的共同作用使反恐怖斗争成为事关维护祖国统一，事关广大人民群众切身利益，事关改革发展稳定全局的斗争。必须采取坚决果断措施，保持严打高压态势，坚决把暴力恐怖分子嚣张气焰打下去。同时，要建立健全反恐工作格局，完善反恐工作体系，加强反恐力量建设；要坚持专群结合、依靠群众，深入开展各种形式的群防群治活动，筑起铜墙铁壁，使暴力恐怖分子成为"过街老鼠，人人喊打"。

第四，筑牢生物安全屏障。生物安全是国家安全的重要组成部分。生物安全问题已经成为全世界、全人类面临的重大生存和发展威胁之一，必须从保护人民健康、保障国家安全、维护国家长治久安的高度，把生物安全纳入国家安全体系；要全面研究全球生物安全环境、形势和面临的挑战、风险，深入分析我国生物安全的基本状况和基础条件，系统规划国家生物安全风险防控和治理体系建设，全面提高国家生物安全治理能力。

第五，在中央国家安全委员会的统一指导下，切实贯彻落实好《国家安全战略纲要》和《中华人民共和国国家安全法》。中共中央政治局2015年1月23日召开会议，审议通过了中华人民共和国第一部《国家安全战略纲要》，全国人民代表大会常务委员会2015年7月1日通过了《中华人民共和国国家安全法》，2015年12月27日第十二届全国人民代表大会常务委员会第十八次会议通过了《中华人民共和国反恐怖主义法》，2016年4月28日第十二届全国人民代表大会常务委员会第二十次会议通过了《中华人民共和国境外非政府组织境内活动管理法》《中华人民共和国网络安全法》。这为在总体国家安全观的指导下，沿着中国特色国家安全道路，在发展和改革开放中促安全，切实做好各领域国家安全工作，大力推进国家安全各种保障能力建设，坚决维护国家核心和重大利益，提供了重要指南和法律保障。

## 和平、可亲、文明的"狮子"

习近平总书记强调："要提升我国软实力，讲好中国故事，做好对外宣传。"①树立为世界人民乐于接受的良好国家形象，是贯彻落实习近平总书记这一指示的重要方面。2014年3月，习近平主席在法国巴黎中法建交50周年纪念大会上发表演讲指出："拿破仑说过，中国是一头沉睡的狮子，当这头睡狮醒来时，世界都会为之发抖。中国这头狮子已经醒了，但这是一只和平的、可亲的、文明的狮子。"②这是对新时代中国国家形象的新界定，蕴含深刻丰富的民族传统、国家定位和国际战略的思想精髓。

中国这头狮子曾经沉睡。近代以后，封建统治者夜郎自大、闭关锁国，导致中国落后于时代发展步伐，逐步沦为半殖民地半封建社会。外国列强入侵不断，中国社会动荡不已，人民生活极度贫困。经过逾百年前赴后继的不屈抗争，付出几千万人伤亡的巨大牺牲，中国终于走上了稳定发展的道路。特别是改革开放以来，中国从自身国情和时代要求出发，探索和开拓国家发展道路。如今，我们正朝着实现

---

① 《习近平著作选读》第一卷，人民出版社2023年版，第320页。
② 习近平：《出席第三届核安全峰会并访问欧洲四国和联合国教科文组织总部、欧盟总部时的演讲》，人民出版社2014年版，第25页。

中华民族伟大复兴的中国梦前进。

中国这头狮子已经醒来。作为有着十几亿人口的世界大国，中国用几十年的时间走完了发达国家几百年走过的发展历程，取得了值得骄傲和自豪的历史性进步，经济总量已经跃升到世界第二位。但客观地看，中国依然是发展中国家，要让十几亿人都过上好日子，需要付出长期的艰苦努力，这就决定了中国在很长时期内都将以经济建设为中心，并在经济发展的基础上推动社会全面进步。这体现着中国这头狮子的理性。

## 一、一头和平的狮子

中国这头狮子醒了，正在给世界注入更多促进和平的正能量。中华民族历来爱好和平，民族血液中没有侵略他人、称霸世界的基因，在5000多年文明史演进中一直传承和平、和睦、和谐的理念，一直尊奉"以和为贵，与人为善，己所不欲、勿施于人"的原则精神。中国对外关系的实践，从2100多年前张骞使团开通丝绸之路，到600多年前郑和船队7次远航太平洋和西印度洋，均注重交往通商而非侵略扩张；近代以来饱受列强欺凌，中国人一直执着于保家卫国的爱国主义而非开疆拓土的殖民主义。这样的文化和经历使中国先人深知"国虽大，好战必亡"的道理，使中国人民珍惜和平而绝不会将冲突苦难强加于别国人民，使中国始终不渝走和平发展道路。

中国这头狮子醒了，正在为世界和平提供更多的护佑。因为中华民族始终崇尚"穷则独善其身，达则兼善天下"的品德和胸怀，在一心一意办好自己的事情，自觉自信地走和平发展道路的同时，始终奉行互利共赢的开放战略，在和平共处五项原则基础上发展同世界各国友好合作，积极而又力所能及地承担更多国际责任。面对复杂多变的国际形势和严峻突出的全球性问题，各国人民需要加强友好交流，携手合作，同舟共济。在此背景下，中国将继续通过平等协商处理矛盾和分歧，以最大诚意和耐心，坚持对话处理分歧，坚持外交解决争端。与此同时，中国将坚持独立自主，不随波逐流，不随风起舞；积极倡导和致力于多边主义、世界多极化、国际关系民主化，同世界各国共同维护人类良知和国际公理，在世界和地区事务中主持公道、伸张正义；更加积极有为地参与全球气候变化应对、国际金融体系改革、世界核安全等国际和地区热点问题的解决，同世界各国一道共谋和平、共护和平、共享和平。

## 二、一头可亲的狮子

中国这头狮子醒了，正在不断增进内在的亲和力。党的十八大以来，中国以更大的政治勇气和智慧，全面深化改革，努力构建系统完备、科学规范、运行有效的制度体系，使各方面制度更加成熟、更加定型。包括加快完善社会主义市场经济体制，加快推进社会主义民主政治制度化、规范化、程序化，加快完善文化管理体制和文化生产经营机制，加快形成科学有效的社会管理体制，加快建立生态文明制度。实现中华民族伟大复兴的中国梦，让每个人获得发展自我和奉献社会的机会，共同享有人生出彩的机会，共同享有梦想成真的机会，保证人民平等参与、平等发展权利，维护社会公平正义，使发展成果更多更公平惠及全体人民。这是每个中国人都积极向往和热切期待的目标。

中国这头狮子醒了，正在向世界展示越来越大的亲和力。对包括美欧发达国家在内的大国，中国加强战略对话和多层次合作，扩大共识，累积互信，积极构建新型大国关系框架。对发展中国家，中国坚持正确义利观,讲信义、重情义、扬正义、树道义,做到义利兼顾;在经济上坚持互利共赢、共同发展,提供力所能及的帮助。对周边国家,讲"亲",即坚持睦邻友好,守望相助,多做得人心、暖人心的事,使周边国家对中国更友善、更亲近、更认同、更支持,增强亲和力、感召力、影响力;讲"诚",坚持国家不分大小、强弱、贫富一律平等,用自己的真诚付出,赢得周边国家的尊重、信任和支持,争取更多朋友和伙伴;讲"惠",即本着互惠互利的原则同周边国家开展合作,编织更加紧密的共同利益网络,把双方利益融合提升到更高水平;讲"容",即倡导包容的思想,亚太之大容得下大家共同发展,要以更加开放的胸襟和更加积极的态度促进地区合作,更加主动、更加积极地回应周边国家期待,共享机遇,共迎挑战,共创繁荣。同时,要开拓创新,多领域、多渠道、多层次开展民间对外友好交流,广交朋友、广结善缘,以诚感人、以心暖人、以情动人,使彼此更友善、更亲近、更认同、更支持;要传播好中国声音,讲好中国故事,向世界展现一个真实的中国、立体的中国、全面的中国。

### 三、一头文明的狮子

中国这头狮子醒了,正在推动中华文明的复兴。中华文明是世界上唯一绵延不断且以国家形态发展至今的伟大文明,已经5000多年。中华传统文化中的诸多理念孕育中华民族的人文精神,浸润中华民族的民族性格,至今仍然深深影响着中国人看待世界、看待社会、看待人生的价值体系,影响着中国人的思维方式、生活方式和行为方式,影响着中国人独特而悠久的精神世界、民族自尊心和自信心。站在新的历史起点上,中国在继承和发扬优秀传统文化的同时,不断推进文化建设和文明发展,使社会主义核心价值观深入人心,公民文明素质和社会文明程度明显提高，文化产品更加丰富，公共文化服务体系基本建成，文化产业成为国民经济支柱性产业，中华文化走出去迈出更大步伐，社会主义文化强国建设基础更加坚实。为此，中国将加快完善文化管理体制和文化生产经营机制，基本建立现代文化市场体系，健全国有文化资产管理体制，形成有利于创新创造的文化发展环境。加快形成科学有效的社会管理体制，完善社会保障体系，健全基层公共服务和社会管理网络，建立确保社会既充满活力又和谐有序的体制机制。经过这些努力，中国的文化软实力将显著增强，中华文明将焕发新的生机和活力。

中国这头狮子醒了，正在促进世界文明的包容交流互鉴。我们认为，文明因交流而多彩，文明因互鉴而丰富，文明交流互鉴是推动人类文明进步和世界和平与发展的重要动力。中国主张在文化上包容互鉴，尊重世界文明多样性、发展道路多样化，引导不同文明相互借鉴，取长补短，把世界多样性和各国差异性转化为发展活力和动力，为人类文明大发展、大繁荣注入新活力。中国正在通过与越来越多的国家共同推进各种文化年、旅游年、青年交流年等活动形式，推动跨国界、跨时空、跨文明的交流互鉴活动，促进各国人民相互了解、相互理解、相互支持、相互帮助，在世界各国人民心灵中坚定和平理念、共同发展理念、命运共同体理念，形成防止和反对战争、推动共同发展、促进可持续安全的强大力量。

# 推进"一带一路"建设 构建人类命运共同体

以共建"一带一路"为实践平台推动构建人类命运共同体，必须坚持把"一带一路"建成和平之路、繁荣之路、开放之路、创新之路、文明之路，把共建"一带一路"打造成新时代中国同世界各国开展最广泛合作的国际新平台。

## 一、完善全球治理的中国方案

当今世界正处于百年未有之大变局，和平合作的潮流、开放融通的潮流、变革创新的潮流滚滚向前，各国之间的联系从来没有像今天这样紧密，世界人民对美好生活的向往从来没有像今天这样强烈，人类战胜困难的手段从来没有像今天这样丰富。但与此同时，人类面临的全球性问题数量之多、规模之大、程度之深前所未有，不稳定不确定不安全因素层出不穷，和平赤字、发展赤字、安全赤字、治理赤字突出。站在何去何从的十字路口，人类面临两种截然不同的取向：一种是重拾冷战思维，挑动分裂对立，制造集团对抗；另一种是从人类共同福祉出发，致力团结合作，倡导开放共赢，践行平等尊重。两种取向、两种选择的博弈和较量，将深刻影响人类和地球的未来。[①] "当今世界并不太平，世界经济下行压力增大，全球发展面临诸多挑战，但我们坚信，和平、发展、合作、共赢的历史潮流不可阻挡，人民对美好生活的向往不可阻挡，各国实现共同发展繁荣的愿望不可阻挡。"[②] 中国的方案是推动构建相互尊重、公平正义、合作共赢的新型国际关系和推动构建人类命运共同体。习近平总书记提出"一带一路"倡议，就是要实践人类命运共同体理念。这既是提出该倡议的初衷，也是希望通过该倡议实现的最高目标。

"一带一路"建设正是基于全球化相互依存时代各国面对多种挑战难以独善其身的现实，顺应全球治理体系变革的内在要求，推动各国对接彼此政策，在全球更大范围内整合经济要素和发展资源，形成和壮大合力，共同完善全球治理体制机制，实现世界和平安宁和共同发展繁荣。古丝绸之路绵亘万里，延续千年，早已证明，只要坚持以和平合作、开放包容、互学互鉴、互利共赢为核心的丝路精神，不同种族、不同信仰、不同文化背景、不同发展阶段的国家完全可以共享和平、共同发展。如今的"一带一路"建设正是汲取和弘扬这种启示、智慧和力量，发掘这份人类文明的宝贵遗产，彰显同舟共济、权责共担的共同体意识，坚持对话协商、共建共享、合作共赢、交流互鉴，聚焦政策沟通、设施联通、贸易畅通、资金融通、民心相通，推动各国加强政治互信、经济互融、人文互通。

共建"一带一路"围绕互联互通，以基础设施"硬联通"为重要方向，以规则标准"软联通"为重要支撑，以共建国家人民"心联

---

[①] 中华人民共和国国务院新闻办公室：《携手构建人类命运共同体：中国的倡议与行动》，《人民日报》2023年9月27日。
[②] 习近平：《在第三届"一带一路"国际合作高峰论坛欢迎宴会上的祝酒辞》，《人民日报》2023年10月18日。

通"为重要基础,[①]促使各国政策和发展战略相互对接,深化务实合作,促进协调联动发展,共同开辟更加光明的前景。它始于经济合作倡议,又不止于经济合作,还是完善全球发展模式和全球治理方式、推进经济全球化健康发展的重要途径,更是各方共同打造的全球公共产品。在多年的实践中,"一带一路"穿越非洲、环连亚欧、延伸拉美—加勒比,"朋友圈"变得越来越广阔,所有感兴趣的国家纷纷添加进入;"一带一路"框架下的合作日趋多元,涵盖各个领域,形式多种多样。这已经并将继续充分表明,"一带一路"建设是一个开放包容的进程,向所有志同道合的国家开放,不排除也不针对任何一方;不是要关起门来搞封闭排他的小圈子或者"中国俱乐部";不是搞地缘政治联盟或军事同盟;更不以意识形态划界,不搞零和游戏,不做凌驾于人的强买强卖。正由于此,习近平总书记提出共建"一带一路"倡议以来,越来越多的国家热烈响应和积极参与,全球治理的中国方案正在释放越来越强大的感召力和引领力。

## 二、新时代打造全面开放新格局的重大举措

共建"一带一路"倡议源于中国,是"发展起来的"中国从全球视野出发,更加自觉地统筹国内国际两个大局,全面谋划全方位扩大开放的重大战略举措和经济外交的顶层设计。党的十八大以来,习近平总书记提出以新的发展理念引领发展,其中一个重要方面就是开放发展。随着中国特色社会主义进入新时代,国际经济合作和竞争局面正在发生深刻变化,全球经济治理体系和规则正面临重大调整,

---

[①] 参见中华人民共和国国务院新闻办公室:《共建"一带一路":构建人类命运共同体的重大实践》,《人民日报》2023年10月11日。

我国引进来、走出去在深度、广度、节奏上都是过去所不可比拟的，应对外部经济风险、维护国家经济安全的压力也是过去所不能比拟的。我国对外开放水平总体上还不够高，用好国际国内两个市场、两种资源的能力还不够强，应对国际经贸摩擦、争取国际经济话语权的能力还比较弱，运用国际经贸规则的本领也不够强，需要加快弥补。为此，我国必须适应经济发展内生性要求，坚持引进来和走出去并重，加强开放发展，着力解决发展的内外联动问题，提高对外开放的质量和发展的内外联动性。这就要求我国必须坚持对外开放的基本国策，奉行互利共赢的开放战略，深化人文交流，完善对外开放区域布局、对外贸易布局、投资布局，形成对外开放新体制，发展更高层次的开放型经济，以扩大开放带动创新、推动改革、促进发展。同时，这还要求我国积极引导全球经济议程，维护多边贸易体制，加快实施自由贸易区战略，提升贸易投资自由化便利化水平，努力承担与我国能力和地位相适应的国际责任和义务。

按照这个指导思想，我国在新时代推进"一带一路"建设，要把主要精力放在提高对外开放水平、增强参与国际竞争能力、倒逼转变经济发展方式和调整经济结构、努力拓展改革发展新空间上来。这就需要把"一带一路"建设同国内新谋划出来的和之前已有的主要开发开放计划实现对接整合，包括把"一带一路"建设同京津冀协同发展、长江经济带发展、粤港澳大湾区建设、自贸试验区建设、长三角区域一体化发展、海洋强国建设等国家战略实现全面对接，同西部开发开放、东北全面振兴、中部地区崛起、东部率先发展、边疆民族地区发展等实现深度结合，进而促进中西部地区、东北地区在更大范围、更高层次上开放，助推内陆沿边地区成为开放前沿，推动我国开放空间从沿海、沿江向内陆、沿边延伸，形成陆海内外联动、东西双向互济、东中西部联动发展的全方位开放新格局。从2014年，我国先后制定和对外发布了一系列规划、建议、设想，包括《丝绸之路经济带和21世纪海上丝绸之路建设战略规划》《推动共建丝绸之路经济带和21世纪海上丝绸之路的愿景与行动》《"一带一路"建设海上合作设想》《标准联通共建"一带一路"行动计划（2018—2020年）》《共建"一带一路"：理念、实践与中国的贡献》等，以及有关地方、部门、行业、企业出台的各种配套规划和工作设想；推动设立丝路基金、金砖国家新开发银行和应急储备基金、亚洲基础设施投资银行、中国—中东欧金融控股公司和银行联合体等相关金融支撑机构，以及其他领域的相关工作机制。经过夯基垒台和立柱架梁，共建"一带一路"已经完成了总体布局，绘就了一幅"大写意"。

### 三、实现共同发展繁荣的巨大合作平台

以共建"一带一路"为实践平台推动构建人类命运共同体，这是从我国改革开放和长远发展出发提出来的，符合中华民族历来秉持的天下大同理念和中国人怀柔远人、和谐万邦的天下观；还占据国际道义制高点，引领区域一体化、跨区域合作、经济全球化新发展，其机会和成果属于世界。对世界来说，我国以"一带一路"建设为契机，聚焦构建互利合作网络、新型合作模式、多元合作平台，注重开展跨国互联互通、提高贸易和投资合作水平、推动国际产能和装备制造合作，以点带面、串点成线、从线到片，步步为营、久久为功，逐步形成区域大合作，这在本质上就是把我国发展同沿线国家发展结合起来，让更多国家搭上我国发展快车、便车，通过提高有效供给来催生新的需求，实现世界经济再平衡。特别是在世界经济持续低迷，广大发展中国家加快工业化城镇化进而实现经济独立和民族振兴方兴未艾的背景下，我国顺应各国特别是广大发展中国家对促和平、谋发展的

愿望，牢牢把握重点方向，聚焦重点地区、重点国家、重点项目，抓住发展这个最大公约数，使顺周期下形成的巨大产能和建设能力走出去，支持沿线广大发展中国家推进工业化、现代化和提高基础设施水平的迫切需要，将有利于稳定当前世界经济形势。这不仅造福我国人民，更造福沿线乃至全世界各国人民，还丰富了国际经济合作理念和多边主义内涵，为促进世界经济增长、实现共同发展开辟了新路径。

经过多年的共同努力，"一带一路"建设已从理念转化为行动，从愿景转变为现实，正在向落地生根、持久发展，和相关国家共同绘制精谨细腻"工笔画"的阶段迈进。我国作为"一带一路"建设的积极倡导者、推动者、践行者，将在保持已有健康良性发展势头的基础上，乘势而上、顺势而为，推动共建"一带一路"向高质量发展转变。这就要求坚持稳中求进工作总基调，贯彻新发展理念，集中力量、整合资源，以基础设施等重大项目建设和产能合作为重点，解决好重大项目、金融支撑、投资环境、风险管控、安全保障等关键问题，形成更多可视性成果，积土成山、积水成渊，推动这项工作不断走深走实、行稳致远。

为此，我国将牢牢坚持共商共建共享原则，同沿线国家结伴成行、相互借力，在开放中合作、在合作中共赢，不画地为牢，不设高门槛，不搞排他性安排，反对保护主义；推动相关国家对话化解分歧，协商解决争端，共同维护地区安全稳定，为"一带一路"建设营造和平稳定环境。我国将以沿线国家发展战略的联系点和相通之处为基础，同各方对接发展战略和发展规划，相互学习借鉴，建立政策协调机制，共同制定合作方案，共同采取合作行动，形成规划衔接、发展融合、利益共享的局面。同时，我国也将推动相关国家把"一带一路"建设方面的合作，同落实联合国2030年可持续发展议程，同二十国集团、亚太经合组织、东盟、非盟、欧亚经济联盟、欧盟、拉共体等国际和区域发展规划协调对接起来，努力做到相辅相成、相互促进。我国还将依托项目驱动，同各方深化务实合作，包括推进铁路、公路等陆上大通道建设，加快海上港口建设，完善油气管道、电力输送、通信网络；大力推进经济走廊建设，办好经贸、产业合作园区，进一步促进投资、聚合产业、带动就业，走创新发展之路；推动自由贸易区建设，加强规则和标准体系相互兼容，提供更好的营商环境和机制保障，充分释放互联互通的积极效应；拓展融资渠道，创新融资方式，降低融资成本，打通融资这一项目推进的关键环节；深入开展人文领域交流合作，让合作更加包容，让合作基础更加坚实，让广大民众成为"一带一路"建设的主力军和受益者。这样就能把"一带一路"建成和平之路、繁荣之路、开放之路、创新之路、文明之路，把共建"一带一路"打造成新时代中国同世界各国开展最广泛合作的国际新平台，使共建"一带一路"持续释放引领效应，为世界共同发展增添新动力、拓展新空间，为构建人类命运共同体注入强劲动力。

# "一带一路"建设　谱写中国对外关系新篇章

"一带一路"国际合作高峰论坛是2017年我国最重要的主场多边外交活动，是继2014年亚太经合组织北京峰会、2016年二十国集团领导人杭州峰会之后，世界再度聚焦中国的重要历史时刻。习近平主席出席论坛开幕式并主持领导人圆桌峰会。加上之前习近平主席2015年9月出席第七十届联合国大会一般性辩论并多次发表重要演讲，2017年1月出席瑞士达沃斯世界经济论坛和访问联合国第二总部日内瓦万国宫并同样多次发表重要演讲，世界再度见证中国国家领导人为世界演进和人类发展提供思想指引和行动推力。第三届"一带一路"国际合作高峰论坛于2023年10月举行。"一带一路"建设，从2013年9月和10月习近平主席在出访哈萨克斯坦和印度尼西亚时提出思想理念，到如今各种经贸合作倡议签订、各类交流活动方案出炉、一系列建设项目开工、一批重点工程和标志性成果逐步呈现，再到人文社会交流升温和政治互信加强，这个重大合作倡议和实践正在谱写我国对外关系发展的新篇章。

共建"一带一路"给全世界筑就了一条通向合作共赢、全球共同发展的道路。实践证明，共建"一带一路"符合世界大多数国家和人民群众渴望共享发展机遇、共创美好家园的憧憬和期待，符合人类社会发展规律、经济发展规律。中国式现代化和高质量共建"一带一路"将激励更多国家走符合本国国情的道路，并从并肩前行国家的发展中获取前进力量。2013年至2022年，中国与共建"一带一路"国家货物贸易额从1.04万亿美元增加至2.07万亿美元，翻了一番，年均增长8%。2022年，我国对共建"一带一路"国家进出口规模占我国外贸总值的32.9%。中国与共建国携手建设了一大批陆海空互联互通重大项目，打通了一些国家长久以来困扰经济发展的堵点，为各国加强互联互通、构建高效畅通的全球大市场发挥了重要作用。在经济全球化遭遇逆流的背景下，共建"一带一路"成为构建人类命运共同体的重要实践平台，有利于各国在开放合作中实现共同增长与共同繁荣。据世界银行预计，到2030年有望帮助全球760万人摆脱极端贫困、3200万人摆脱中度贫困。[1]

中国成功举办三届"一带一路"国际合作高峰论坛，为各参与国家和国际组织深化交往、增进互信、密切来往提供了重要平台。2017年的第一届"一带一路"国际合作高峰论坛，29个国家的元首和政府首脑出席，140多个国家和80多个国际组织的1600多名代表参会，形成了5大类、279项务实成果。2019年的第二届"一带一路"国际合作高峰论坛，38个国家的元首和政府首脑及联合国秘书长、国际货币基金组织总裁等40位领导人出席圆桌峰会，超过150个国家、92个国际组织的6000余名代表参会，形成了6大类、283项务实成果。[2]2023年10月，中国成功举办第三届"一带一路"国际合作高峰论坛，来自151个国家和41个国际组织的代表参会，形成了458项成

---

[1] 陈文玲：《共建"一带一路"的重要经验与启示》，《经济日报》2023年9月17日。
[2] 中华人民共和国国务院新闻办公室：《共建"一带一路"：构建人类命运共同体的重大实践》，《人民日报》2023年10月11日。

果，中国金融机构成立7800亿元人民币的"一带一路"项目融资窗口，中外企业达成972亿美元的商业合作协议，这将推动共建"一带一路"高质量发展，为全球互联互通、促进发展繁荣注入强劲动力。[①] 习近平主席在第三届"一带一路"国际合作高峰论坛开幕式上发表主旨演讲，宣布中国支持高质量共建"一带一路"的八项行动：构建"一带一路"立体互联互通网络，支持建设开放型世界经济，开展务实合作，促进绿色发展，推动科技创新，支持民间交往，建设廉洁之路，完善"一带一路"国际合作机制。[②]

从扩大对外开放角度看，"一带一路"建设正在启动我国新一轮全方位开放的历史性进程。当前，中国已成为世界第二大经济体，经济潜力巨大，制造业体系和供应链体系完备，在全球经济中占据核心重要位置。我国对世界的依靠、对国际事务的参与、对国际体系变革的促进不断加深，对内决策的国际意义和对外决策的国内影响都在显著提升。世界对我国的倚重，对我国统筹推进"五位一体"总体布局和协调推进"四个全面"战略布局的认知，以及对我国全面建成小康社会的影响同样在不断扩展。我国发展的重要战略机遇期的内涵和条件正在呈现前所未有的新变化和新特点。"一带一路"建设，正是站在这样新的历史方位上，基于之前已有的西部开发、东北振兴、中部崛起、东部率先、沿边开发开放等区域发展战略，再结合党的十八大以来提出的京津冀协同发展、长江经济带发展等国家战略，从全球视野出发，把中国的发展与周边国家乃至更远地区放在一个大系统里面来谋划。"一带一路"建设，就是要统筹国内国际两个大局、统筹东

---

① 习近平：《同心协力 共迎挑战 谱写亚太合作新篇章——在亚太经合组织工商领导人峰会上的书面演讲》，《人民日报》2023年11月18日。
② 习近平：《建设开放包容、互联互通、共同发展的世界——在第三届"一带一路"国际合作高峰论坛开幕式上的主旨演讲》，《人民日报》2023年10月19日。

西陆海、统筹政府企业社会、统筹经贸人文安全，全面谋划和大力推进全方位对外开放进程，在使我国东部、中部、西部实现平衡发展、内地同边疆和港澳台实现联动发展的同时，促进世界新一轮的开放和发展。特别是在当前世界经济持续低迷的情况下，如果能够使我国在顺周期下形成的巨大产能和建设能力走出去，支持沿线国家推进工业化、现代化和提高基础设施水平的迫切需要，不仅将有利于我国的经济结构调整和长期健康稳定发展，而且有利于稳定当前世界经济形势，实现世界经济再平衡。

从推动构建新型国际关系角度看，"一带一路"建设为我国全面加强同世界各国和各地区的合作共赢共享提供了重要抓手。党的十八大以来，推动构建以合作共赢为核心的新型国际关系，把合作共赢理念体现到政治、安全、经济、文化、生态等对外关系的方方面面。包括秉持"亲诚惠容"新理念，着力构建周边区域合作新机制新规则、深化互利共赢格局、推进区域安全合作、巩固扩大社会民意基础，努力使周边同我国政治关系更加友好、经济纽带更加牢固、安全合作更加深化、人文联系更加紧密；把构建健康稳定的大国关系框架作为目标，统筹谋划、平衡发展同西方发达国家和发展中大国的务实合作，使我国在全球和地区大国关系框架中始终处于总体主动有利地位；积极践行正确义利观，创立中拉合作论坛，提升中非和中阿两大论坛合作水平，使我国与发展中国家关系实现全球覆盖，切实拓宽和加强同发展中国家的团结合作和共同发展；积极阐述中国梦的世界意义，争取世界各国对中国梦的理解和支持，使世界相信中国梦是和平发展合作共赢的梦、中国梦追求的是中国人民的福祉也是各国人民共同的福祉，使中国梦与世界各国各民族的梦想息息相通。"一带一路"建设正是创新合作模式，增强政策沟通、设施联通、贸易畅通、资金融通、民心相通，以点带面，从沿线国家开始，统筹我国同周边乃至更远的地区、世界和地区主要国家、广大发展中国家的共同利益和具有差异性的利益关切，寻找更多利益交汇点，调动世界各国尤其是沿线国家的积极性，搭乘我国发展快车实现发展目标，使我国与沿线乃至更远国家的经贸联系和人文交流更加紧密、相互合作更加深入、发展空间更加广阔，逐步形成区域乃至全球范围内合作共赢共享的新局面。

从完善地区和全球治理体系角度看，"一带一路"建设已经成为我国提供治理供给的重要平台。随着世界经济格局调整深化、国际力量对比消长变化和全球性挑战日益增多，现行全球治理体系不适应的地方越来越多，国际社会对变革全球治理体系的呼声越来越高，加强全球治理、推动全球治理体系变革已成大势所趋。特别是"一带一路"沿线，地区治理赤字明显，治理需求不断增大，提供治理供给更显紧迫。"一带一路"建设秉持共商共建共享原则，唱响"中国智慧""中国主张""中国方案"；努力引领地区和全球治理理念创新发展，推动沿线国家实现发展战略相互对接、优势互补；增进上海合作组织、"东盟—中国"（10+1）、"东盟—中日韩"（10+3）、亚洲基础设施投资银行、亚洲相互协作与信任措施会议等诸多合作机制的积极联动；使我国在实现自身发展的过程中，为沿线国家和地区发展提供助力，为相关地区乃至全球治理提供更多公共产品；使"一带一路"建设相融相近、相辅相成，缩小地区发展差距，推动地区热点降温，促进沿线地区乃至整个世界的平衡发展、可持续发展。以此为重要平台，我国在全球层面将继续坚定维护以联合国宪章宗旨和原则为核心的国际秩序，按照责任、权利、能力相一致的原则，推动改革全球治理体制中不公正不合理的安排，更加平衡地反映大多数国家意愿和利益；推动国际货币基金组织、世界银行等国际经济金融组织切实反映国际格局的变化，特别是增加新兴经济体和发展中国家的代表性和发言权；推动各国在国际经济合作中的权利平等、机会平等、规则平等，促进全球治理规则民主化、法治化；推动建设和完善国际经济金融领域、新兴领域、区域合作等方面的机制规则。

从打造人类命运共同体角度看，"一带一路"建设已经成为重要的实践框架。自习近平主席在2013年3月首次全面阐述、2015年9月和2017年1月进一步系统深入阐述以来，打造人类命运共同体这个重要战略思想已经充分体现在我国的对外关系中并日渐成为重要的国际话语。在政治上，我国强调坚持全人类共同价值，即和平、发展、公平、正义、民主、自由，坚持国际关系民主化和法治化，坚持在不结盟原则前提下广交朋友，倡导建立和积极发展不设假想敌、不针对第三方、平等相待、互商互谅、更富包容性和建设性的伙伴关系。在安全上，我国倡导共同、综合、合作、可持续的国际安全观，主张通过政治外交谈判和平解决国际争端和热点问题，努力营造公道正义、总体稳定的安全格局。在经济上，我国主张各国增强自身发展能力，改善国际发展环境，优化发展伙伴关系，健全发展协调机制，增进互帮互助、互惠互利，共同走出一条公平、开放、全面、创新的发展之路，实现各国共同发展。在文化上，主张包容互鉴，促进和而不同、兼收并蓄的文明交流，推动不同文明不同发展模式加强对话，在竞争比较中取长补短，在交流互鉴中共同发展。在生态上，推动构筑尊崇自然、绿色发展的生态体系；呼吁和推动国际社会携手同行，共谋全球生态文明建设之路。"一带一路"建设正是继承和发扬以和平合作、开放包容、互学互鉴、互利共赢为特征的丝绸之路精神，把中国的发展强大与世界的进步繁荣作为一个整体来谋划，赋予古代丝绸之路以全新的时代内涵，聚焦打造绿色丝绸之路、健康丝绸之路、智力丝绸之路、和平丝绸之路，以开放促合作、以发展促安全、以平等尊重促互信协作。"一带"重在通过中国—中亚—西亚—中东欧—西欧等经济走廊的建设，贯通亚欧大陆；"一路"重在通过缅甸皎漂和实兑港、斯里兰卡科伦坡和汉班托塔港、巴基斯坦瓜达尔港、吉布提、希腊比雷埃夫斯等支点的建设，联结太平洋、印度洋、地中海。经过多年的不懈努力，"一带一路"建设从无到有、由点及面，进度和成果超出预期。截至2023年6月，中国已经同150多个国家和30多个国际组织签署了200多份"一带一路"的合作文件，形成一大批标志性项目和惠民生的"小而美"项目，联合国等国际组织态度积极，以亚投行、丝路基金为代表的金融合作不断深入，一批有影响力的标志性项目逐步落地。中国支持高质量共建"一带一路"的行动，是开展务实合作的行动。如："中方将统筹推进标志性工程和'小而美'民生项目。中国国家开发银行、中国进出口银行将各设立3500亿元人民币融资窗口，丝路基金新增资金800亿元人民币，以市场化、商业化方式支持共建'一带一路'项目。本届高峰论坛期间举行的企业家大会达成了972亿美元的项目合作协议。中方还将实施1000个小型民生援助项目，通过鲁班工坊等推进中外职业教育合作，并同各方加强对共建'一带一路'项目和人员安全保障。"[1]亚洲基础设施投资银行已有106个成员，批准227个投资项目，共投资436亿美元，项目涉及交通、能源、公共卫生等领域，为共建国家基础设施互联互通和经济社会可持续发展提供投融资支持。[2]随着更多重点地区和重点国家的重点项目建设持续推进，我国与沿线国家乃至更加广阔的地区将进一步结成利益共同体、责任共同体、命运共同体。

---

[1] 习近平：《建设开放包容、互联互通、共同发展的世界——在第三届"一带一路"国际合作高峰论坛开幕式上的主旨演讲》，《人民日报》2023年10月19日。
[2] 中华人民共和国国务院新闻办公室：《共建"一带一路"：构建人类命运共同体的重大实践》，《人民日报》2023年10月11日。

# 做好同发展中国家团结合作的大文章

党的十八大以来，以习近平外交思想为根本遵循和行动指南，中国特色大国外交开创性推进，中国同广大发展中国家的团结合作取得历史性成就。从联合国发展峰会到南南合作圆桌会，从中阿合作论坛第六届部长级会议和中非合作论坛第八届部长级会议到中非合作论坛约翰内斯堡峰会和北京峰会，从中国—拉共体论坛创立到金砖国家合作第二个"金色十年"开启，无论在主场还是在客场，无论是多边还是双边，习近平主席发表一系列重要讲话，为深化同发展中国家的团结合作举旗定向、谋篇布局，推动中国与广大发展中国家关系形成携手共进、共同发展的崭新局面。

**一、同发展中国家加强全方位、多层次、宽领域、立体化的团结合作**

当今世界正处于大发展大变革大调整时期，面临百年未有之大变局。这使发展中国家既面临重大机遇，又遭遇严峻挑战，加强全方位、多层次、宽领域、立体化的团结合作愈显重要。

从发展角度看，第四次工业革命迎面而来，世界经济新旧动能转换。人工智能、大数据、量子信息、生物技术等新一轮科技革命和产业变革正在积聚力量，催生大量新产业、新业态、新模式，给全球发展和人类生产生活带来翻天覆地的变化，使各国利益和命运紧密相连、深度交融。这为广大发展中国家实现跨越式发展提供了千载难逢的历史性机遇。但世界经济新旧动能转换尚未完成，世界经济格局深刻演变，南北失衡等深层次、结构性问题还未消除，广大发展中国家若错失机遇，将远远落后于世界前进的步伐。

从国际格局角度看，世界多极化深入发展，国际力量对比加速演变。新兴市场国家和发展中国家群体性崛起势不可当，2018年对世界经济增长的贡献率已经达到80%，经济总量按汇率法计算所占世界比例已经接近40%。这将使全球发展的版图变得更加全面均衡，使世界和平的基础变得更为坚实稳固。但大国关系深入调整，地缘政治矛盾日趋激烈，国际安全挑战错综复杂，不同思想文化相互碰撞激荡，世界不稳定不确定不安全因素突出，这使发展中国家面临的战略挑战和安全风险明显上升。

从全球治理角度看，经济全球化在曲折中前行，全球治理体系深刻重塑。网络、极地、深海、外空等新兴领域的规制缺失，单边主义、保护主义愈演愈烈，多边主义和多边贸易体制经受严重冲击。要合作还是要对立，要开放还是要封闭，要互利共赢还是要以邻为壑，国际社会再次来到何去何从的十字路口。特别是发展中国家集中地区的热点难点问题此起彼伏，武装冲突、恐怖主义、极端主义的阴霾挥之不去，和平赤字、发展赤字、安全赤字、治理赤字等问题突出，这使发展中国家面临的多重治理压力变得越来越大。

## 二、永远做发展中国家的可靠朋友和真诚伙伴

当今时代,和平与发展仍然是两大主题。要解决好发展中国家自身存在的各种问题,要解决好各种地区冲突和全球性挑战,根本出路在于谋求和平、实现发展。面对重重挑战和道道难关,发展中国家必须攥紧发展这把钥匙。唯有发展,才能保障人民的基本权利;唯有发展,才能满足人民对美好生活的热切向往;唯有发展,才能消除冲突的根源。中国特色社会主义已经进入新时代,但依然处于社会主义初级阶段。发展依然是解决中国所有问题的关键和基础。中国依然是当今世界最大发展中国家,这个地位没有改变。同广大发展中国家团结合作,依然是中国对外关系不可动摇的根基。新中国自建立以来就一直与广大发展中国家,以相同的历史遭遇、相同的奋斗历程、相近的发展阶段为基础,同呼吸、共命运,长期保持相互支持、友好合作的优良传统。"我们将坚定支持和帮助广大发展中国家加快发展,实现工业化、现代化,为缩小南北差距、实现共同发展提供中国方案和中国力量。"[1]"每个国家都有发展的权利,各国人民都有追求幸福生活的自由。""中方愿同各国一道,加快推进倡议合作,强化全球发展动能,全面深入推动世贸组织改革,应对共同挑战,增进各国人民福祉。"[2]未来,中国无论怎么发展,都永远属于发展中国家,都会坚定支持广大发展中国家发展,都会继续致力于推进同发展中国家更加紧密的伙伴关系,永远做发展中国家的可靠朋友和真诚伙伴。

在政治方面,中国倡导国际关系民主化,支持联合国等国际多边

---

[1] 习近平:《携手同行现代化之路——在中国共产党与世界政党高层对话会上的主旨讲话》,人民出版社2023年版,第6页。
[2] 习近平:《深化团结合作 应对风险挑战 共建更加美好的世界——在2023年金砖国家工商论坛闭幕式上的致辞》,《人民日报》2023年8月23日。

机制发挥积极作用，坚持继承和弘扬联合国宪章宗旨和原则；坚决主张世界各国一律平等，坚持国家不分大小、强弱、贫富一律平等，不能以大压小、以强凌弱、以富欺贫，各国主权和领土完整不容侵犯、内政不容干涉，各国自主选择社会制度和发展道路的权利应当得到维护，各国推动经济社会发展、改善人民生活的实践应当受到尊重。习近平总书记指出："中国将继续同广大发展中国家站在一起，坚定支持增加发展中国家特别是非洲国家在国际治理体系中的代表性和发言权。中国在联合国的一票永远属于发展中国家。"[1]

在发展方面，中国把自身发展机遇同发展中国家共享，把自身发展和发展中国家共同发展紧密联系起来，把中国梦和发展中国家人民过上美好生活的梦想紧密联系起来，携手走出一条共同发展的康庄大道。在南南合作框架下，致力于探索多元发展道路、促进各国发展战略对接、实现务实发展成效、完善全球发展架构，推动南南合作作为国际发展合作的重要补充，向更高水平、更深层次发展。2015年9月，习近平主席在联合国总部倡议召开并出席主持由中国和联合国共同举办的南南合作圆桌会，在联合国发展峰会上发表重要讲话，同广大发展中国家等领导人和国际组织负责人总结南南合作经验、共商合作发展大计，并宣布中国支持南南合作的一系列重大务实举措，包括设立"南南合作援助基金"[2]和国际发展知识中心，加大对发展中国家的投资和援助力度，免除对有关最不发达国家、内陆发展中国家、小岛屿发展中国家等政府间部分无息贷款债务等，促进南北发展差距缩小，实现包容性增长和可持续发展，增进各国人民的共同福祉。

---

[1] 《习近平谈治国理政》第二卷，外文出版社2017年版，第526页。
[2] 2022年，将"南南合作援助基金"升级为"全球发展和南南合作基金"。

### 三、坚持和积极践行正确义利观

当今世界，各国相互依存、利益交融、休戚与共，事实上已经成为你中有我、我中有你的共同体和同舟共济的"地球村"。顺应世界大势，中国外交的目标就是要推动建设相互尊重、公平正义、合作共赢的新型国际关系，构建人类命运共同体。其中一个重要方面，就是坚持和积极践行正确义利观，与整体国际地位不断提升的广大发展中国家，携手打造利益共同体、责任共同体、命运共同体。所谓正确义利观，就是义利相兼、义重于利、以义为先、讲信义、重情义；在政治上，坚持正义、秉持公道、道义为先；在经济上，坚持互利共赢、共同发展，尤其是对那些对中国长期友好而自身发展任务艰巨的国家，要更多考虑对方利益，力所能及地提供更多的帮助。

对非洲这个发展中国家最集中的大陆，按照"真、实、亲、诚"四字箴言，以中非合作论坛为重要平台，以中非全面战略合作伙伴关系为新的历史起点，坚持做到"五不"，即不干预非洲国家探索符合国情的发展道路、不干涉非洲内政、不把自己的意志强加于人、不在对非援助中附加任何政治条件、不在对非投资融资中谋取政治私利。以《关于构建更加紧密的中非命运共同体的北京宣言》和《中非合作论坛—北京行动计划》为指南，在"十大合作计划"基础上以"八大行动"为重点，全面加强各领域务实合作，矢志不渝加强团结协调，共同打造责任共担、合作共赢、幸福共享、文化共兴、安全共筑、和谐共生的中非命运共同体，更好维护中非共同利益，壮大发展中国家力量，为推动构建人类命运共同体树立时代榜样。

对中东阿拉伯国家，以中阿合作论坛、中阿改革发展研究中心、中阿文明对话暨去极端化圆桌会议、中阿新闻交流中心为重要平台，以建立全面合作、共同发展、面向未来的中阿战略伙伴关系为新的历史起点,以中国对阿拉伯国家政策白皮书为指南,增进战略互信、并肩奋斗、患难与共,在国际上为阿拉伯国家合理诉求代言,建设性参与解决地区热点难点问题,共同做中东和平稳定的维护者、公平正义的捍卫者、共同发展的推动者、互学互鉴的好朋友,努力打造中阿命运共同体,为推动构建人类命运共同体作出贡献。

对拉美和加勒比国家,以长远的眼光,从战略的高度,以创建中国—拉共体论坛并使之成为中拉整体合作的主渠道为重要契机,以共同打造平等互利、共同发展的中拉全面合作伙伴关系为新起点,坚持平等相待的合作原则、互利共赢的合作目标、灵活务实的合作方式、开放包容的合作精神,充分考虑相关各方不同利益诉求,照顾彼此舒适度,欢迎拉美和加勒比其他地区组织和多边机构积极参与中拉整体合作,共同致力于构建政治上真诚互信、经贸上合作共赢、人文上互学互鉴、国际事务中密切协作、整体合作和双边关系相互促进的中拉关系五位一体新格局,深入推进各领域互利合作,推动中拉关系在更高水平上实现新发展,为促进南南合作和世界发展繁荣作出积极贡献。

## 四、释放"一带一路"沿线发展中国家和地区的发展潜力

以共建"一带一路"为实践平台推动构建人类命运共同体,是从中国改革开放和长远发展出发提出来的,符合中华民族历来秉持的天下大同理念,符合中国人怀柔远人、和谐万邦的天下观。共建"一带一路"倡议,顺应全球治理体系变革的内在要求,秉持共商共建共享原则,彰显同舟共济、权责共担的命运共同体意识,推动政策沟通、设施联通、贸易畅通、资金融通、民心相通,为完善全球治理体系变革提供了新思路新方案。习近平总书记在推进"一带一路"建设工作

5周年座谈会上指出,广大发展中国家加快工业化城镇化、进而实现经济独立和民族振兴方兴未艾。共建"一带一路"之所以得到广泛支持,反映了各国特别是广大发展中国家对促和平、谋发展的愿望。他强调,要坚持对话协商、共建共享、合作共赢、交流互鉴,同沿线国家谋求合作的最大公约数,推动各国加强政治互信、经济互融、人文互通,一步一个脚印推进实施,一点一滴抓出成果,推动共建"一带一路"走深走实,造福沿线国家人民,推动构建人类命运共同体。[①]

作为共建"一带一路"的历史和自然延伸,非洲是重要参与方。中国支持非洲国家参与共建"一带一路",愿在平等互利基础上,坚持共商共建共享原则,加强同非洲全方位对接,尤其是把"一带一路"建设同非洲联盟《2063年议程》、联合国2030年可持续发展议程、非洲各国发展战略紧密对接,重点实施好产业促进、设施联通、贸易便利、绿色发展、能力建设、健康卫生、人文交流、和平安全"八大行动",打造符合国情、包容普惠、互利共赢的高质量发展之路,为中非合作提供更多机遇、增添更强动力。

作为历史上丝路文明的重要参与者和缔造者之一,阿拉伯国家身处"一带一路"交汇地带,是共建"一带一路"的天然合作伙伴。中方愿同阿拉伯国家加强战略和行动对接,以签署《中阿合作共建"一带一路"行动宣言》为牵引,以成立中国—阿拉伯国家银行联合体和设立"以产业振兴带动经济重建专项计划"等为抓手,把"一带一路"同地区实际结合起来,把集体行动同双边合作结合起来,把促进发展同维护和平结合起来,牢牢抓住互联互通这个"龙头",积极推动油气合作和低碳能源合作"双轮"转动,努力实现金融合作和高新

---

① 《坚持对话协商共建共享合作共赢交流互鉴 推动共建"一带一路"走深走实造福人民》,《人民日报》2018年8月28日。

技术合作"两翼"齐飞，共同做中东和平稳定的维护者、公平正义的捍卫者、共同发展的推动者、互学互鉴的好朋友，优势互补、合作共赢，把中阿全方位合作带入新阶段。

作为共建"一带一路"倡议的热烈响应者，中国与拉美和加勒比国家在历史上共同开辟了"太平洋海上丝绸之路"，如今要描绘共建"一带一路"的新蓝图，在务实合作框架内，双方积极制定未来合作规划，全速发动贸易、投资、金融合作三大引擎，落实好能源资源、基础设施建设、农业、制造业、科技创新、信息技术等领域的一批重大合作项目，推动中拉合作优化升级、创新发展，打造一条跨越太平洋的合作之路，把中国和拉美两块富饶的土地更加紧密地联通起来，开启中拉关系崭新时代。

此外，中国还将在联合国各专门机构、七十七国集团、"二十国集团+"、"金砖+"、上海合作组织等多种机制下，全方位推进与广大发展中国家的团结合作，在广大发展中国家发展的过程中实现中国的发展，在世界各国各民族整体发展繁荣的过程中实现中华民族的伟大复兴。

## 从战后和平迈向人类命运共同体
——中国人民抗日战争的历史昭示

中国人民抗日战争的伟大胜利,是中华民族从近代以来陷入深重危机走向伟大复兴的历史转折点,也是世界反法西斯战争胜利的重要组成部分,是中国人民的胜利,也是世界人民的胜利。

弘扬伟大抗战精神,战胜前进道路上一切艰难险阻。习近平总书记指出:"伟大抗战精神,是中国人民弥足珍贵的精神财富,将永远激励中国人民克服一切艰难险阻、为实现中华民族伟大复兴而奋斗。"[1]在艰苦卓绝的抗日战争中,中国人民以铮铮铁骨战强敌、以血肉之躯筑长城,前仆后继赴国难,谱写了惊天地、泣鬼神的雄壮史诗。当今世界正经历百年未有之大变局,保护主义、单边主义抬头,世界经济增长动能不足,全球产业链供应链因非经济因素而面临冲击,国际经济、科技、文化、安全、政治等格局都在发生深刻调整,世界进入动荡变革期。在前进道路上,我们仍然会面临各种各样的风险挑战,会遇到各种各样的荆棘坎坷。我们要弘扬伟大抗战精神,以

---

[1] 中共中央党史和文献研究院编:《十九大以来重要文献选编》(中),中央文献出版社2021年版,第673页。

压倒一切困难的决心和勇气，敢于斗争、善于创造，锲而不舍为实现中华民族伟大复兴而奋斗，直至取得最后的胜利。

正确把握和平与发展时代主题，更好地维护世界和平、促进共同发展。20世纪30年代，资本主义危机大爆发，世界经济陷入大萧条，法西斯主义势力在德意日相继上台执政，一些国家对此采取绥靖和转移祸水政策，最终导致第二次世界大战爆发。如今，世界面临重大危机和严峻考验，资本主义国家长期存在的矛盾加剧，民粹主义明显抬头，个别国家对外甩锅推责、转嫁危机、煽动对抗、制造摩擦，致使国际和地区局势不确定性不稳定性上升，人类又一次站在何去何从的十字路口。尽管如此，和平与发展仍是当今时代主题，各国相互联系和相互依存日益加深的大趋势没有改变，各国走向开放、走向融合的大趋势没有改变，各国逐渐形成利益共同体、责任共同体、命运共同体，携手合作、互利共赢是唯一正确选择。只有积极顺应世界大势，团结应对时代逆流和危机挑战，才能避免重蹈历史覆辙，从而摆脱危机，迈向人类共同的光明前景。

坚定维护和不断完善现有国际机制，为世界和平发展提供保障。二战后创立的联合国等国际组织，以及确立的国际关系基本准则，为维护世界和平、帮助各国发展、促进人权事业进步发挥了重要作用。历史充分表明，每当这些国际组织发挥比较好的作用，这些规则准则得到比较好的遵守时，世界和平发展就能得到比较好的维护。如今，个别国家大行单边主义之道，肆意毁约"退群"，甚至不断践踏国际关系基本准则。各国只有积极践行多边主义，共同维护以联合国为核心的国际体系、以国际法为基础的国际秩序、以世界贸易组织为基石的多边贸易体制，共同推动现有国际机制不断改革完善以更好地适应世界形势变化的需要，世界和平、发展、人权才能得到比较好的保障。

积极构建人类命运共同体，为人类进步繁荣开创美好前景。近代以来，由西方国家主导构建的国际关系模式，贯穿着"丛林法则""弱肉强食"等强盗逻辑和霸凌手段。给人类带来严重灾难和惨痛教训的两次世界大战，以及二战以来的许多战争和武装冲突，都与这些强盗逻辑和霸凌手段密切相关。当前一段时间，地区热点问题此起彼伏，恐怖主义、极端主义、难民危机、网络安全、传染性疾病、气候变化等非传统安全威胁持续蔓延，人类正处在一个挑战层出不穷、风险日益增多的时代。世界各国唯有铭记深刻的历史教训，通过建立平等相待、互商互谅的伙伴关系，营造公道正义、共建共享的安全格局，谋求开放创新、包容互惠的发展前景，促进和而不同、兼收并蓄的文明交流，构筑尊崇自然、绿色发展的生态体系，特别是坚持共商共建共享原则加强全球治理，以公平正义为理念推进全球治理体系变革，不断推动构建人类命运共同体，才能共同迎来一个美好的明天。

## ○ 构建人类命运共同体
## 为人类发展和世界前途提供中国方案

人类命运共同体理念得到越来越多国家和人民的欢迎和认同，并被写进联合国重要文件，我们应如何更好地向国际社会诠释推动构建人类命运共同体，使之具体化为人类的共同行动？

当今世界正经历百年未有之大变局。世界多极化、经济全球化、社会信息化、文化多样化深入发展，全球治理体系和国际秩序变革加速推进，各国相互联系和依存日益加深，国际力量对比更趋平衡，和平发展大势不可逆转。同时，世界面临的不稳定性不确定性突出，全球发展深层次矛盾尖锐，霸权主义、强权政治依然存在，极端民族主义、民粹主义、保护主义、单边主义不断抬头，地区热点问题此起彼伏，国际社会正面临和平赤字、发展赤字、安全赤字、治理赤字四大挑战，像新冠疫情这样的重大突发事件不会是最后一次，各种传统安全和非传统安全问题还会不断带来新的考验。

世界怎么了？我们怎么办？合作还是对抗？开放还是封闭？互利共赢还是零和博弈？是携手维护和平稳定，还是滑向"新冷战"的深渊？是在开放包容中走向繁荣，还是在霸道霸凌中陷入萧条？是在交流与互鉴中增进互信，还是让傲慢与偏见蒙蔽良知？历史的钟摆朝向何方，取决于我们的抉择。中国共产党既为中国人民谋幸福，又为人类进步事业而奋斗，对这些关系人类前途命运的问题作出了自己的独特回答。集中为一点，就是习近平总书记提出的"构建人类命运共同体"重大战略思想。这一重大战略思想展示了中国作为世界和平建设者、全球发展贡献者、国际秩序维护者的良好形象，为推动完善全球治理、建设更加美好的世界指明了正确方向，成为中国引领时代潮流和人类文明进步方向的鲜明旗帜。

## 一、指明世界各国共同奋斗的美好愿景

2013年3月，习近平主席在莫斯科国际关系学院发表演讲，明确提出"你中有我、我中有你的命运共同体"理念。2015年9月，他在出席第七十届联合国大会一般性辩论时第一次对"人类命运共同体"理念进行全面系统阐述。2017年12月，在北京举行的中国共产党与世界政党高层对话会上，习近平主席再次作了深刻阐释，指出："人类命运共同体，顾名思义，就是每个民族、每个国家的前途命运都紧紧联系在一起，应该风雨同舟，荣辱与共，努力把我们生于斯、长于斯的这个星球建成一个和睦的大家庭，把世界各国人民对美好生活的向往变成现实。"[1]

人类命运共同体思想的内涵极其丰富深刻，是为了"建设持久和平、普遍安全、共同繁荣、开放包容、清洁美丽的世界"。这个倡议的提出，无疑为当今世界迷茫的国际关系、为纷争不已的世界各国，描绘了共同发展、共同进步、共同安全、共同繁荣的美好蓝图，因

---

[1] 中共中央党史和文献研究院编：《十九大以来重要文献选编》（上），中央文献出版社2019年版，第110页。

而得到越来越多国家和人民的欢迎和认同，并被写进联合国的重要文件。

习近平总书记指出："构建人类命运共同体是世界各国人民前途所在。万物并育而不相害，道并行而不相悖。只有各国行天下之大道，和睦相处、合作共赢，繁荣才能持久，安全才有保障。中国提出了全球发展倡议、全球安全倡议，愿同国际社会一道努力落实。中国坚持对话协商，推动建设一个持久和平的世界；坚持共建共享，推动建设一个普遍安全的世界；坚持合作共赢，推动建设一个共同繁荣的世界；坚持交流互鉴，推动建设一个开放包容的世界；坚持绿色低碳，推动建设一个清洁美丽的世界。"[①]

推动构建人类命运共同体作为世界各国共同努力的目标，包括五个方面的丰富内涵。

一是坚持对话协商，建设一个持久和平的世界。习近平总书记指出："国家和，则世界安；国家斗，则世界乱。"[②]建设一个持久和平的世界，根本要义在于国家之间构建平等相待、互谅互让的伙伴关系。各国要坚持全人类共同价值理念，即和平、发展、公平、正义、民主、自由；坚持和平共处五项原则，继承和弘扬联合国宪章的宗旨和原则；坚持通过对话协商，以和平方式解决国家间的分歧和争端；坚持多边主义，不搞单边主义。国家之间要构建对话不对抗、结伴不结盟的伙伴关系；大国要尊重彼此核心利益和重大关切，管控矛盾分歧，努力构建新型关系；大国对小国要平等相待，不搞唯我独尊、强买强卖的霸道。

二是坚持共建共享，建设一个普遍安全的世界。世上没有绝对安

---

[①] 《习近平著作选读》第一卷，人民出版社2023年版，第51页。
[②] 《习近平著作选读》第一卷，人民出版社2023年版，第565页。

全的世外桃源，一国的安全不能建立在别国的动荡之上，他国的威胁也可能成为本国的挑战。各国应该摒弃一切形式的冷战思维，树立共同、综合、合作、可持续的国际安全观，推动各国走共建共享共赢的安全之路，努力营造公平正义、总体稳定的安全格局；推动打造地区安全对话合作平台，建立平等透明、开放包容的地区和国际安全合作架构，共同消除引发战争和危害安全的根源；充分发挥联合国及其安理会在止战维和方面的核心作用，通过和平解决争端和强制性行动双轨并举，化干戈为玉帛；推动经济和社会领域的国际合作齐头并进，统筹应对传统和非传统安全威胁，反对一切形式的恐怖主义。

　　三是坚持合作共赢，建设一个共同繁荣的世界。经济发展是人类存续的物质基础，繁荣富强是国家进步的重要基石。各国特别是主要经济体既要抓住新一轮科技革命和产业变革的历史性机遇，转变经济发展方式，坚持创新驱动，进一步发展社会生产力、释放社会创造力；又要加强宏观政策协调，增进互帮互助、互惠互利，共同打造新技术、新产业、新业态、新模式，走出一条公平、开放、全面、创新的发展之路。各国都要用好"看不见的手"和"看得见的手"，使市场作用和政府作用有机统一、相互促进，打造兼顾效率和公平的规范格局；都要维护世界贸易组织规则，支持开放、透明、包容、非歧视性的多边贸易体制；都要加强协调、完善治理，推动建设一个开放、包容、普惠、平衡、共赢的经济全球化，促进世界经济强劲、可持续、平衡增长。

　　四是坚持交流互鉴，建设一个开放包容的世界。人类文明多样性是世界的基本特征，也是人类进步的源泉。"和羹之美，在于合异"。应坚持文明多彩、平等、包容原则，以文明交流超越文明隔阂、文明互鉴超越文明冲突、文明共存超越文明优越，推动不同文明不同发展模式加强对话。文明交流互鉴是增进各国人民友谊的桥梁，是维护世界和平的纽带。各种文明要在竞争比较中取长补短、在交流互鉴中共同发展，共同抵制妨碍人类心灵互动的观念纰缪，让世界各国人民享受更富内涵的精神生活、汇聚更多方面的文明智慧、开创更有选择的美好未来。

五是坚持绿色低碳，建设一个清洁美丽的世界。要遵循天人合一、道法自然的中华优秀传统文化理念，推动构筑尊崇自然、绿色发展的生态体系；坚持呵护自然、不凌驾于自然之上，解决好工业文明带来的矛盾，以人与自然和谐相处为目标，实现世界的可持续发展和人的全面发展；推动国际社会携手同行，共谋全球生态文明建设之路，牢固树立尊重自然、顺应自然、保护自然的意识，坚持走绿色、低碳、循环、可持续发展之路；坚持采取行动应对气候变化，平衡推进联合国2030年可持续发展议程，不断开拓生产发展、生活富裕、生态良好的文明发展道路。

10年前，习近平主席提出构建人类命运共同体理念，目的就是回答"人类向何处去"的世界之问、历史之问、时代之问，为彷徨求索的世界点亮前行之路，为各国人民走向携手同心共护家园、共享繁荣的美好未来贡献中国方案。10年来，构建人类命运共同体的理念不断丰富和发展。从习近平主席2013年在莫斯科国际关系学院首次提出，到2015年在第七十届联大一般性辩论上提出"五位一体"总体框架[①]，再到2017年在联合国日内瓦总部提出建设"五个世界"的

---

① "五位一体"总体框架：建立平等相待、互商互谅的伙伴关系，营造公道正义、共建共享的安全格局，谋求开放创新、包容互惠的发展前景，促进和而不同、兼收并蓄的文明交流，构筑尊崇自然、绿色发展的生态体系。

总目标[①]，人类命运共同体理念的思想内涵不断深化拓展。[②]

## 二、开创构建人类命运共同体的重要路径

习近平主席在2023年金砖国家工商论坛闭幕式上的致辞中指出："历史的钟摆朝向何方，取决于我们的抉择。""当今世界是一荣俱荣、一损俱损的命运共同体。各国人民企盼的，不是'新冷战'，不是'小圈子'，而是一个持久和平、普遍安全的世界，一个共同繁荣、开放包容、清洁美丽的世界。这是历史前进的逻辑、时代发展的潮流。"[③]

推动构建人类命运共同体，建设持久和平、普遍安全、共同繁荣、开放包容、清洁美丽的世界，是一个历史过程，不可能一蹴而就、一帆风顺，需要各国坚持走对话而不对抗、结伴而不结盟的国与国交往新路，推动建设相互尊重、公平正义、合作共赢的新型国际关系，打造更具包容性和建设性的全球伙伴关系网络，为构建人类命运共同体开辟道路、积累条件。

相互尊重是前提。国家不分大小、强弱、贫富，都是国际社会平等成员，都有平等参与国际事务的权利，不能以大压小、以强凌弱、以富欺贫。各国主权和领土完整不容侵犯，各国内政不容干涉，各国人民自主选择的社会制度和发展道路应该受到尊重，各国核心利益和

---

[①] 建设"五个世界"的总目标：坚持对话协商，建设一个持久和平的世界；坚持共建共享，建设一个普遍安全的世界；坚持合作共赢，建设一个共同繁荣的世界；坚持交流互鉴，建设一个开放包容的世界；坚持绿色低碳，建设一个清洁美丽的世界。
[②] 中华人民共和国国务院新闻办公室：《携手构建人类命运共同体：中国的倡议与行动》，《人民日报》2023年9月27日。
[③] 习近平：《深化团结合作 应对风险挑战 共建更加美好的世界——在2023年金砖国家工商论坛闭幕式上的致辞》，《人民日报》2023年8月23日。

重大关切应该得到尊重。要反对出于一己之利或一己之见，采用非法手段颠覆别国合法政权。这些都是硬道理，任何时候都不能丢弃，都不应动摇。

合作共赢是目标。"合则强，孤则弱。"合作共赢是普遍适用的原则，不仅适用于经济领域，而且适用于政治、安全、文化等其他领域，应该成为各国处理国际事务的基本政策取向。各国都应该把本国利益同彼此共同利益结合起来，努力扩大各方共同利益的汇合点，不能这边搭台、那边拆台，而是要相互补台、好戏连台。各国都要积极树立双赢、多赢、共赢的新理念，摒弃你输我赢、赢者通吃的旧思维。"各美其美，美人之美，美美与共，天下大同。"各国都要坚持同舟共济、权责共担，携手应对气候变化、能源资源安全、网络安全、重大自然灾害等日益增多的全球性问题，共同呵护人类赖以生存的地球家园。

公平正义是准则。"大道之行也，天下为公。"公平正义是世界各国人民在国际关系领域追求的崇高目标。各国应该共同推动国际关系民主化，让各国人民共同掌握世界的命运，共同商量办理世界上的事情；共同推动国际关系法治化，使各方都遵守国际法和公认的国际关系基本原则，用统一适用的规则来明是非、促和平、谋发展，不能搞双重标准和歪曲国际法，反对以"法治"之名行侵害他国正当权益、破坏和平稳定之实；共同推动国际关系合理化，使全球治理体系变革适应国际力量对比新变化，体现各方关切和诉求，更好维护广大发展中国家的正当权益。

按照发展新型国际关系的要求，中国在坚持不结盟原则的前提下广交朋友，积极打造更加成熟完善的全球伙伴关系网络，包括：运筹大国关系，平衡推进同发达国家和新兴大国的协调合作，构建总体稳定、均衡发展的大国关系框架；更加奋发有为地从战略布局上推进周边外交，坚持与邻为善、以邻为伴，坚持睦邻、安邻、富邻，突出体现亲、诚、惠、容理念，打造周边命运共同体；坚持正确义利观和真实亲诚理念，做好同广大发展中国家这个国际事务中天然同盟军团结合作的大文章，进一步夯实与发展中国家关系在中国对外战略中的基础地位；秉持共商共建共享的全球治理观，坚持公正合理、破解治理赤字，坚持互商互谅、破解信任赤字，坚持同舟共济、破解和平赤字，坚持互利共赢、破解发展赤字，积极引领和推动全球治理体系改革。

### 三、打造推动构建人类命运共同体的重要平台

"一带一路"建设既对新时代中国开放空间布局进行了统筹谋划，又对中国与世界实现开放共赢、成为人类命运共同体进行了顶层设计。对中国而言，"一带一路"建设是"发展起来的"中国从全球视野出发，自觉地统筹国内国际两个大局，全面谋划全方位对外开放的大战略，是以更加积极主动的姿态走向世界，保持经济持续健康发展的重大举措。它已经并将继续推动中国进一步提高对外开放水平，增强参与国际竞争能力，同时也必将倒逼经济发展方式转变和经济结构优化，不断拓展改革发展新空间。对世界而言，"一带一路"建设要求中国积极引导全球经济议程，维护多边贸易体制，加快实施自由贸易区战略，提升贸易投资自由化便利化水平，努力承担与中国能力和地位相适应的国际责任和义务。中国以"一带一路"建设为契机，开展跨国互联互通，提高贸易和投资合作水平，推动国际产能和装备制造合作，本质上是通过提高有效供给来催生新的需求，实现世界经济再平衡。特别是在世界经济持续低迷，广大发展中国家加快工业化城镇化进而实现经济独立和民族振兴方兴未艾的背景下，中国顺应各国

特别是广大发展中国家对促和平、谋发展的愿望,支持沿线广大发展中国家推进工业化、现代化和提高基础设施水平的迫切需要,不仅将有利于稳定当前世界经济形势,还将同各方开创发展新机遇、谋求发展新动力、拓展发展新空间,实现优势互补、互利共赢。这在世界发展史上具有里程碑意义。

"一带一路"建设以共商共建共享为基本原则。"共商"就是沟通协商,充分尊重各国发展水平、经济结构、法律制度、营商环境和文化传统的差异。"共建"就是共同参与,深度对接有关国家和区域发展战略,确立合作项目并共同加以推进。"共享"就是互利共赢,各方通过合作实现利益的最大化。这三者相辅相成、密不可分,构成一个有机统一的整体。"一带一路"建设紧紧抓住发展这个最大公约数,旨在同沿线和世界各国分享中国发展机遇,欢迎各方搭乘中国发展的"快车""便车",推动世界各国和国际组织携手应对人类发展面临的挑战,实现优势互补、互利共赢。

"一带一路"建设以亚欧非大陆和太平洋—印度洋为重点,同时自然延伸到大洋洲、拉美和加勒比地区,涵盖"空中丝绸之路""冰上丝绸之路""数字丝绸之路"等多个维度。丝绸之路经济带的建设重在贯通亚欧大陆,主要包括六大经济走廊建设,即以中欧班列为标志的新亚欧大陆桥、中国—中亚—西亚经济走廊、中国—蒙古—俄罗斯经济走廊、中国—中南半岛经济走廊、中国—巴基斯坦经济走廊、孟加拉国—中国—印度—缅甸经济走廊。21世纪海上丝绸之路的建设重在联通太平洋和印度洋,主要通过缅甸皎漂港和实兑港、斯里兰卡科伦坡港和汉班托塔港、巴基斯坦瓜达尔港、吉布提保障基地、希腊比雷埃夫斯港等印度洋、红海、地中海沿岸的支点建设,实现中国—东南亚—南亚—西亚—北非—欧洲、太平洋—印度洋—地中海—大西洋的联通,促进沿线国家和地区之间的经贸联系和共同发展。

"一带一路"建设作为一个开放包容的进程，跨越不同地域、不同发展阶段、不同文明，向所有志同道合的朋友开放，不排除、也不针对任何一方；不是要关起门来搞封闭排他的小圈子或者"中国俱乐部"；不是搞地缘政治联盟或军事同盟；更不以意识形态划界，不搞零和游戏，不做凌驾于人的强买强卖。

从2013年提出，到2017年5月、2019年4月、2023年10月成功举办第一届、第二届、第三届"一带一路"国际合作高峰论坛，"一带一路"建设已经从顶层设计到项目落实，从规划方案到具体实践，从绘就"大写意"转为精雕"工笔画"。如今，共建"一带一路"正以政策沟通、设施联通、贸易畅通、资金融通、民心相通为抓手，着力推动相关国家实现政策、规则、标准三位一体联通，构建互联互通的伙伴关系。同时，中国推动把"一带一路"建设方面的合作同落实联合国2030年可持续发展议程，以及二十国集团、亚太经合组织、东盟、非盟、欧亚经济联盟、欧盟、拉共体等国际和区域发展倡议规划协调对接起来，努力做到相辅相成、相互促进；推动形成以"一带一路"国际合作高峰论坛为引领、各领域多双边合作为支撑的架构，聚焦构建互利合作网络、新型合作模式、多元合作平台，加强双边和第三方市场合作，使合作既有理念引领和行动跟进，也有机制保障，以点带面、从线到片，逐步形成区域大合作新局面，使共建"一带一路"成为顺应经济全球化潮流的国际合作新平台和推动构建人类命运共同体的重要支撑。

# 为全球治理提供强大中国力量

中国高扬全球治理观，推动构建新型国际关系和人类命运共同体；着力地区安全和经济治理，在加强亚洲地区治理的各种机制和平台中不断释放影响力；推动完善全球治理体系，把共建"一带一路"作为完善全球发展模式和全球治理、推进经济全球化健康发展的重要途径，为推动地区和全球治理向前发展提供强大的中国力量。

以2019年为例，从3月中法全球治理论坛到6月圣彼得堡国际经济论坛、上海合作组织比什凯克峰会、亚洲相互协作与信任措施会议杜尚别峰会、二十国集团大阪峰会，中国特色大国外交进入地区和全球治理重要时段。习近平主席不断阐释有关地区和全球治理的中国主张，并通过一系列双边和多边的重大举措，为推动地区和全球治理向前发展提供强大的中国力量。

## 一、高扬中国全球治理观

当今世界正经历百年未有之大变局。和平与发展仍然是当今时代主题，人类的命运从没有像今天这样紧密相连，各国的利益从没有像今天这样深度融合，和平、发展、合作、共赢的时代潮流不可阻挡。

与此同时，新兴市场国家和发展中国家的崛起速度之快前所未有，新一轮科技革命和产业变革带来的新陈代谢和激烈竞争前所未有，逆全球化和霸权主义、强权政治抬头，国际形势的不稳定性不确定性更加突出，全球性的新课题和新挑战与日俱增，全球治理体系与国际形势变化的不适应不对称前所未有。人类发展再次面临历史十字路口何去何从的抉择。习近平主席以宽广的全球视野和世界胸怀，发出"世界怎么了、我们怎么办"之问，呼吁各国发扬以天下为己任的担当精神，积极做行动派、不做观望者，推动构建新型国际关系和人类命运共同体，共同努力把人类前途命运掌握在自己手中。

为此，习近平主席吸收世界各国人类文明优秀成果，积极发掘中华文化中积极的处世之道、治理理念与当今时代的共鸣点，提出秉持共商共建共享的全球治理观，唱响中国智慧、中国主张、中国方案，努力引领全球治理理念和实践创新发展。在总体思想上，坚持公正合理，破解治理赤字；坚持互商互谅，破解信任赤字；坚持同舟共济，破解和平赤字；坚持互利共赢，破解发展赤字。在全球经济治理上，以平等为基础，更好反映世界经济格局新现实，确保各国在国际经济合作中的权利平等、机会平等、规则平等；以开放为导向，坚持理念、政策、机制开放，适应形势变化，广纳良言，充分听取社会各界建议和诉求，鼓励各方积极参与和融入；以合作为动力，加强沟通协调，照顾彼此利益关切，共商规则，共建机制，共迎挑战；以共享为目标，提倡所有人参与，所有人受益，不搞一家独大或者赢者通吃。在全球安全治理上，秉持共同、综合、合作、可持续的新安全观，摒弃冷战思维、零和博弈的旧思维，摒弃弱肉强食的丛林法则，以合作谋和平、以合作促安全，坚持以和平方式解决争端，反对动辄使用武力或以武力相威胁，反对为一己之私挑起事端、激化矛盾，反对以邻为壑、损人利己，各国一起走和平发展道路，实现世界长久和平。在全球人权治理上，秉持和平、发展、公平、正义、民主、自由的全人类共同价值，坚持以合作促发展、以发展促人权的新人权观，维护人的尊严和权利，推动形成更加公正、合理、包容的全球人权治理。

### 二、着力地区安全和经济治理

千里之行始于足下。中国积极扩大参与全球治理从亚洲安全与发展治理着力。在加强亚洲地区治理的各种机制和平台中，亚洲相互协作与信任措施会议[①]和上海合作组织由于新时代中国力量的持续推动而日显重要，不断释放影响力。

亚信创立于1992年，是亚洲覆盖范围最大、成员数量最多、代表性最广的地区安全论坛。从2014年到2018年，中国担任该组织主席国。在2014年上海峰会上，习近平主席建议推动亚信成为覆盖全亚洲的安全对话合作平台，并在此基础上探讨建立地区安全合作新架构；加强亚信能力和机制建设，支持完善亚信秘书处职能，在亚信框架内建立成员国防务磋商机制及各领域信任措施落实监督行动工作组，深化反恐、经贸、旅游、环保、人文等领域交流合作；通过举办亚信非政府论坛等方式，建立亚信各方民间交流网络，为广泛传播亚信安全理念，提升亚信影响力，推进地区安全治理奠定坚实基础；增强亚信的包容性和开放性，既要加强同本地区其他合作组织的协调和合作，也要扩大同其他地区和有关国际组织的对话和沟通，共同为维护地区和平稳定作出贡献。这些建议和中国作为主席国的积极作为，使该组织的地位明显提升。在2019年杜尚别峰会上，习近平主席从促进地区和平与发展事业的高度，提出践行共同、综合、合作、可持

---

① 亚洲相互协作与信任措施会议，简称"亚信"。

续的亚洲新安全观，倡议探索符合亚洲特点和各国共同利益的安全和发展道路。经过2019年杜尚别峰会，亚信将在中方建议的推动下，从互敬互信、安全稳定、发展繁荣、开放包容、合作创新等五个方面促进亚洲安全与发展，开创亚洲安全与发展合作新局面。

上海合作组织以互信、互利、平等、协商、尊重多样文明、谋求共同发展的"上海精神"为指引，以安全、经贸、人文为"三大支柱"，构建起不结盟、不对抗、不针对第三方的建设性伙伴关系。在2018年6月的上海合作组织青岛峰会上，习近平主席提出发展观、安全观、合作观、文明观、全球治理观，丰富了该组织的合作理念；推动该组织凝聚团结互信的强大力量，筑牢和平安全的共同基础，打造共同发展繁荣的强劲引擎，拉紧人文交流合作的共同纽带，共同拓展国际合作的伙伴网络。在2019年比什凯克峰会上，习近平主席强调要增进政治互信，加大相互支持，扩大利益汇合点，把该组织打造成团结互信的典范、安危共担的典范、互利共赢的典范、包容互鉴的典范，为地区和平与发展作出更大新贡献。同时，上合组织坚持完善伙伴关系布局，鼓励观察员国、对话伙伴更广泛参加各领域合作，加强同联合国等国际和地区组织交流，在国际和地区事务中发挥更加积极作用，共同致力于促进世界持久和平和共同繁荣。

## 三、推动完善全球治理体系

中国作为世界和平的建设者、全球发展的贡献者、国际秩序的维护者，坚持以公平正义为理念推动全球治理体系变革，按照责任、权利、能力相一致的原则，积极发挥负责任大国的作用。同时，中国推动和携手其他大国在全球治理中展现应有的国际担当。2019年3月，中法签署《关于共同维护多边主义、完善全球治理的联合声明》，重申尊重国际法和国际关系基本准则，强调坚持多边主义是推动国际合作应对不断增多的共同风险和挑战、维护世界和平与繁荣的最佳方式，重申愿共同应对气候变化、生物多样性丧失和环境保护、核互扩散体系、反恐等方面面临的挑战。同年6月，中俄签署《关于加强当代全球战略稳定的联合声明》，强调维持良好大国关系对解决全球战略性问题的重要性，认为核武器国家对国际安全和全球战略稳定负有重要责任，呼吁核武器国家停止毫无限制地发展全球反导系统，表明将继续共同维护巩固来之不易的防扩散和军控领域国际机制体系。两国特别主张国际社会以联合国为平台，研究新兴科技发展及其军事化应用对国际安全可能造成的影响及其法治化规范，同时确保各方平等参与，充分反映各方立场和关切。

在大国多边合作方面，二十国集团作为国际经济合作主要论坛，聚集了世界主要经济体，经济规模超过世界经济总量的80%，影响和作用举足轻重。从2016年杭州峰会到2019年大阪峰会，中国一直支持二十国集团继续聚焦世界经济面临的最突出、最重要、最紧迫的挑战，加强政策协调，完善机制建设，扎实落实成果；同时，推动二十国集团顺应变革，与时俱进，不断从危机应对机制向长效治理机制转型，从侧重短期政策向短中长期政策并重转型，才能永葆生机，引领世界经济实现强劲、可持续、平衡、包容增长。东方经济论坛和圣彼得堡国际经济论坛是俄罗斯主办的两个合作平台，习近平主席分别于2018年9月、2021年9月和2019年6月出席这两个论坛，推动其不断扩大规模、提升影响，作为各方交流思想、凝聚智慧、共谋合作的重要平台，在全球经济治理中发挥更大的作用。

在全球治理体系改革和建设方面，中国高举联合国这面多边主义旗帜，坚定维护以联合国宪章宗旨和原则为核心的国际秩序，强调尊重各国主权、独立、领土完整以及尊重各国自主选择的政治制度和发展道路，坚持全球事务由各国人民商量着办，促进全球治理规则民主化、法治化，促使全球治理体制更加平衡地反映大多数国家意愿和利益，充分发挥世界贸易组织、国际货币基金组织、世界银行、欧盟、非盟、东盟、阿盟、南盟等全球和区域多边机制的建设性作用。

在应对重大国际地区热点问题和全球性挑战方面，中国继续建设性参与政治解决，扩大参与联合国框架下的维和行动，争取为维护世界和平、安全、稳定作出更大贡献；积极参与制定海洋、极地、网络、外空、核安全、反腐败、气候变化等新兴领域的治理规则，为应对全球性挑战提供体系保障。

在具体治理方案和举措上，把共建"一带一路"作为我国参与全球开放合作、改善全球经济治理体系、促进全球共同发展繁荣、推动构建人类命运共同体的中国方案，作为丰富国际经济合作理念和多边主义内涵、完善全球发展模式和全球治理、推进经济全球化健康发展的重要途径，作为中国为全球治理提供的公共产品，不断同各国发展战略、区域和国际发展议程有效对接、协同增效，通过双边合作、三方合作、多边合作等各种形式，鼓励更多国家和企业深入参与，做大共同利益的蛋糕；扎实推进共建"一带一路"机制建设，为各领域务实合作提供坚实保障。

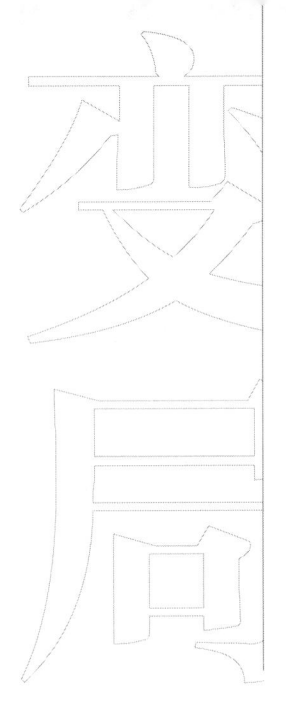

# 下 篇

# 新时代中国特色大国外交战略及其实践要求

进入新时代，对外工作在党和国家事业全局中的地位变得越来越重要。党的二十大为新时代新征程党和国家事业发展、实现第二个百年奋斗目标指明了前进方向，确立了行动指南，系统擘画了全面建设社会主义现代化国家的战略安全，制定了相应的中国特色大国外交战略及其实践要求。

世界进入新的动荡变革期，和平、发展、合作、共赢的历史潮流不可阻挡，人心所向、大势所趋决定了人类前途终归光明。但与此同时，和平赤字、发展赤字、安全赤字、治理赤字加重，人类社会面临前所未有的挑战，有的甚至是危及人类生存的重大挑战。世界又一次站在历史的十字路口，何去何从取决于各国人民的抉择。

**一、以维护世界和平和促进共同发展为宗旨，致力于推动构建人类命运共同体**

面对这样的世界形势以及中国与世界全方位深层次相互联动的新现实，中国共产党基于为中国人民谋幸福、为中华民族谋复兴、为人类谋进步的初心使命，把马克思主义解放全人类的价值追求与中华优秀传统文化所孕育的宇宙观和天下观结合起来，把中华民族的前途命运与人类社会的未来发展统一起来，把实现中华民族伟大复兴这一千秋伟业和致力于人类和平与发展这一崇高事业统一到新时代中国特色社会主义事业中，强调中国始终坚持维护世界和平、促进共同发展的外交政策宗旨，致力于推动构建人类命运共同体。各国人民一道构建人类命运共同体是世界前途所在。

这是中国共产党始终以世界眼光关注人类前途命运，为人类向何处去所贡献的中国方案。我们党始终从人类发展大潮流、世界变化大格局、中国发展大历史正确认识和处理同外部世界的关系，站在历史正确的一边，站在人类文明进步的一边，与世界上一切进步力量携手，推动历史车轮向着光明的前途前进。新征程上，我们党更加自觉地坚持胸怀天下，不断拓展世界眼光，深刻洞察人类发展进步潮流，既回答中国之问和人民之问，又回答世界之问和时代之问，积极回应各国人民普遍关切，为解决人类面临的共同问题作出贡献，以海纳百川的宽阔胸襟借鉴吸收人类一切优秀文明成果，推动建设更加美好的世界。

十年来，我国对外工作把推动构建人类命运共同体作为总目标，并在双边关系、区域合作和跨区域合作、领域合作和多边合作等不同层面和不同方面全面予以贯彻践行，不断开创中国特色大国外交新局面。

正如习近平总书记在二十届中央政治局常委同中外记者见面时所强调的："我们历来主张，人类的前途命运应该由世界各国人民来把握和决定。只要共行天下大道，各国就能够和睦相处、合作共赢，携手创造世界的美好未来。"①新征程上，我们将同各国人民一道，维护世界和平、促进世界发展，持续推动构建人类命运共同体。但是，"推动构建人类命运共同体，不是以一种制度代替另一种制度，不是以一种文明代替另一种文明，而是不同社会制度、不同意识形态、不同历史文化、不同发展水平的国家在国际事务中利益共生、权利共享、责任共担，形成共建美好世界的最大公约数"②。这一点尤其需要给予明确。

## 二、矢志不渝走和平发展道路，坚定奉行独立自主和平外交政策

在进一步明确新时代新征程我国对外工作的宗旨和总目标之后，需要进一步明确我们实现这个宗旨和目标的路径和政策选择，那就是矢志不渝走和平发展道路，坚定奉行独立自主和平外交政策。这是新时代中国特色大国外交必须长期坚持的基本原则。

党的十八大以来，习近平总书记在多个重要场合强调："走和平发展道路，是我们党根据时代发展潮流和我国根本利益作出的战略抉择。"③中国是有着悠久文明的国家，是经历了深重苦难的国家，是实行中国特色社会主义的国家，是世界上最大的发展中国家，是正在发生深刻变革的国家。"中国人民对战争带来的苦难有着刻骨铭心的记忆，对和平有着孜孜不倦的追求，十分珍惜和平安定的生活。中国人民怕的就是动荡，求的就是稳定，盼的就是天下太平。"④中国特色社

---

① 《习近平著作选读》第二卷，人民出版社2023年版，第613页。
② 《习近平谈治国理政》第四卷，外文出版社2022年版，第475页。
③ 《习近平谈治国理政》第一卷，外文出版社2018年版，第247页。
④ 习近平：《论坚持推动构建人类命运共同体》，中央文献出版社2018年版，第2页。

会主义制度、历史文化传统、基本国情、时代潮流和国家根本利益等，都决定了中国只能走和平发展道路。这条道路来之不易，是新中国成立以来特别是改革开放40多年来，中国共产党经过艰辛探索和不断实践逐步形成的。随着国际上对我国会走国强必霸路子的担心上升，习近平总书记在不同场合进一步指出，国强必霸不是历史定律，中华民族的血液中没有侵略他人、称霸世界的基因，中国人民愿意同世界各国人民和睦相处、和谐发展，共谋和平、共护和平、共享和平。中国的发展绝不以牺牲别国利益为代价，绝不做损人利己、以邻为壑的事情。无论国际形势如何变化，中国都永远做维护世界和平的坚定力量，永不称霸、永不扩张、不参加任何军备竞赛和军事集团，永不谋求势力范围。而且强调，中国的和平发展道路要走通走顺，需要世界其他国家也走和平发展道路，呼吁和推动其他国家并肩而行、相向而行。习近平总书记在党的二十大报告中再次郑重宣示："中国奉行防御性的国防政策，中国的发展是世界和平力量的增长，无论发展到什么程度，中国永远不称霸、永远不搞扩张。"[①]并且把这个思想内化到中国式现代化之中，强调"中国式现代化是走和平发展道路的现代化"，明确指出："我国不走一些国家通过战争、殖民、掠夺等方式实现现代化的老路，那种损人利己、充满血腥罪恶的老路给广大发展中国家人民带来深重苦难，……在坚定维护世界和平与发展中谋求自身发展，又以自身发展更好维护世界和平与发展。"[②]

作为矢志不渝走和平发展道路的具体体现，坚定奉行独立自主和平外交政策这个基本原则，是新中国成立之后确立起来并长期得到坚持和不断发扬的。新中国成立之初，我们党就制定了"另起炉

---

[①] 《习近平著作选读》第一卷，人民出版社2023年版，第50页。
[②] 《习近平著作选读》第一卷，人民出版社2023年版，第19页。

灶""打扫干净屋子再请客"的原则,鲜明地把保障民族独立和维护世界和平作为外交政策的主旨,"站着办外交",在自力更生基础上建立和发展壮大外交事业。在改革开放和社会主义现代化建设新时期,我们党提出和平与发展是时代主题、推动建立国际政治经济新秩序、坚持走和平发展道路、建设和谐世界等重要理念主张。进入新时代,习近平总书记明确指出:"中国必须有自己特色的大国外交。我们要在总结实践经验的基础上,丰富和发展对外工作理念,使我国对外工作有鲜明的中国特色、中国风格、中国气派。"[①]新征程上,我国始终根据事情本身的是非曲直决定立场政策,维护国际关系基本准则和国际公平正义,尊重各国主权和领土完整,坚持国家不分大小、强弱、贫富一律平等,尊重各国人民自主选择的发展道路和社会制度,坚决反对一切形式的霸权主义和强权政治,反对冷战思维,反对干涉别国内政,反对搞双重标准。

### 三、坚持在和平共处五项原则基础上同各国发展友好合作,推动构建新型国际关系

作为和平发展道路和独立自主和平外交政策的具体实践,我国坚持在和平共处五项原则基础上同各国发展友好合作,推动构建新型国际关系。和平共处五项原则即互相尊重主权和领土完整、互不侵犯、互不干涉内政、平等互利、和平共处,是中国、印度、缅甸于1954年共同倡导并被1955年万隆会议以及1970年和1974年联合国大会通过的有关宣言所接受的,进而成为一个开放包容的国际法原则,集中体现了主权、正义、民主、法治的价值观,为和平解决国家间历史遗

---

[①] 《习近平著作选读》第一卷,人民出版社2023年版,第319页。

留问题及国际争端开辟了崭新道路。70年来，中国无论是发展与社会主义国家的关系，处理与西方发达国家分歧，还是解决与俄罗斯、哈萨克斯坦、越南、缅甸等国的领土争端，全面对外开放和不断扩大参与国际体系，都在积极践行和平共处五项原则。如今，这五项原则的精神历久弥新弥坚，在新型国际关系和全球伙伴关系的建设中不断延续和弘扬。

早在2013年3月莫斯科国际关系学院的演讲中，习近平主席就明确指出，面对世界各国同舟共济的客观要求，"要跟上时代前进步伐，就不能身体已进入二十一世纪，而脑袋还停留在过去，停留在殖民扩张的旧时代里，停留在冷战思维、零和博弈的老框框内"。"各国应该共同推动建立以合作共赢为核心的新型国际关系，各国人民应该一起来维护世界和平、促进共同发展。"[①]为此，既需要超越传统国际关系中那些不适应时代潮流而且也应该被摒弃的思想和原则，诸如丛林法则、弱肉强食、你死我活、你输我赢、零和博弈等，也需要很好地继承近代以来国际关系演变积累的一系列公认的原则和精神，包括370多年前《威斯特伐利亚和约》确立的平等和主权原则、160年前日内瓦公约确立的国际人道主义精神、近80年前联合国宪章明确的四大宗旨和七项原则，以及70多年前提出和平共处五项原则等。党的十九大报告明确要求，坚定不移在和平共处五项原则基础上发展同各国的友好合作，推动建设相互尊重、公平正义、合作共赢的新型国际关系。其中，相互尊重是前提，公平正义是准则，合作共赢是目标。

党的二十大报告进一步强调："中国坚持在和平共处五项原则基础上同各国发展友好合作，推动构建新型国际关系，深化拓展平等、开放、合作的全球伙伴关系，致力于扩大同各国利益的汇合点。促进

---

[①] 习近平：《论坚持推动构建人类命运共同体》，中央文献出版社2018年版，第6页。

大国协调和良性互动，推动构建和平共处、总体稳定、均衡发展的大国关系格局。坚持亲诚惠容和与邻为善、以邻为伴周边外交方针，深化同周边国家友好互信和利益融合。秉持真实亲诚理念和正确义利观加强同发展中国家团结合作，维护发展中国家共同利益。"[①]牢牢把握党的对外工作是党的一条重要战线、国家总体外交的重要组成部分、中国特色大国外交的重要体现的定位，在独立自主、完全平等、互相尊重、互不干涉内部事务原则基础上加强同各国政党和政治组织交流合作，以建立新型政党关系助力构建新型国际关系，以夯实全球政党伙伴关系网络助力完善全球伙伴关系网络。积极推进人大、政协、军队、地方、民间等各方面对外交往，不断发展和完善大协同外交格局。

**四、坚持对外开放的基本国策，坚定奉行互利共赢的开放战略**

在推进政治外交的同时，适应我国在全球经济格局中地位日趋重要的形势需要，经济外交力度和对外开放深度不断增大。我国改革开放的历史充分证明，对外开放是推动经济社会发展的重要动力，以开放促改革、促发展是我国发展不断取得新成就的重要法宝，也是不断以中国新发展为世界提供新机遇，推动建设开放型世界经济，更好惠及各国人民的重要路径。面对世界百年未有之大变局，我国必须坚持经济全球化正确方向，依托国内超大规模市场优势，以国内大循环吸引全球资源要素，增强国内国际两个市场两种资源的联动效应，提升贸易投资合作质量和水平，推动形成更高水平的对外开放新格局，打

---

① 《习近平著作选读》第一卷，人民出版社2023年版，第50页。

造国际经济合作和竞争新优势。

对内，扩大开放的方位和领域，优化区域开放布局，巩固东部沿海地区开放先导地位，提高中西部和东北地区开放水平，加快建设西部陆海新通道。引导陆海内外联动、东西双向互济的开放格局。深化和拓展资金、资源、人才、科技等领域的国际合作，完善商品、服务、要素市场化国际化配置，使各领域开放形成协同效应。稳妥推进金融和服务领域开放，深化境内外资本市场互联互通，有序推进人民币国际化。积极拓展多双边经贸合作，推动贸易和投资自由化便利化。

完善提升对外开放平台，持续扩大对外开放的前沿阵地和体制机制创新的试验田，打造开放层次更高、营商环境更优、辐射作用更强的开放新高地。实施自由贸易试验区提升战略，赋予其更大改革自主权，及时总结、复制推广制度创新成果。加快建设海南自由贸易港，建立中国特色自由贸易港制度和政策体系。扩大面向全球的高标准自由贸易区网络。

稳步扩大规则、规制、管理、标准等制度型开放，主动对接国际高标准市场规则体系，健全外商投资准入前国民待遇加负面清单管理制度，合理缩减外资准入负面清单，营造市场化、法治化、国际化一流营商环境，依法保护外商投资权益。完善外商投资国家安全审查、反垄断审查、国家技术安全清单管理、不可靠实体清单等制度。推动货物贸易优化升级，创新服务贸易发展机制，发展数字贸易，加快建设贸易强国。

对外，推动共建"一带一路"高质量发展，强化多种形式的互利合作机制建设，推进双边、区域和多边合作，促进国际宏观经济政策协调，共同营造有利于发展的国际环境，共同培育全球发展新动能，反对保护主义，反对"筑墙设垒""脱钩断链"，反对单边制裁、极限施压。深度参与全球产业分工和合作，推动构建公平合理、合作共赢的国际经贸投资性规则，维护多元稳定的国际经济格局和经贸关系。加大对全球发展合作的资源投入，致力于缩小南北差距，坚定支持和帮助广大发展中国家加快发展。

**五、积极参与全球治理体系改革和建设，践行共商共建共享的全球治理观**

推动全球治理朝着更加公正合理的方向发展，是完善全球治理、增进世界各国人民福祉的客观要求，也是构建人类命运共同体的内在要求，更是新时代中国特色大国外交的增长点和重要亮点。党的十八大以来，习近平总书记高度重视全球治理问题，在2015年10月和2016年9月两次主持中央政治局集体学习这个主题。他以宽广的全球视野和世界胸怀，发出"世界怎么了、我们怎么办"之问；又准确把握世界各国相互依存日益紧密的发展趋势，提出秉持共商共建共享的全球治理观，以中国智慧、中国主张、中国方案，引领全球治理理念和实践创新发展。所谓"共商"，就是全球事务由各国商量着办，有事好商量、有事多商量，不能由少数国家说了算，更不能由一家说了算，倡导以对话解争端、以协商化分歧。所谓"共建"，就是全球治理体系由各国沟通协调、互尊互谅、增进政治信任，照顾彼此利益关切，共商规则、共建机制、共迎挑战。所谓"共享"，就是发展成果由各国人民共同分享，不能一个国家发展、其他国家不发展，一部分国家发展、另一部分国家不发展，要奉行双赢、多赢、共赢的新理念，摒弃我赢你赢、赢者通吃的旧思维和垄断发展优势的片面做法。

习近平总书记呼吁："各国应该有以天下为己任的担当精神，积极做行动派、不做观望者，共同努力把人类前途命运掌握在自己手中。"他明确提出，坚持公正合理，破解治理赤字；坚持互商互谅，破解信任赤字；坚持同舟共济，破解和平赤字；坚持互利共赢，破解发展赤字。[①]我国坚持真正的多边主义，推进国际关系民主化、法治化，坚定维护以联合国为核心的国际体系、以国际法为基础的国际秩序、以联合国宪章宗旨和原则为基础的国际关系基本准则，反对一切形式的单边主义，反对搞针对特定国家的阵营化和排他性小圈子。推动世界贸易组织、亚太经合组织等多边机制更好发挥作用，扩大金砖国家、上海合作组织等合作机制的影响力，增强新兴市场国家和发展中国家在全球事务中的代表性和发言权。呼吁各方积极参与制定海洋、极地、网络、外空、核安全、反腐败、气候变化、大规模传染性疾病防治等新兴领域的治理规则。在应对重大国际地区热点问题和全球性挑战方面，坚持积极参与全球安全规则制定，加强国际安全合作，积极参与联合国维和行动，强调建设性参与政治解决，为维护世界和平和地区稳定发挥建设性作用。在全球人权治理方面，强调坚持以合作促发展、以发展促人权的新人权观。在参与全球治理的能力方面，强调着力增强规则制定能力、议程设置能力、舆论宣传能力、统筹协调能力。

  在这些新理念新思想的积极引领下，中国作为世界和平的建设者、全球发展的贡献者、国际秩序的维护者、公共产品的提供者、热点问题的斡旋者，将继续坚持从国情出发，按照责任、权利、能力相一致的原则，在全球治理领域尤其是在全面开展抗击新冠疫情的国际合作中，主动作为、勇于担当大国责任，努力推动改革全球治理体系中不公正不合理的安排，赢得广泛国际赞誉，进一步提升我国国际影

---

[①] 习近平：《为建设更加美好的地球家园贡献智慧和力量——在中法全球治理论坛闭幕式上的讲话》，《人民日报》2019年3月27日。

响力、感召力、塑造力。

**六、努力落实全球发展倡议和全球安全倡议，为推动构建人类命运共同体提供重要基础**

（一）统筹发展和安全在我国的成功探索为世界提供借鉴

发展和安全作为治国理政的两件大事，是一体两翼、驱动之双轮。发展是安全的保障，安全是发展的前提，这两件大事都很重要。党的十八大以来，我国发展总体态势是好的，完全有基础、有条件、有能力取得新的更大胜利，但也面临诸多矛盾叠加、风险挑战显著增多的复杂环境。国家安全形势总体稳定，但维护国家安全能力不足，应对各种重大风险能力不强，维护国家安全的统筹协调机制不健全的问题仍然突出。如何处理好发展和安全的关系已经成为我们党治国理政的一个重大问题。

在思想认识上，习近平总书记明确指出，"要把握住我国现阶段社会基本矛盾的主要方面，重点是发展"[1]，同时"树牢安全发展理念，绝不能只重发展不顾安全"[2]。坚持统筹发展和安全，坚持发展和安全并重，实现高质量发展和高水平安全的良性互动，既通过发展提升国家安全实力，又深入推进国家安全思路、体制、手段创新，营造有利于经济社会发展的安全环境，在发展中更多考虑安全因素，努力实现发展和安全的动态平衡，全面提高国家安全工作能力和水平。党的十九届五中全会通过的"十四五"规划建议首次把统筹发展和安全

---

[1] 习近平：《坚持历史唯物主义不断开辟当代中国马克思主义发展新境界》，《求是》2020年第2期。
[2] 《树牢安全发展理念 加强安全生产监管 切实维护人民群众生命财产安全》，《人民日报》2020年4月11日。

纳入"十四五"时期我国经济社会发展的指导思想。党的十九届六中全会再次强调把安全发展贯穿国家发展各领域和全过程。我们党对统筹发展和安全的认识达到崭新的理论高度。

在具体实践上，习近平总书记强调要始终把维护国家安全和社会安定作为党和国家的一项基础性工作，创造性地提出并确立总体国家安全观对国家安全工作的指导思想地位，把坚持总体国家安全观纳入新时代坚持和发展中国特色社会主义的基本方略，从全局和战略高度对国家安全作出一系列重大决策部署，强化国家安全工作顶层设计，健全国家安全法治体系、战略体系、政策体系、人才体系和运行机制，完善各重要领域国家安全政策，全面提高国家安全工作能力和水平。特别是"十四五"规划建议列专章"统筹发展和安全，建设更高水平的平安中国"，对"十四五"期间乃至实现2035年远景目标过程中的相关工作作出战略部署。习近平总书记2020年12月在中央政治局第二十六次集体学习时，就贯彻总体国家安全观和切实做好国家安全工作明确提出十点要求，进一步完善了中国共产党的国家安全实践框架。党的十九届六中全会从维护国家安全角度总结了新时代取得的成就。实践证明，党的十八大以来，国家安全得到全面加强，经受住了来自政治、经济、意识形态、自然界等方面的风险挑战考验，为党和国家兴旺发达、长治久安提供了有力保证。

我国国情复杂，发展和安全面临的问题多样、场景多变。在十分复杂的历史条件和现实环境中，我们党领导人民创造了经济快速发展奇迹和社会长期稳定奇迹。进入新时代，这两大奇迹不断得到延展和巩固，标志着统筹发展和安全在理论和实践上均达到了前所未有的新境界，为这一重要思想在世界范围内的借鉴运用奠定了坚实基础，为推动各国共同努力统筹解决全球领域的发展和安全问题提供了中国方案。

（二）统筹发展和安全从国家治理层面拓展到全球治理层面

在中华民族伟大复兴战略全局和世界百年未有之大变局同步交织、相互激荡、加速演变的宏阔背景下，我国的发展和安全同世界的发展和安全愈加深度联动。从世界发展看，世纪疫情叠加乌克兰危机，全球多年发展成果遭受吞噬，联合国2030年可持续发展议程落实进程受阻，南北鸿沟继续拉大，粮食、能源安全出现危机，一些重要产业链供应链遭到人为干扰，大宗商品价格高位波动，全球通货膨胀居高不下，国际金融市场持续动荡。有的国家将发展议题政治化、边缘化，搞"小院高墙"和极限制裁，人为制造分裂和对抗。世界经济复苏势头不断走弱。从国际安全看，冷战思维和强权政治阴霾不散，传统和非传统安全威胁层出不穷。国家安全概念泛化特点突出，国际形势中的不稳定性和不确定性明显增加。特别是，一些国家力图扩大军事同盟谋求绝对安全，胁迫别国选边站队制造阵营对抗，漠视别国权益大搞唯我独尊；把世界经济政治化、工具化、武器化，利用国际金融货币体系的主导地位肆意制裁。如果任由这种危险势头发展下去，世界会更加动荡不安。在全球化时代，这些问题不同程度地波及世界各国，需要各国协同采取行动。

万物并育而不相害，道并行而不相悖。只有各国行天下之大道，和睦相处、合作共赢，繁荣才能持久，安全才有保障。而当今世界很多安全问题都源于发展问题，很多发展问题要得到更好的解决需要有更加有利的安全条件作为保障，很多安全问题要得到可持续的治理也需要通过发展来提供良好的土壤作为基础。也就是说，只有世界各国都从根本上统筹把握好发展与安全的关系，共同促进全球发展与全球安全，才能为促进世界和平与发展、推动构建人类命运共同体提供坚实基础。各国人民一道构建人类命运共同体是世界前途所在。

习近平总书记深刻把握各国人民求和平、谋发展、促合作的强烈愿望，把统筹并重发展和安全的思想从国家治理层面运用到全球治理层面，先后提出全球发展倡议和全球安全倡议，强调并重全球发展与全球安全。

关于全球发展，习近平主席提出全球发展倡议：一是坚持发展优先。将发展置于全球宏观政策框架的突出位置，加强主要经济体政策协调，保持连续性、稳定性、可持续性，构建更加平等均衡的全球发展伙伴关系，推动多边发展合作进程协同增效，加快落实联合国2030年可持续发展议程。二是坚持以人民为中心。在发展中保障和改善民生，保护和促进人权，做到发展为了人民、发展依靠人民、发展成果由人民共享，不断增强民众的幸福感、获得感、安全感，实现人的全面发展。三是坚持普惠包容。关注发展中国家特殊需求，通过缓债、发展援助等方式支持发展中国家尤其是困难特别大的脆弱国家，着力解决国家间和各国内部发展不平衡、不充分问题。四是坚持创新驱动。抓住新一轮科技革命和产业变革的历史性机遇，加速科技成果向现实生产力转化，打造开放、公平、公正、非歧视的科技发展环境，挖掘疫后经济增长新动能，携手实现跨越发展。五是坚持人与自然和谐共生。完善全球环境治理，积极应对气候变化，构建人与自然生命共同体。加快绿色低碳转型，实现绿色复苏发展。中国将力争2030年前实现碳达峰、2060年前实现碳中和，这需要付出艰苦努力，但我们会全力以赴。中国将大力支持发展中国家能源绿色低碳发展，不再新建境外煤电项目。六是坚持行动导向。加大发展资源投入，重点推进减贫、粮食安全、抗疫和疫苗、发展筹资、气候变化和绿色发展、工业化、数字经济、互联互通等领域合作，构建全球发展命运共同体。[1]

---

[1] 参见《习近平谈治国理政》第四卷，外文出版社2022年版，第468—469页。

关于全球安全，习近平主席倡导各国坚持共同、综合、合作、可持续的安全观，立足人类是不可分割的安全共同体，走出一条对话而不对抗、结伴而不结盟、共赢而非零和的新型安全之路。[1]主张国际社会摒弃零和博弈，共同反对霸权主义和强权政治，树立休戚相关、安危与共的共同体意识，让和平的阳光照亮世界。强调坚持尊重各国主权、领土完整，不干涉别国内政，尊重各国人民自主选择的发展道路和社会制度；坚持遵守联合国宪章宗旨和原则，摒弃冷战思维，反对单边主义，不搞集团政治和阵营对抗；坚持重视各国合理安全关切，秉持安全不可分割原则，构建均衡、有效、可持续的安全架构，反对把本国安全建立在他国不安全的基础之上；坚持通过对话协商以和平方式解决国家间的分歧和争端，支持一切有利于和平解决危机的努力，不能搞双重标准，反对滥用单边制裁和"长臂管辖"；坚持统筹维护传统领域和非传统领域安全，共同应对地区争端和恐怖主义、气候变化、网络安全、生命安全等全球性问题。[2]

客观地看，当今世界很多安全问题都源于发展问题，很多发展问题要得到更好的解决需要有更加有利的安全条件作为保障，很多安全问题要得到可持续的治理也需要通过发展来提供良好的土壤。也就是说，只有各国从全球治理的角度出发，从根本上共同统筹把握好全球发展和全球安全，才可能构建人类命运共同体，为人类开创一个更加美好的未来。

（三）促进全球发展和全球安全需要确立三大支柱

主体力量、协作机制、重点领域是促进全球发展和全球安全的重要抓手。

---

[1] 参见习近平：《构建高质量伙伴关系 开启金砖合作新征程——在金砖国家领导人第十四次会晤上的讲话》，《人民日报》2022年6月24日。
[2] 参见《习近平谈治国理政》第四卷，外文出版社2022年版，第451页。

从主体力量看，发达国家作为当今世界体系的主导者、全球发展和全球安全成果的最大获益者，理应承担更大的国际责任。但内部多种矛盾加剧、民粹主义上升、政局稳定性和政策连续性下降等原因，制约了它们发挥更大作用的意愿和能力。但它们也应履行义务，采取负责任的经济政策，避免政策负面效应外溢，避免给发展中国家造成严重冲击。新兴市场国家和广大发展中国家近年来的经济社会发展取得令人瞩目的成果，在国际事务中发挥着越来越重要的作用，代表了国际秩序演变的潮流所向。这些国家追求更高水平发展和改善全球发展环境的愿望更加强烈，是推动统筹全球发展和全球安全可以依托的重要力量。它们在努力探索符合自身国情的发展道路和更好解决面临的各种发展难题的同时，应该进一步团结自强，深化合作，推动发展领域的全球治理取得进展。南北双方应相向而行，推动全球发展和全球安全两大倡议落地见效，为世界注入稳定性和正能量。

从协作机制看，在全球范围内，要支持联合国在全球发展合作中发挥统筹协调作用，维护以世界贸易组织为核心的多边贸易体制，鼓励包括亚洲基础设施投资银行、金砖国家新开发银行在内的国际多边金融机构、工商界、社会团体、媒体智库参与全球发展合作。在小多边框架下，金砖国家应该通过领导人会晤、外长会晤、安全事务高级代表会议、金砖国家疫苗研发中心、"金砖+"等机制，本着开放性原则和循序渐进原则，吸纳新成员，扩大金砖合作机制的代表性和影响力，推动更多国家在涉及彼此核心利益问题上相互支持，践行真正的多边主义，维护公道、反对霸道，维护公平、反对霸凌，维护团结、反对分裂。在亚太地区，坚持开放的区域主义，推动《区域全面经济伙伴关系协定》取得更多成果，支持多元化多层次的安全架构运行，鼓励上海合作组织、澜沧江—湄公河合作机制、阿富汗邻国外长会等在地区发展和安全事务中扮演更加重要的角色。在此过程中，充分发挥中非合作论坛、中阿合作论坛、中国—拉共体论坛等机制在促进全球发展和全球安全方面的带动作用，增进共识，促进共同行动。

从重点领域看，要通过创新来共同培育全球发展新动能。这需要坚持开放包容，拆除一切阻碍生产力发展的藩篱，引导推动全球化健康发展，推动构建团结、平等、均衡、普惠的全球发展伙伴关系，让资金和技术自由流动，让创新和智慧充分涌现。加强宏观经济政策协调，推进科技和制度创新，加快技术转移和知识分享，推动现代产业发展，弥合数字鸿沟，加快低碳转型，推动实现更加强劲、绿色、健康的全球发展。利用各国产业结构和资源禀赋互补优势，提升贸易、投资、金融合作水平，拓展跨境电商、物流、本币、信用评级等领域合作，维护产业链供应链安全畅通。金砖国家要积极参与新工业革命伙伴关系建设，推动完善全球科技治理，加强数字经济、智能制造、清洁能源、低碳技术合作，助力各国产业结构转型升级；深入推动能源、粮食、基础设施、技能培训合作，履行社会责任，让发展成果更多更公平惠及全体人民。其中，我国作为全球发展倡议的发起者和积极践行者，已经把南南合作援助基金整合升级为"全球发展和南南合作基金"，并在30亿美元基础上增资10亿美元；将加大对中国—联合国和平与发展基金的投入，搭建国际发展知识经验交流平台。我国作为全球安全倡议的先行者，积极参加联合国维和行动，累计派出维和人员5万余人次，足迹遍布全球20多个国家和地区。在俄乌冲突以及中东、伊核、阿富汗、朝鲜半岛等一系列国际和地区热点问题上发挥建设性作用，同有关周边和发展中国家积极开展反恐、禁毒、警务执法、边防安全等合作，致力于同直接当事国通过协商谈判解决领土主权和海洋权益争议，共同营造和维护安全的发展环境。

总之，在全球化时代世界各国发展和安全面临的机遇和挑战的共通性、联动性日益突出的形势下，在中华民族伟大复兴战略全局和世界百年未有之大变局相互作用、相互激荡的条件下，我国坚持统筹发展和安全的理论与实践，在促进全面建设社会主义现代化国家的同时，对于推动全球发展和全球安全协调共进，在思想和行动上都作出了重要的中国贡献。全球发展和全球安全这两大倡议正得到越来越多国家的积极响应支持。

**七、落实全球文明倡议，弘扬和平、发展、公平、正义、民主、自由的全人类共同价值，为促进世界和平与发展和推动构建人类命运共同体提供价值引领**

习近平主席指出："我提出全球文明倡议，就是要推动国际社会解决物质和精神失衡问题，共同推动人类文明不断进步。"[①] 全球文明倡议倡导所有国家尊重世界文明多样性，有助于促进不同文明交流互鉴。

中国提出全球文明倡议，共同倡导尊重世界文明多样性，共同倡导弘扬全人类共同价值，共同倡导重视文明传承和创新，共同倡导加强国际人文交流合作。全球文明倡议向全世界发出增进文明交流对话、在包容互鉴中促进人类文明进步的真挚呼吁，为推动构建人类命运共同体注入了精神动力。

中国召开中国共产党与世界政党高层对话会、中国共产党与世界政党领导人峰会、亚洲文明对话大会等，广泛开展双多边政党交流合作活动，推进形式多样的民间外交、城市外交、公共外交。持续深化与联合国教科文组织、联合国世界旅游组织合作，中国列入联合国教

---

① 习近平：《汇聚两国人民力量 推进中美友好事业——在美国友好团体联合欢迎宴会上的演讲》，《人民日报》2023年11月17日。

科文组织非物质文化遗产名录、名册项目达43个。

中国举办中国意大利文化和旅游年、中国希腊文化和旅游年、中国西班牙文化和旅游年等30余个大型文化和旅游年（节），推动金砖国家文化部长会议等16个多边交流合作机制和25个双边合作机制不断发展，持续举办"阿拉伯艺术节"、"相约北京"国际艺术节等主场文化活动，"欢乐春节"连续举办二十余年，2017年在130余个国家举办约2000场活动，在全球举办"茶和天下"·雅集等品牌活动。推动"一带一路"文化和旅游交流，实施"文化丝路"计划，建立丝绸之路国际剧院、博物馆、艺术节、图书馆、美术馆联盟。同各国建立了约3000对友好城市（省州）关系。开展"你好！中国"入境游推广工作。

全球文明倡议的四项主张：

共同倡导尊重世界文明多样性，坚持文明平等、互鉴、对话、包容，以文明交流超越文明隔阂、文明互鉴超越文明冲突、文明包容超越文明优越。

共同倡导弘扬全人类共同价值，和平、发展、公平、正义、民主、自由是各国人民的共同追求，要以宽广胸怀理解不同文明对价值内涵的认识，不将自己的价值观和模式强加于人，不搞意识形态对抗。

共同倡导重视文明传承和创新，充分挖掘各国历史文化的时代价值，推动各国优秀传统文化在现代化进程中实现创造性转化创新性发展。

共同倡导加强国际人文交流合作，探讨构建全球文明对话合作网络，丰富交流内容，拓展合作渠道，促进各国人民相知相亲，共同推动人类文明发展进步。[①]

有共同价值追求，才有共同意志、共同选择、共同行动，才能求同存异、增同减异，携手构建人类命运共同体。早在2015年出席第七十届联合国大会一般性辩论时，习近平主席首次提出"和平、发展、公平、正义、民主、自由"的全人类共同价值，此后在多个重要国内国际场合不断阐发这个重要思想理念的深刻内涵。和平与发展作为人类社会的共同事业，深刻关照世界各国人民的共同福祉。没有和平，发展就无从谈起；没有发展，和平就失去了基础。公平与正义是人类社会的共同理想，深刻表达了世界各国对公正合理的国际秩序的共同期盼。各国在国际关系中都应该遵守国际法和公认的国际关系基本准则，用统一适用的规则来明是非、促和平、谋发展。民主与自由是人类社会的共同追求，深刻反映世界各国发展由物质追求、秩序构建走向更高水平政治文明和价值追求的必然要求。世界各国由于经济社会和历史文化千差万别，各自民主的模式和具体内涵自然不尽相同，在具体的实现路径和方式上也有不同的选择。

全人类共同价值不仅承认人类在价值领域的普遍性、相通性、共享性，尊重价值观的历史性、时代性、民族性，历史性地超越了西方"普世价值"；而且深刻批判了西方看待人类文明的排他性、对抗性、集团式思维，否定了把文明差异视为世界冲突根源的观点，历史性地超越了西方文明冲突论。在全人类共同价值视域下，世界各国应该秉持平等和尊重，摒弃傲慢和偏见，尊重世界文明多样性，以文明交流超越文明隔阂，以文明互鉴超越文明冲突，以文明共存超越文明优越；秉持"各美其美"的自信，怀抱"美人之美"的胸襟，追求不同

---

[①] 中华人民共和国国务院新闻办公室：《携手构建人类命运共同体：中国的倡议与行动》，《人民日报》2023年9月27日。

文明"美美与共"的世界愿景，促进各国人民相知相亲，共同应对各种全球性挑战。如果各国一起弘扬全人类共同价值，那么构建人类命运共同体就有了重要价值基础，中国与世界各国在价值观领域就有了融通的思想理论支撑，不同国家、不同民族、不同文明就有了超越文明差异和意识形态分歧的沟通桥梁，人类社会就有了实现和平共处和互学互鉴的强大价值指引。

**八、敢于斗争、善于斗争，不断开创中国特色大国外交新局面**

2016年，习近平总书记在庆祝中国共产党成立95周年大会上庄严宣告："中国不觊觎他国权益，不嫉妒他国发展，但决不放弃我们的正当权益。中国人民不信邪也不怕邪，不惹事也不怕事，任何外国不要指望我们会拿自己的核心利益做交易，不要指望我们会吞下损害我国主权、安全、发展利益的苦果。"①在党的二十大报告开篇，习近平总书记再次强调，务必敢于斗争、善于斗争。新时代十年来，面对国际局势急剧变化，特别是面对外部讹诈、遏制、封锁、极限施压，我们坚持国家利益为重、国内政治优先，保持战略定力，发扬斗争精神，展示不畏强权的坚定意志，在斗争中维护国家尊严和核心利益，牢牢掌握了我国发展和安全主动权。新征程上，"我国改革发展稳定面临不少深层次矛盾躲不开、绕不过，党的建设特别是党风廉政建设和反腐败斗争面临不少顽固性、多发性问题，来自外部的打压遏制随时可能升级。我国发展进入战略机遇和风险挑战并存、不确定难预料

---

① 《习近平谈治国理政》第二卷，外文出版社2017年版，第42页。

因素增多的时期，各种'黑天鹅'、'灰犀牛'事件随时可能发生"[1]。特别是把握坚持走和平发展道路与坚决维护国家主权、安全、发展利益关系面临的挑战增多，美国加大塑造国际秩序和地区环境力度以扰乱甚至迟滞我国发展所造成的困难增大。我们必须增强忧患意识，坚持底线思维，做到居安思危、未雨绸缪，准备经受风高浪急甚至惊涛骇浪的重大考验，以正确的战略策略应变局。最根本的是坚持把国家和民族发展放在自己力量的基点上，把我们自己的事情做好，把中国发展进步的命运牢牢掌握在自己手中。这是推进中华民族伟大复兴战略全局、促进人类发展进步、推动构建人类命运共同体的重要前提和根本保证。

---

[1] 《习近平著作选读》第一卷，人民出版社2023年版，第22页。

## 从战略高度看待和把握我国发展的重要战略机遇期

习近平总书记在党的二十大报告中指出:"全面建设社会主义现代化国家,是一项伟大而艰巨的事业,前途光明,任重道远。当前,世界百年未有之大变局加速演进,新一轮科技革命和产业变革深入发展,国际力量对比深刻调整,我国发展面临新的战略机遇。同时,世纪疫情影响深远,逆全球化思潮抬头,单边主义、保护主义明显上升,世界经济复苏乏力,局部冲突和动荡频发,全球性问题加剧,世界进入新的动荡变革期。""我们必须增强忧患意识,坚持底线思维,做到居安思危、未雨绸缪,准备经受风高浪急甚至惊涛骇浪的重大考验。"[①]

在中华民族伟大复兴战略全局与世界百年未有之大变局交织作用日益加剧的大背景下,我国发展面临的内外环境深刻演变,影响重要战略机遇期的因素不断演化,亟须从战略高度加以看待和把握。

---

① 《习近平著作选读》第一卷,人民出版社2023年版,第21—22页。

变局与布局：新时代中国国际战略

## 一、21世纪以来中国共产党一直重视把握重要战略机遇期

早在1997年，党的十五大报告就指出："在新世纪将要到来的时刻，我们面对着严峻的挑战，更面对着前所未有的有利条件和大好机遇。……能否抓住机遇，历来是关系革命和建设兴衰成败的大问题。过去我们抓住了重要历史机遇，也丧失过某些机遇。现在全党一定要高度自觉，牢牢抓住世纪之交的历史机遇，迈出新的步伐。"[1] 2002年，党的十六大报告再次明确指出："综观全局，二十一世纪头二十年，对我国来说，是一个必须紧紧抓住并且可以大有作为的重要战略机遇期。根据十五大提出的到二〇一〇年、建党一百年和新中国成立一百年的发展目标，我们要在本世纪头二十年，集中力量，全面建设惠及十几亿人口的更高水平的小康社会，使经济更加发展、民主更加健全、科教更加进步、文化更加繁荣、社会更加和谐、人民生活更加殷实。这是实现现代化建设第三步战略目标必经的承上启下的发展阶段，也是完善社会主义市场经济体制和扩大对外开放的关键阶段。经过这个阶段的建设，再继续奋斗几十年，到本世纪中叶基本实现现代化，把我国建成富强民主文明的社会主义国家。"[2] 这不仅首次提出重要战略机遇期的重大战略思想，而且指明了在重要战略机遇期要实现的战略目标。到2007年，党的十七大报告再次强调指出，"当今世界正在发生广泛而深刻的变化，当代中国正在发生广泛而深刻的变革。机遇前所未有，挑战也前所未有，机遇大于挑战。全党必须坚定不移地高举中国特色社会主义伟大旗帜，带领人民从新的历史起点出发，抓住和用好重要战略机遇期"[3]。

---

[1] 《江泽民文选》第二卷，人民出版社2006年版，第3—4页。
[2] 《江泽民文选》第三卷，人民出版社2006年版，第542—543页。
[3] 《胡锦涛文选》第二卷，人民出版社2016年版，第613页。

进入新时代，习近平总书记指出："战略问题是一个政党、一个国家的根本性问题。战略上判断得准确，战略上谋划得科学，战略上赢得主动，党和人民事业就大有希望。"①2012年，党的十八大报告回顾了我国把握好重要战略机遇期所取得的巨大成就，指出："我们紧紧抓住和用好我国发展的重要战略机遇期，战胜一系列重大挑战，奋力把中国特色社会主义推进到新的发展阶段。"②同时，这个报告进一步强调继续把握重要战略机遇期的重要性和紧迫性，指出："综观国际国内大势，我国发展仍处于可以大有作为的重要战略机遇期。我们要准确判断重要战略机遇期内涵和条件的变化，全面把握机遇，沉着应对挑战，赢得主动，赢得优势，赢得未来，确保到二〇二〇年实现全面建成小康社会宏伟目标。"③2017年，习近平总书记在党的十九大报告中明确指出："当前，国内外形势正在发生深刻复杂变化，我国发展仍处于重要战略机遇期，前景十分光明，挑战也十分严峻。"④2021年1月，习近平总书记在省部级主要领导干部学习贯彻党的十九届五中全会精神专题研讨班上强调，"当前和今后一个时期，虽然我国发展仍然处于重要战略机遇期，但机遇和挑战都有新的发展变化，机遇和挑战之大都前所未有，总体上机遇大于挑战"⑤。2022年7月，习近平总书记在省部级主要领导干部"学习习近平总书记重要讲话精神，迎接党的二十大"专题研讨班上的重要讲话中强调，谋划和推进党和国家各项工作，必须深入分析国际国内大势，科学把握我们面临的战略机遇和风险挑战。当前，世界百年未有之大变局加速演进，世界之变、时代之变、历史之变的特征更加明显。我国发展面临

---

① 《习近平著作选读》第二卷，人民出版社2023年版，第582页。
② 《胡锦涛文选》第三卷，人民出版社2016年版，第616页。
③ 《胡锦涛文选》第三卷，人民出版社2016年版，第625页。
④ 《习近平谈治国理政》第三卷，外文出版社2020年版，第2页。
⑤ 《习近平谈治国理政》第四卷，外文出版社2022年版，第164页。

变局与布局：新时代中国国际战略

新的战略机遇、新的战略任务、新的战略阶段、新的战略要求、新的战略环境，需要应对的风险和挑战、需要解决的矛盾和问题比以往更加错综复杂。①

也就是说，过去我们党是在准确把握重要战略机遇期的过程中不断推进党和国家事业的，未来如何全面准确地把握好我国发展的重要战略机遇期变得愈加紧迫而且重要。

从机遇角度看，我们最大的机遇就是自身不断发展壮大。内因是决定事物发展的根本。中国共产党建立100年、新中国成立70多年尤其是改革开放40多年来，党的面貌、国家的面貌、人民的面貌、军队的面貌、中华民族的面貌发生了前所未有的变化。中国连续多年作为世界第二大经济体、第一大货物贸易国、第一大工业国、第一大外汇储备国、第二大对外投资国、中等收入者人数最多的国家、全球最大和最有潜力的消费市场，全面深化改革和全方位扩大开放。经济发展越来越多的重要指标"全球第一化"，政治体制改革稳步推进，文化建设不断取得新成果，科技创新实现系列重大突破，国防现代化建设取得长足进展，国家的综合实力大幅提升，国家利益在全球范围内快速延展，国际地位和影响力显著增强，中国前所未有地走近世界舞台中央。党的十八大以来，以习近平同志为核心的党中央，以巨大的政治勇气和强烈的责任担当，解决了许多长期想解决而没有解决的难题，办成了许多过去想办而没有办成的大事，推动党和国家事业取得历史性成就、发生历史性变革。新冠疫情全球大流行以来，我国统筹推进疫情防控和经济社会发展取得重大阶段性成果，迈上全面建设社会主义现代化国家的新征程。从新的历史起点出发，我国已转向高质

---

① 《高举中国特色社会主义伟大旗帜 奋力谱写全面建设社会主义现代化国家崭新篇章》，《人民日报》2022年7月28日。

量发展阶段，制度优势显著，治理效能提升，经济长期向好，物质基础雄厚，人力资源丰富，市场空间广阔，发展韧性强劲，社会大局稳定，继续发展具有多方面优势和条件。加上在实践中积累的有益经验和不断增强的防范化解重大风险的能力，我们完全有信心、有底气、有能力谱写经济快速发展奇迹和社会长期稳定奇迹的新篇章。

从挑战角度看，国际环境波谲云诡、日趋复杂严峻，不稳定性不确定性明显增加，动荡源和风险点增多。新冠疫情影响广泛深远，俄乌冲突引发欧亚大陆地缘战略格局乃至整个国际格局的新一轮调整，世界动荡变革进一步加剧，国际政治经济社会生态脆弱性上升，极端民族主义、民粹主义、单边主义、保护主义、霸权主义对世界和平与发展构成越来越大的威胁。同时，我国的改革发展稳定正处在克难攻坚、闯关夺隘的重要阶段，任务艰巨繁重，各类矛盾和风险易发高发，各种可以预见和难以预见的风险因素明显增多。发展不平衡不充分问题仍然突出，重点领域关键环节改革任务仍然艰巨，创新能力不适应高质量发展要求，农业基础还不稳固，城乡区域发展和收入分配差距较大，生态环保任重道远，民生保障存在短板，社会治理还有弱项。党作为最高政治领导力量、全国人民的主心骨，面临的长期执政考验、改革开放考验、市场经济考验、外部环境考验具有长期性和复杂性，面临的精神懈怠危险、能力不足危险、脱离群众危险、消极腐败危险具有尖锐性和严峻性。意识形态领域斗争依然复杂，美国更加明确地把我国作为首要战略竞争对手并加大施压力度，国家主权、安全、发展利益维护面临新形势。我国所承受的传统安全问题和非传统安全问题双重压力都在上升，甚至可能面临多重风险挑战聚集叠加共振的危险。

## 二、我国在世界格局的历史性变动中总体有利

从外部环境看,国际形势继续发生深刻复杂变化,经济全球化遭遇逆流,大国博弈日趋激烈,世界动荡变革加剧。特别是美国把我国作为首要战略竞争对手甚至唯一能够从政治、经济、军事、外交等全面取代其地位的最严重威胁,拜登政府在所谓"投资、结盟、竞争"的对华政策框架下,既重振美国实力地位以增强其对华竞争优势,又调动全球同盟体系对华采取全方位打压,还采取一系列经济、军事、外交措施以塑造我国的外部环境,这确实增加了我国面临的外部挑战的严峻性和国内发展的困难。但是,从全局角度和战略态势看,我国在世界格局历史性变动的大势上总体仍然处于有利地位。

当今世界格局演进的突出大势就是多极化。这一历史进程始于20世纪60年代末70年代初国际力量的分化重组,在80年代末90年代初东欧剧变和苏联解体之后加快发展。我国不仅是世界多极化趋势中的重要一极,而且一直主动适应、准确把握、积极推动这一重要趋势向前发展。正如邓小平当时所指出:"所谓多极,中国算一极。中国不要贬低自己,怎么样也算一极。"[1]之后,中国共产党的历次代表大会都反复重申支持和推动世界多极化进程的主张。1992年党的十四大报告指出:"当今世界正处在大变动的历史时期。两极格局已经终结,各种力量重新分化组合,世界正朝着多极化方向发展。"[2]1997年党的十五大报告更加明确地指出:"和平与发展是当今时代的主题。多极化趋势在全球或地区范围内,在政治、经济等领域都有新的发展,世界上各种力量出现新的分化和组合。"[3]2002年党的

---

[1] 《邓小平文选》第三卷,人民出版社1993年版,第353页。
[2] 《江泽民文选》第一卷,人民出版社2006年版,第241页。
[3] 《江泽民文选》第二卷,人民出版社2006年版,第39页。

十六大报告郑重宣示:"我们主张顺应历史潮流,维护全人类的共同利益。我们愿与国际社会共同努力,积极促进世界多极化,推动多种力量和谐并存,保持国际社会的稳定。"[1]其间,从20世纪90年代到本世纪以来,我国在国际舞台上与俄罗斯、法国等重要战略力量发表联合声明,采取协调行动,共同推进国际关系民主化和世界多极化趋势。顺应和坚持世界多极化趋势逐步成为我国对外战略的鲜明标识;也正是由于我国的大力推动,世界多极化趋势的演进才变得越来越强劲。

如今,世界百年未有之大变局深刻演化,国际力量对比消长愈加凸显。美国在国内矛盾加剧和国际信用削弱的双重作用下,全球战略战线过长而越来越难以兼顾,正从世界唯一超级大国逐渐滑落成为多极格局中最强的一个力量。俄罗斯凭借广阔的国土空间、有利的资源条件、强大的军事力量、娴熟老道的外交能力,强势出击,扩展和维护其自我界定的地缘战略空间,极力维护作为世界多力量中心之一的地位。欧盟作为一个整体以仅次于美国的经济总量为基础,经过特朗普"美国优先"、美国撤离阿富汗、乌克兰危机等冲击的不断刺激,在法国和德国的牵引之下,更加注重加强"战略自主"和提升军事力量,正在成为国际事务中越来越重要的战略力量。日本的绝对经济总量、政治外交影响力和军事实力都在不断提高,正在利用美国和北约的拉抬,加快摆脱二战后体制束缚和实现"正常国家化"的步伐。印度同样凭借不断上升的绝对经济总量及其在世界经济格局中的地位,充分利用"印太"地缘战略形势变化和美欧日大力拉拢等条件,既保持其看重的传统自主性又左右逢源,不断提升地区和全球影响力。我

---

[1] 《江泽民文选》第三卷,人民出版社2006年版,第566页。

国处于近代以来最好的发展时期，国际地位和影响力显著提升，这不仅有利于新兴经济体和发展中国家整体实力的增强，而且有利于亚太地缘板块在全球地缘战略格局中地位的隆升，成为推动世界多极化进程加快发展的重要力量。

至此，由美国、欧盟、俄罗斯、中国、日本、印度等主要战略力量构成的世界多极格局趋于成形。正是由于世界多极格局将成未成、瓜熟蒂未落，国际战略形势才越发显得错综复杂。也正是由于全球权力中心转移所带动的全球文明中心变动都在向亚太地区汇聚，亚太地区发展经受的纷扰喧嚣才显得越发突出。穿越这些激荡变幻的风云，可从一定角度深刻透视到我国已日益成为牵动世界进步和维护国际战略稳定的重要力量之源，世界主要战略力量正在把对华关系放到越来越优先的位置上。

与此同时，地区主要力量也越来越重视发展对华关系。包括中亚五国在连续三年与我国举行机制化外长会议的基础上，决定建立"中国+中亚五国"元首会晤机制，每两年举行一次峰会，以引领建设自主、和平、繁荣、合作的中亚和中国—中亚命运共同体。阿拉伯国家进一步"向东看"，沙特、埃及、阿联酋等国将它们的"2030年愿景"进一步对接"一带一路"建设。伊朗与我国签署25年的全面合作协议，涉及政治、战略和经济等多个方面。东盟国家在区域全面经济伙伴关系协定生效的助推之下，与我国利益融合加快深化。印尼主张以"亚洲方式"来解决国家之间的分歧，相信中国会用智慧担负起责任，愿同中方协力推动二十国集团聚焦经济复苏和全球发展，为促进国际社会团结和合力解决紧迫的全球性问题发挥积极作用。非洲国家越来越看重在中非合作论坛平台上和共建"一带一路"框架下推进与我国的全方位合作，期待中国在非洲事务中扮演更加重要的角色。澳大利亚上台的工党政府也重申坚持中澳全面战略伙伴关系定位，以两国建交50周年为契机，本着相互尊重、冷静务实态度，保持双方建设性接触交流，增进相互信任，扩大平等合作，消除双边关系中存在的障碍，使双边关系趋于稳定、互惠互利。这一系列地区局势的变化、地区主要国家的战略取向和政策调整，都为我国在更广阔范围内的战略运筹提供了有利条件和广阔空间。

也就是说，无论是世界多极格局的演进大势，还是其中地区主要力量对我国的借重日益上升，这种战略态势的历史性变化都有利于我国进一步实现和维护自身战略利益。

### 三、我国自身的战略性有利条件更加突出

内因是决定事物发展的主要方面。21世纪初，中共中央果断决策，我国加入世界贸易组织，扩大参与经济全球化进程并不断深化国内改革，续写经济快速发展的奇迹。我国的战略选择、后续政策及其实践带来的各方面发展为重要战略机遇期奠定了坚实物质基础。如今，从国内发展看，尽管我国改革发展稳定的任务艰巨繁重，党面临的执政考验、改革开放考验、市场经济考验、外部环境考验以及精神懈怠危险、能力不足危险、脱离群众危险、消极腐败危险将长期存在。但正如习近平总书记2022年3月在看望参加政协会议的农业界社会福利和社会保障界委员时所强调的，我国发展仍具有诸多战略性的有利条件。①

一是中国共产党的坚强领导。中国共产党是中国最高政治领导力

---

① 《把提高农业综合生产能力放在更加突出的位置 在推动社会保障事业高质量发展上持续用力》，《人民日报》2022年3月7日。

量，先进性最强、组织上最坚强有力、自我革命品格最鲜明。党的十八大以来，以习近平同志为核心的党中央，坚持党的全面领导和全面从严治党，增强党的先进性和纯洁性，党的政治领导力、思想引领力、群众组织力、社会号召力显著增强，这为沉着应对各种重大风险挑战提供了根本政治保证。环顾全球，面对世界百年未有之大变局，不少国家政权更替频繁，政局不稳，严重缺失政治领导力，难以找到应对大变局之策。相比之下，中国共产党作为当今世界最具战略思想和战略能力的政治组织，总揽全局、协调各方，既能作出准确的战略判断和科学的战略谋划，又能结合实际、持之以恒地加以实施；既能越来越积极地适应形势和应对挑战，又能越来越主动地化危为机甚至塑造态势。这是保障我国准确把握、牢牢抓住、持续维护并充分利用重要战略机遇期的最重要因素。

二是中国特色社会主义制度的显著优势。党的十九届四中全会进一步明确了坚持和完善中国特色社会主义制度、推进国家治理体系和治理能力现代化的方向、重点、难点。特别是人民代表大会制度、多党合作和政治协商制度、最广泛的爱国统一战线、民族区域自治制度、充满活力的基层群众自治制度等在新时代的进一步坚持和完善，为我国充分发挥"全国一盘棋""集中力量办大事""一张蓝图绘到底"的显著优势提供了重要制度体系保障。这些优势在应对新冠疫情、打赢脱贫攻坚战、成功主办冬奥会和冬残奥会等重大实践中充分彰显，与其他国家政党对立、政治矛盾激化、政治共识难以形成、政治制度弊端日趋严重却无法改革的对比变得越来越鲜明。

三是持续快速发展积累的坚实基础。新中国成立尤其是改革开放以来，我国经济实力、科技实力、国防实力、综合国力显著增强。特别是在逆全球化和保护主义抬头，全球产业链供应链价值链重构加速的背景下，我国制造业体系完备、经济体量大、人口规模大、区域发展差距大、市场规模大等因素为持续发展提供了广阔发展空间和回旋余地。随着新发展理念进一步贯彻，国内国际双循环的新发展格局逐步形成，高质量发展不断推进，这将进一步增强我国经济发展的韧性和活力，巩固长期向好的基本面，为解决问题、应对危机、保持持续发展提供了资源手段，为重要战略机遇期提供了重要物质支撑。

四是长期稳定的社会环境。新中国成立特别是改革开放以来，我国人民生活显著改善，社会治理明显改进。党的十八大以来，我国历史性地解决了绝对贫困问题，全面建成小康社会，社会治理社会化、法治化、智能化、专业化水平大幅度提升，人民获得感、幸福感、安全感显著增强，社会长期稳定的奇迹不断续写。这与世界上其他很多国家广大民众不满普遍持续上升、社会失序混乱明显加重、民众对政府的信任日益缺失、民粹主义势力增大制约了务实理性和标本兼治的政策出台实施等局面形成鲜明对照，进一步彰显了我国发展的突出社会优势。

五是自信自强的精神力量。新中国成立特别是改革开放以来，我国物质文明和精神文明建设显著发展，社会主义文化日益繁荣。党的十八大以来，党准确把握世界范围内思想文化相互激荡、我国社会思想观念深刻变化的趋势，坚持以人民为中心的工作导向，举旗帜、聚民心、育新人、兴文化、展形象，牢牢掌握意识形态工作领导权，建设具有强大凝聚力和引领力的社会主义意识形态，弘扬党和人民在各个历史时期奋斗中形成的伟大精神，推进社会主义文化强国建设，巩固全党全国各族人民团结奋斗的共同思想基础。中国人民的积极性、主动性、创造性进一步激发，志气、骨气、底气空前增强，党心军心民心昂扬振奋，这为新时代开创党和国家事业新局面提供了坚强思想保证和强大精神力量。

总之，虽然中华民族伟大复兴战略全局与世界百年未有之大变局交织联动带来新形势新矛盾，使我国发展面临一系列新问题新挑战。但是党的十八大以来，习近平总书记多次强调增强忧患意识、坚持底线思维、提高斗争本领、敢于斗争善于斗争，领导全党全军全国各族人民采取一系列战略举措和战略行动，调动一切可以调动的积极因素，取得一系列重大实际成果，积累了丰富的斗争智慧和斗争经验，这为我们把握好和运用好重要战略机遇期蓄积了底气和力量。正如习近平总书记2020年10月29日在党的十九届五中全会第二次全体会议上所指出："综合分析国内外形势，当前和今后一个时期，我国发展仍然处于重要战略机遇期，但机遇和挑战都有新的发展变化。战略机遇期这个概念，当时提出来时指的是本世纪头二十年。在二十年后的今天，对战略机遇期如何判断，是一个重大问题。过去我们是顺势而上，机遇比较好把握；现在要顶风而上，把握机遇的难度就不一样了。过去大环境相对平稳，风险挑战比较容易看清楚；现在世界形势动荡复杂，地缘政治挑战风高浪急，暗礁和潜流又多，对应变能力提出了更高要求。过去我们发展水平低，同别人的互补性就多一些；现在我们发展水平提高了，同别人的竞争性就多起来了。""我们的判断是危和机并存、危中有机、危可转机，机遇更具有战略性、可塑性，挑战更具有复杂性、全局性，挑战前所未有，应对好了，机遇也就前所未有。"[1] 总体上机遇大于挑战，世界大变局的"时"与"势"在我们一边。这是纵观过去、现在与未来的历史演进，通览政党、民族、国家的兴衰沉浮，作出的重大战略判断。我们应该也必须在战略上保持坚定，并且牢牢把握和不断塑造战略机遇，把谋事和谋势、谋当下和谋未来统一起来，因应情势发展变化，及时调整战略策略，加

---

[1] 中共中央党史和文献研究院编：《十九大以来重要文献选编》（中），中央文献出版社2021年版，第821页。

强对中远期的战略谋划，牢牢掌握战略主动权，做到准确识变、科学应变、主动求变，勇于开顶风船、临危不乱，善于危中寻机、化危为机，开拓进取、开辟新局。

## ◦ 必须坚持胸怀天下

中国共产党以马克思主义为指导，传承中华优秀传统文化。马克思主义把解放全人类作为重要价值追求。中华优秀传统文化孕育的宇宙观和天下观，强调协和万邦、天下为公、世界大同。我们党把马克思主义思想精髓同中华优秀传统文化贯通起来，把中华文明的智慧结晶同科学社会主义价值观主张的契合之处突出出来，把为中国人民谋幸福、为中华民族谋复兴、为人类谋进步作为党的初心使命。我们党自创立以来，从革命、建设到改革开放，再到新时代新征程，始终坚持胸怀天下。这已成为我们党在百年奋斗历程中长期实践积累的十个方面宝贵经验和重要精神财富之一，要不断弘扬光大。

进入新时代，我们党坚持胸怀天下，把马克思主义基本原理同中国具体实际相结合、同中华优秀传统文化相结合，创立了习近平新时代中国特色社会主义思想并全面加以贯彻，统筹中华民族伟大复兴战略全局和世界百年未有之大变局，既立志于实现中华民族伟大复兴这一千秋伟业，又致力于人类和平与发展这一崇高事业。我们把实现"两个一百年"奋斗目标与促进人类进步繁荣统一起来，在努力做好自己事情的同时，积极为人类发展作出更大的贡献。

十年来，我们深入推进改革开放和社会主义现代化建设，中华民族伟大复兴进入了不可逆转的历史进程；同时为解决人类面临的共同问题提供越来越多的中国智慧、中国方案、中国力量，为不确定、不稳定、不安全因素日益上升的世界增加了确定性、稳定性、安全性。加快构建新发展格局，在坚持社会主义市场经济改革和高水平对外开放方向不变的前提下，以国内大循环为主体，国内国际双循环相互促进。在国家治理层面坚定不移贯彻总体国家安全观，统筹发展和安全、统筹外部安全和内部安全、统筹自身安全和共同安全；在全球治理层面提出全球发展倡议和全球安全倡议，进而推动各国共同促进全球发展与安全。推进文化建设，既注重传承优秀传统文化，坚持创造性转化、创新性发展，不断增强中华民族凝聚力和中华文化影响力；又注重不断提升国家文化软实力和中华文化影响力，推动中华文化更好地走向世界，深化不同文明之间的交流互鉴，促进整个人类文明的兴盛繁荣。深刻把握中国与世界关系全方位深度紧密联动的历史性变化，把中华民族的前途命运与人类社会的未来发展统一起来，提出以和平、发展、公平、正义、民主、自由的全人类共同价值为基础，全面推进中国特色大国外交，推动构建以合作共赢为核心的新型国际关系和打造人类命运共同体，以负责任大国担当积极参与应对全球性挑战和推动全球治理体系改革和建设。

党的二十大标志着全面建成社会主义现代化强国的伟大征程进入新阶段。新征程上，必须坚持胸怀天下，把习近平新时代中国特色社会主义思想更加全面更加深入地贯彻到全面建设社会主义现代化国家的各领域全过程。坚持运用辩证唯物主义和历史唯物主义，坚持解放思想、实事求是、与时俱进、求真务实，坚信中国发展离不开世界、世界发展也需要中国，既回答中国之问和人民之问，又回答世界之问和时代之问；既立足中国大地寻找解决中国问题的方案，又以海纳百川的宽阔胸襟借鉴吸收人类一切优秀文明成果，不断谱写马克思主义中国化时代化的新篇章，用新理念新思路更好地指导中国实践和造福整个世界。

新征程上，以中国式现代化全面推进中华民族伟大复兴，中国式现代化作为中国共产党领导的社会主义现代化，其本身就是坚持胸怀天下的战略选择。这个战略选择既有各国现代化的共同特征，更有基于自己国情的中国特色。这个中国特色不仅要求坚持中国共产党领导，坚持中国特色社会主义，实现高质量发展，发展全过程人民民主，丰富人民精神世界，实现全体人民共同富裕，促进人与自然和谐共生；而且要求坚定不移走和平发展道路，站在历史正确的一边，站在人类文明进步的一边，高举和平、发展、合作、共赢的旗帜，在坚定维护世界和平与发展的过程中谋求自身发展，又以自身发展为世界创造更多机遇，更好地维护世界和平、促进世界发展，不断丰富人类实现现代化的路径选择，创造人类文明新形态。分两步走全面建成社会主义现代化强国的战略安排，要全面把握世界进入新的动荡变革期带来的战略机遇和风险挑战并存、不确定难预料因素增多的战略环境，既坚持从中国的基本国情出发，把国家和民族发展放在自己力量的基点上，把中国发展的进步的命运牢牢掌握在自己手里；又拓展世界眼光，深刻洞察人类发展进步潮流，积极回应各国人民普遍关切，为解决人类面临的共同问题作出贡献，推动建设更加美好的世界。

新征程上，更加主动地践行坚持胸怀天下这个重要立场观点方法，要更好地统筹把握中华民族伟大复兴战略全局和世界百年未有之大变局。加快构建新发展格局，要坚持对外开放的基本国策，坚定奉行互利共赢的开放战略，坚持经济全球化正确方向，推动建设开放型世界经济，推进高水平开放，稳步扩大规则、规制、管理、标准等制度型开放，推动共建"一带一路"高质量发展，维护多元稳定的国际经济格局和经贸关系。实施科教兴国战略，要扩大国际科技交流合作，加快建设世界重要人才中心和创新高地，着力形成人才国际竞争的比较优势，聚天下英才而用之。发展全过程人民民主，要坚持走中国人权发展道路，积极参与全球人权治理，推动人权事业全面发展；加强和改进侨务工作，形成共同致力民族复兴的强大力量。坚持全面依法治国，要加强涉外领域立法，统筹推进国内法治和涉外法治建设。推进文化自信自强，要坚守中华文化立场，提炼展示中华文明的精神标识和文化精髓，加快构建中国话语和中国叙事体系，加强国际传播能力建设，全面提升国际传播效能，形成同我国综合国力和国际地位相匹配的国际话语权。推动绿色发展，要积极参与应对气候变化全球治理，促进人与自然和谐共生，推动构建地球生命共同体。推进国家安全体系和能力现代化，要积极践行共同、综合、合作、可持续的国际安全观，完善参与全球安全治理机制，加强国际安全合作，推动构建人类安全共同体。实现建军一百年奋斗目标，要使人民军队为实现中华民族伟大复兴提供战略支撑，为维护世界和平稳定作出更大贡献。持续推动构建人类命运共同体，要坚持在和平共处五项原则基础上同各国发展友好合作，深化拓展平等、开放、合作的全球伙伴关系，致力于扩大同各国利益的汇合点，积极践行共商共建共享的全球治理观，坚持真正的多边主义，推动全球治理朝着更加公正合理的方向发展，为又一次站在历史十字路口的世界提供抉择方案。

# 论坚持胸怀天下的理论与实践

习近平总书记在党的二十大报告中指出,"继续推进实践基础上的理论创新,首先要把握好新时代中国特色社会主义思想的世界观和方法论,坚持好、运用好贯穿其中的立场观点方法",强调"必须坚持胸怀天下"。[①]中国共产党是为中国人民谋幸福、为中华民族谋复兴的党,也是为人类谋进步、为世界谋大同的党。中国共产党始终从人类发展大潮流、世界变化大格局、中国发展大历史正确认识和处理同外部世界的关系,以与时俱进的科学理论为中国发展进步指明路径和方向,也为世界和平与发展贡献中国智慧和中国方案。

## 一、文化渊源:世界大同思想

中华优秀传统文化是中华民族的根和魂。习近平总书记在党的二十大报告中指出,"中华优秀传统文化源远流长、博大精深,是中华文明的智慧结晶,其中蕴含的天下为公、民为邦本、为政以德、革故鼎新、任人唯贤、天人合一、自强不息、厚德载物、讲信修睦、亲

---

① 《习近平著作选读》第一卷,人民出版社2023年版,第16、18页。

仁善邻等，是中国人民在长期生产生活中积累的宇宙观、天下观、社会观、道德观的重要体现"[1]。现代国际体系肇始于1648年签订的《威斯特伐利亚和约》。该和约划定了欧洲大陆各国的边界，首次将国家主权、国家领土和国家独立确立为国际关系中应该遵守的准则。上述准则伴随着西方国家殖民扩张的过程逐步拓展到全世界。这些准则虽然明确了国家之间的权利义务边界，但是也给国际社会带来了诸多边界争议和领土纠纷。与之不同，中国古代的天下观，重文化，重道和德，重家国情怀。人类命运共同体理念中为世界谋大同的主张根植于中华优秀传统文化中的天下观和对理想社会的追求，并在新时代实现了创造性转化和创新性发展。这为我们正确看待和处理国际社会中的各种矛盾、差异、分歧提供了重要启示。

第一，兼容并蓄，化成天下。4000多年前，居住在黄河、长江流域的中原先民逐步由氏族部落阶段发展出国家形态，最终建立中国历史上第一个王朝——夏朝。夏朝初建时，划分天下为九州，"于是九州攸同，四奥既居"。随后，以国都为中心，建立五服制度，令天子之国以外五百里甸服，甸服外五百里侯服，侯服外五百里绥服，绥服外五百里要服，要服外五百里荒服，规定了每种服式的权利和义务，以显示与天子关系的远近亲疏，初步建立国家制度和天下观。五服制度虽然亲疏有别，但是并未僵硬地划定区分界限，保留了扩展和融合的空间，体现出包容的态度。

西周时期，周王朝在五服制度的基础上进一步建立宗法制和分封制。宗法制规定：周王朝的王位以及各诸侯爵位只传嫡长子，即"传嫡不传庶，传长不传贤"。根据宗法制的精神，周王朝规定：只有嫡长子才是王位或爵位的唯一合法继承者，庶子即使比嫡长子年长或更

---

[1] 《习近平著作选读》第一卷，人民出版社2023年版，第15页。

有才能,也无权继承。这就使弟统于兄,小宗统于大宗。虽然庶子不能继承王位,但可以得到次于王位的其他爵位。因此,周王朝依据宗法制的原则,又设立了分封制。宗法制与分封制的确立,标志着"家国同构"的宗法社会最终形成。家国同构的共同性具体表现为"家是小国,国是大家","家"与"国"结构相似而规模有别。这种结构在一定程度上将个人对家庭的责任和对国家的义务整合起来,使得天下观深入人心。

汉代以降,中国先后经历了永嘉之乱、安史之乱和靖康之乱三次大规模人口迁徙。在人口迁徙过程中,一方面,中原百姓南迁到长江、珠江流域,带动了当地的生产力发展;另一方面,北方少数民族南迁至中原一带,与当地文化深度融合。人口迁徙和民族融合进一步拓展了中华优秀传统文化中的天下观。唐朝时,中国以开放包容的姿态欢迎万国来朝,来自拜占庭、大食、波斯、新罗、日本的商贾、学者和旅人会聚于都城长安,中亚地区的众多邦国主动加入唐帝国的势力范围,形成"昭武九姓"。面对这一景象,韩愈在《原道》中提出了"孔子之作《春秋》也,诸侯用夷礼则夷之,进于中国则中国之"的理念,主张以文化认同作为"天下"的界限,进一步增强了"天下观"的包容性。习近平总书记指出:"中华文明具有突出的包容性。中华文明从来不用单一文化代替多元文化,而是由多元文化汇聚成共同文化,化解冲突,凝聚共识。中华文化认同超越地域乡土、血缘世系、宗教信仰等,把内部差异极大的广土巨族整合成多元一体的中华民族。越包容,就越是得到认同和维护,就越会绵延不断。中华文明的包容性,从根本上决定了中华民族交往交流交融的历史取向,决定了中国各宗教信仰多元并存的和谐格局,决定了中华文化对世界文明兼收并蓄的开放胸怀。"①

明末清初思想家顾炎武在《日知录》中写道："有亡国有亡天下。亡国与亡天下奚辨？曰：易姓改号，谓之亡国；仁义充塞，而至于率兽食人，人将相食，谓之亡天下。""亡国"和"亡天下"的释义，进一步明确了"天下观"的文化内涵，强调"天下"概念的道德属性和文化归属感，据此提出了"天下兴亡，匹夫有责"的概念。中国历代士人认为大道可以推己及人乃至世界，达到"化成天下"的境界。他们往往以天下为己任，为全人类担负起自己的使命。比如，北宋思想家张载提出的"为天地立心，为生民立命，为往圣继绝学，为万世开太平"的"横渠四句"，不但反映出中华"天下观"注重文化和道统传承的特点，而且进一步阐释了《中庸》中所提倡的"动而世为天下道，行而世为天下法，言而世为天下则"。这种修齐治平的理想抱负，吸引了无数人为之奋斗，亦涵养浸润了无数中国人的家国情怀、天下情怀。

第二，己所不欲，勿施于人。虽然中国古代的"天下"概念中仍然存在"中外之别""夷夏之防"的内容，但是在处理不同国家、不同文明间的关系时，更注重和平相处、亲善和睦，避免无休止的互相攻伐和干涉。《墨子·兼爱上》强调："若使天下兼相爱，国与国不相攻，家与家不相乱，盗贼无有，君臣父子皆能孝慈，若此则天下治。故圣人以治天下为事者，恶得不禁恶而劝爱？故天下兼相爱则治，交相恶则乱。故子墨子曰不可以不劝爱人者，此也。"这不仅旗帜鲜明地反对战争，而且提出兼相爱、交相利、非攻为的基本原则，体现出和平主义的倾向。

儒家则在"仁"的基础上，提出"己所不欲，勿施于人"。朱熹

---

① 习近平：《在文化传承发展座谈会上的讲话》，《求是》2023年第17期。

将此释为"推己及物"。"仁者爱人",由"爱人"推导出儒家对一般社会民众的关注,进而拓展为对整个人类社会演进中实现人与人之间和谐共处的关切。也就是说,中华优秀传统文化把人与人之间的同情心、同理心、认同感等,视为"仁"的基石,将"仁"打造成全社会的公共素质和公共规范;一切以此为出发点,一切又可以推己及人、及国、及天下、及全人类,拓展为处理国与国关系的重要行为准则,做到"远人之不服,则修文德以来之"。

以此为规范,明太祖朱元璋于14世纪后半叶把朝鲜国、日本国、大琉球、小琉球、安南国、真腊国、暹罗国、占城国、苏门答剌、爪哇国等15国列为"不征之国",并确定了"厚往薄来"的朝贡原则。"己所不欲,勿施于人"的理念深刻影响着中国人处理他人与自我之间、人与人之间、人与国家之间,以及国与国之间关系的方法路径。正如习近平总书记所说:"中华民族历来是一个爱好和平的民族,爱好和平在儒家思想中也有很深的渊源。……爱好和平的思想深深嵌入了中华民族的精神世界,今天依然是中国处理国际关系的基本理念。"[1]

第三,美美与共,天下大同。由于中国古代天下观中的"天下"不只是一个地理概念,更是一个政治概念和文化概念,"己所不欲,勿施于人"理念的最终目标是实现"天下大同"。《礼运·大同》中提出:"大道之行也,天下为公,选贤与能,讲信修睦。故人不独亲其亲,不独子其子,使老有所终,壮有所用,幼有所长,鳏、寡、孤、独、废疾者,皆有所养……是故谋闭而不兴,盗窃乱贼而不作,故外户而不闭,是谓大同。"《吕氏春秋》也强调:"天下非一人之天下也,

---

[1] 习近平:《在纪念孔子诞辰2565周年国际学术研讨会暨国际儒学联合会第五届会员大会开幕会上的讲话》,人民出版社2014年版,第3页。

天下之天下也。阴阳之和，不长一类；甘露时雨，不私一物；万民之主，不阿一人。"

《礼记》提出的"大道之行也，天下为公"的大同思想是中国古代施政者的政治理想和终极目标。受其影响，康有为在《大同书》中主张"大同之世，天下为公，无有阶级，一切平等"；孙中山先生也倡议"天下为公"，传播大同世界的价值理想。"天下为公是人类对于美好社会的普遍憧憬和意愿，为实现此，制定具体措施和制度，以制度的力量，使之实行。货'不必藏于己'的经济制度。人类没有必要把创造的财富归于己所有，社会财货为全社会成员公有的社会理想。"[①]中华优秀传统文化中的天下"是中国古人的卓越文化创造，是中华文化最有气象、最具格局的文化建构，是不同于西方主流观念的东方思维，在当代进行继承和发扬，为世界未来发展提供了一种新的思维、新的视野，为推进全球治理提供了一种新的方法、新的路径"[②]。

## 二、理论渊源：解放全人类的崇高理想

众所周知，马克思主义始终把解放全人类、弘扬全人类共同价值作为崇高追求。马克思运用唯物史观的基本方法，研究人类交往在社会生活和历史发展中的作用，揭示了随着生产力的发展和交往范围的扩大，各民族历史逐步向世界历史转变的客观趋势。他指出："各个相互影响的活动范围在这个发展进程中越是扩大，各民族的原始封闭状态由于日益完善的生产方式、交往以及因交往而自然形成的不同民

---

① 张立文：《中华传统文化与人类命运共同体》，《光明日报》2017年11月6日。
② 陈家兴、蔡华伟：《传承中华文化"天下观"》，《人民日报》2017年12月26日。

族之间的分工消灭得越是彻底，历史也就越是成为世界历史。"[1]在马克思看来，资本主义生产方式的发展和交往的普遍化推动了历史向世界历史的转变。人类历史向世界历史的转变是资本主义生产方式出现和向世界扩张的结果。大工业"首次开创了世界历史，因为它使每个文明国家以及这些国家中的每一个人的需要的满足都依赖于整个世界，因为它消灭了各国以往自然形成的闭关自守的状态"[2]。因此，只有打破民族国家的界限，从全人类的视角分析和研究问题，才能够找到造福全人类的正确道路。

青年时期，马克思通过接触启蒙思想，逐渐形成了胸怀天下的理想抱负，也就是为了全人类而工作。1835年，他在中学毕业论文《青年在选择职业时的考虑》中提出："如果我们的生活条件容许我们选择任何一种职业，那么我们就可以选择一种使我们获得最高尊严的职业……能给人以尊严的只有这样的职业，在从事这种职业时我们不是作为奴隶般的工具，而是在自己的领域内独立地进行创造……人只有为同时代人的完美、为他们的幸福而工作，自己才能达到完美。"[3]马克思认为，选择职业时应当是谨慎的而非任意的，职业选择的自由有高低之分。如果人被名利迷住了心窍，而不是用理性加以约束，那么便会受到不可抗拒的欲念召唤。所以，人们应该谨慎思考后选择职业，选择使自身趋向完美或是利于群体幸福的职业，也就是他所强调的，"人只有为同时代人的完美、为他们的幸福而工作，自己才能达到完美"。由此可以看出，青年马克思已经意识到群体对于个体的重要性和优先级，个体只有为群体的事业奋斗才是高尚的和幸福的，只有为全人类而工作这样的伟大理想追求才是最重要的。如果选择了最

---

[1] 《马克思恩格斯选集》第一卷，人民出版社2012年版，第168页。
[2] 《马克思恩格斯选集》第一卷，人民出版社2012年版，第194页。
[3] 《马克思恩格斯全集》第一卷，人民出版社1995年版，第458、459页。

能为人类而工作的职业,那么我们的幸福将属于千百万人,我们的事业将悄然无声地延存下去。

1845年,马克思、恩格斯在写作《德意志意识形态》时意识到,共产主义的实现必须"以生产力的巨大增长和高度发展为前提……如果没有这种发展,那就只会有贫穷、极端贫困的普遍化;而在极端贫困的情况下,必须重新开始争取必需品的斗争,全部陈腐污浊的东西又要死灰复燃"[①]。马克思反复强调,人们首先要保证自己的吃喝住穿的质量,才能够实现自由而全面的发展,即以社会生产力的高度发展为前提。在1848年发表的《共产党宣言》中,马克思进一步深化了这一思想理念。他对资产者、无产者、共产党人的内涵进行了深入阐述,批判了反动的社会主义、保守的社会主义和空想的社会主义,并对科学社会主义理论作了全面的论述。"资产阶级,由于开拓了世界市场,使一切国家的生产和消费都成为世界性的了"[②],因此无产阶级必须打破边界的限制,在世界范围内支持一切反对现存社会制度和政治制度的革命运动,努力争取全世界民主政党之间的团结和协作,实现"全世界无产者的联合"。《共产党宣言》作为第一个国际共产主义运动组织——共产主义者同盟的纲领文件,不但标志着马克思主义的诞生,而且成为全世界共产党人的重要指导。

1851年,普鲁士当局蓄意制造"科隆共产党人案件",恶化了共产主义者同盟的生存环境。1852年11月,马克思意识到革命形势发生了较大变化,上一轮革命高潮已经过去。于是,他主动提议解散共产主义者同盟,鼓励各国工人组织和政党化整为零,保存实力、各自发展。经过十余年的建设,欧洲工人运动取得长足进步,与美国内

---

[①] 《马克思恩格斯选集》第一卷,人民出版社2012年版,第166页。
[②] 《马克思恩格斯选集》第一卷,人民出版社2012年版,第404页。

战、波兰人民起义、中国太平天国运动以及印度民族大起义共同推动世界革命形势再度高涨。1864年，马克思推动成立了国际工人协会，史称"第一国际"。在《国际工人协会成立宣言》中，马克思进一步强调了各国工人之间的团结是革命胜利的必要条件，认为"工人的一个成功因素就是他们的人数；但是只有当工人通过组织而联合起来并获得知识的指导时，人数才能起举足轻重的作用。过去的经验证明：忽视在各国工人间应当存在的兄弟团结，忽视那应该鼓励他们在解放斗争中坚定地并肩作战的兄弟团结，就会使他们受到惩罚——使他们分散的努力遭到共同的失败"[1]。马克思、恩格斯在《共产党宣言》最后再度发出"全世界无产者，联合起来！"的号召。马克思的天下情怀和为全人类工作的崇高理想再度引导国际工人运动走向新阶段，在全世界共产党人和工人阶级中产生了巨大影响。

### 三、历史渊源：中国共产党的天下观

中华优秀传统文化蕴含的宇宙观和天下观主张协和万邦、天下为公、世界大同，马克思主义把解放全人类作为崇高追求。中国共产党自成立以来，在革命、建设、改革各个历史时期，始终以世界眼光关注人类前途命运。坚持胸怀天下，已经成为我们党不断发展壮大的重要历史基因和百年奋斗的宝贵历史经验之一。百年来，我们党秉持胸怀天下的信念，把马克思主义思想精髓同中华优秀传统文化精华贯通起来，运用马克思主义科学世界观和方法论既不断回答中国之问，团结带领全国各族人民浴血奋斗、顽强拼搏，实现了民族独立和国家富强，取得了举世瞩目的伟大成就；又不断回答世界之问，党的创新理

---

[1] 《马克思恩格斯选集》第三卷，人民出版社2012年版，第10页。

论始终展现出宽广的世界眼光和强烈的天下情怀,在指导中国发展的同时,使中国的发展成为维护世界和平、推动全球经济增长的重要力量,为全人类共同发展提供了中国智慧和中国方案。

十月革命一声炮响,给中国送来了马克思列宁主义。1919年,在五四运动的鼓舞之下,陈独秀、李大钊等早期马克思主义者为了实现民族独立、国家富强和人民幸福,积极促进马克思主义在中国的传播。在中国人民和中华民族的伟大觉醒中,中国工人运动同国际共产主义运动紧密结合。1921年7月,在共产国际的帮助下,中国共产党第一次全国代表大会召开,标志着中国共产党的诞生。自中国共产党成立之日起,中国共产党人始终把为促进人类进步事业而奋斗作为自己的不懈追求,以马克思列宁主义为宗旨,强调通过无产阶级革命的方式根本铲除造成社会分配不公的私有制度,实现中国人民的真正解放。1922年,中共二大通过了《关于"世界大势与中国共产党"的议决案》《关于"国际帝国主义与中国和中国共产党"的决议案》《中国共产党加入第三国际决议案》等9个决议案和党成立后的第一个党章《中国共产党章程》,分析了中国革命的性质、动力和对象,制定了党的反帝反封建的民主革命纲领,明确成为共产国际的一个支部,展示了年轻的中国共产党善于在世界大势中把握中国革命规律、将中国革命与世界革命相结合的鲜明品格。

1931年,九一八事件爆发,中国遭到日本帝国主义的侵略。中国共产党在国内众多政治力量中率先挺身而出,坚定抗日立场,坚决反对日本的侵略行径,维护中国的主权和领土完整。9月20日,中国共产党中央委员会发表《中国共产党为日本帝国主义强暴占领东三省事件宣言》,明确"反对日本帝国主义强占东三省",强烈要求立刻撤退其占领东三省的海陆空军,自动取消一切不平等条约。1932年,党中央派周保中、赵一曼等骨干力量奔赴东北,加强党组织,协助与领导东北义勇军。中共满洲省委也指示各地党组织，积极开展抗日斗争，在东北各地领导创建了10余支开展游击战争的队伍，逐步发展为东北抗日联军。1935年12月，刚刚结束长征的党中央立即召开瓦窑堡会议，讨论抗日战争的策略和方针。会议通过了《中共中央关于目前政治形势与党的任务决议》和《中共中央关于军事战略问题的决议》，确立了建立抗日民族统一战线的新策略。1937年7月7日，卢沟桥事变爆发。第二天，中共中央发出通电，号召全国人民、军队和政府团结起来，筑成民族统一战线的坚固长城，抵抗日本侵略。在抗日战争中，中国共产党领导的八路军、新四军等人民抗日武装，始终坚持人民战争路线，并得到广大人民群众的全力支持。中国共产党领导抗日军民对敌作战12.5万次，消灭日、伪军171.4万人（其中日军52.7万余人），缴获长短枪68万余支、轻重机枪1.1万多挺、各种炮1800余门。人民军队发展到约132万人，民兵发展到260余万人；中国共产党领导的抗日民主根据地即解放区已有19块，面积达到近100万平方公里，人口近1亿人。[1]事实证明，中国共产党领导的人民抗日力量担负起了抗击日军的主要责任，为保卫祖国作出了重大贡献和牺牲，是抗日战争的中流砥柱。

新中国成立后，党的工作重心从农村转移到城市。但是，党始终以天下情怀分析和把握世界大势，支持世界上被压迫国家和民族的民族解放斗争，努力实现与其他国家和地区和平共处、共同发展。1949年6月30日，毛泽东发表了《论人民民主专政》一文，提出"一边倒"的方针，宣布新中国加入以苏联为首的社会主义阵营。1950年2月14日，中苏两国正式签订《中苏友好同盟互助条约》，标志着中国

---

[1] 参见中共中央党史和文献研究院：《中国共产党的一百年》（新民主主义革命时期），中共党史出版社2023年版，第261页。

正式加入社会主义阵营，与世界上其他社会主义国家和政党密切合作，反对帝国主义国家的侵略扩张，维护世界和平，共同为解放全人类的崇高理想奋斗。1953年12月，中印两国就中国西藏地方的关系问题在北京举行谈判，周恩来在会谈过程中首次提出互相尊重领土主权、互不侵犯、互不干涉内政、平等互惠和和平共处的原则。[①]1954年，周恩来在日内瓦会议上提出以和平共处五项原则作为处理国家间关系的准则。1955年，在印尼万隆召开的亚非会议，将和平共处五项原则引申和发展为处理国际关系的十项原则。和平共处五项原则体现了世界人民对和平与发展的共同愿望，顺应了世界大势和时代潮流，体现了中国共产党的权利观和义利观。

1971年，中华人民共和国在联合国的合法席位恢复后，中国共产党领导中国人民在联合国和安理会内，坚决支持广大第三世界国家维护本国主权、领土完整和民族利益的正当要求，并同它们一道，反对霸权主义和强权政治。在朝鲜半岛问题、巴以问题、印度支那和平问题、非洲国家独立解放问题等方面站在公理和正义的一方，抵制大国干涉和入侵。同时，在联合国内同第三世界国家一道，坚决要求改革现有国际经济制度结构，为建立一个公正合理的国际经济新秩序和繁荣世界经济建言献策。1974年2月，毛泽东在会见赞比亚总统卡翁达时，首次指出美国、苏联是第一世界，日本、欧洲、加拿大是第二世界，亚洲除了日本都是第三世界，非洲和拉丁美洲是第三世界。划分三个世界是毛泽东根据当时每个或每类国家在国际社会中的经济地位，以及由经济地位决定的政治态度和外交政策确立的。这一战略思想的提出表明，以毛泽东同志为主要代表的中国共产党人创造性地运用了马克思主义唯物辩证法和唯物史观，从宏观视角理性分析国际局

---

① 《周恩来选集》下卷，人民出版社1984年版，第118页。

势，明确了中国支持众多第三世界国家的正当利益诉求、反对霸权主义和强权政治、维护世界和平的立场，显示出中国共产党人对国际关系的深刻理解和把握，为中国外交提供了新的立足基点。在那个时期，尽管我国发展面临各种困难，但毛泽东也强调："中国不仅要自己料理自己，自己过生活，还应该对别的国家和民族进行帮助，对世界有些益处。"[1]

改革开放后，以邓小平同志为主要代表的中国共产党人通盘考量世界形势，得出结论："在较长时间内不发生大规模的世界战争是有可能的，维护世界和平是有希望的。"[2]根据这一判断，中国领导人认为和平与发展已经成为当今世界的主题，世界人民的根本利益在于实现国家经济的繁荣与发展、维护世界和平与稳定。因此，中国开始实行独立自主的不结盟的全方位和平外交。一方面，坚持把和平共处五项原则作为中国外交的基本原则；另一方面，加强与第三世界国家的团结与合作，维护第三世界国家的合法权益。在我国经济发展还十分困难的情况下，邓小平指出：我们力量有限，要在国际上尽我们应尽的责任，特别是对第三世界的责任，还存在一些困难。但是，我们作为一个真正的社会主义国家，是不会只顾自己的。衡量我们是不是真正的社会主义国家，不但要使我们自己发展起来，实现四个现代化，而且要能够随着自己的发展，对人类做更多的贡献。[3]由此可见，中国共产党以世界的繁荣和发展为己任，将中国的发展与世界其他国家的进步融为一体。

进入21世纪，中国的综合国力和国际影响力不断提升，世界对

---

[1] 《毛泽东文集》第八卷，人民出版社1999年版，第71页。
[2] 《邓小平文选》第三卷，人民出版社1993年版，第127页。
[3] 中共中央文献研究室编：《邓小平思想年编（1975—1997）》，中央文献出版社2011年版，第139—140页。

中国的看法也在不断发生变化。为了明确自身定位，回应国际社会的各种声音，中国于2005年12月发布首份《中国的和平发展道路》白皮书，全面论述了中国走和平发展道路的依据和路径。2011年，再度发布《中国的和平发展》白皮书，系统论述了中国和平发展的目标、路径和意义等多方面内容。中国的和平发展道路奉行互利共赢开放战略，争取同所有国家发展友好合作关系，既符合中国人民的根本利益，也符合当今世界发展潮流和人类社会发展进步的客观要求。在此基础上，中国共产党人又系统阐述了和谐世界的理念，并且为建立和谐世界提出四点基本主张。通过推动建设和谐世界，致力于维护世界和平、促进共同发展。"和谐世界"理念既体现了中华优秀传统文化中"以和邦国，以谐万民"的精髓，又表达了中国与世界各国和平共处、共同发展的良好意愿。推动建设"和谐世界"的目的是要建立一个共同安全、共同繁荣、包容互鉴的世界，重视文明之间的交流与融合，着眼于世界各国的持久和平与共同繁荣。走和平发展道路与推动建设"和谐世界"的思想表明，中国共产党人的天下情怀给21世纪的世界注入了独特的精神力量。

### 四、实践基础：中国与世界愈益交融

进入新时代，经过40多年的改革开放，引进来与走出去相随并行，中国与世界的关系发生历史性变化。尽管新中国自成立以来就是世界舞台上的重要政治力量，对国际格局和地区局势的走向以及全球发展的前景具有举足轻重的影响，但中国与世界的持续深层联动和结构性相互嵌入则开始于改革开放，尤其是加入世界贸易组织之后经济和社会领域的全方位互动，以及随之而来中国在世界的角色日渐全面丰满。

第一，在经济方面，中国日益成为经济全球化的重要推动者。20世纪90年代初，冷战的结束和新科技革命的快速发展，促使世界经济体系的分割被打破，资金、技术、人才和商品真正实现了全球范围的流动，各国之间的经贸联系日益密切，世界进入经济全球化时代。"随着冷战结束，两大阵营对立局面不复存在，两个平行的市场随之不复存在，各国相互依存大幅加强，经济全球化快速发展演化。"[①]经济全球化促进了各类生产要素在国际社会的流动与优化配置，推动了世界生产力的发展，也为广大发展中国家提供了历史性机遇。2001年12月11日，中国正式加入世界贸易组织，成为经济全球化的重要参与者和推动者。经过21世纪头20年的快速发展，到2021年，中国国内生产总值达到114.37万亿元人民币，占世界经济比重超过18%；进出口贸易总额达到44.40万亿元人民币；外汇储备达到3.25万亿美元；人均国民生产总值达到80976元人民币，中等收入群体超过4亿人，中国成为全球中等收入群体规模最大的国家；常住人口城镇化率达到64.72%；互联网普及率达到73%。[②]中国自2010年成为按国内生产总值衡量的世界第二大经济体之后，进一步连续获得众多"第一"，诸如制造业产值世界第一，货物贸易总额世界第一，外汇储备世界第一，等等，对世界经济增长的贡献年均达到30%以上。中国是经济全球化的受益者，更是贡献者。中国在谋求自身发展、受益于经济全球化的同时，也拉动了世界经济增长，为国际社会提供了公共产品，对世界经济的发展作出了重要贡献。

第二，在政治方面，中国日益成为多边主义的重要践行者和拥护者。新中国成立70多年来，一直是多边主义的坚定践行者和拥护者。

---

[①] 《习近平谈治国理政》第二卷，外文出版社2017年版，第211页。
[②] 参见国家统计局：《经济社会发展统计图表：党的十八大以来经济社会发展成就（综合篇）》，《求是》2022年第12期。

20世纪50年代，中国在日内瓦会议和万隆会议首次登上多边外交舞台，取得初步成果；1971年恢复联合国合法席位，实现历史性转折，开始在多边场合发挥更大作用；进入新时代，中国的综合国力显著提高，在国际上的地位和作用日益显现，参与多边事务的广度和深度明显增强，多边外交变得越来越娴熟。党的十八大以来，在党中央坚强领导下，我们开辟了中国特色大国外交的新道路，新时代多边外交工作取得了全方位历史成就。十年来，我国的"建交国数量从172个增加到181个，伙伴关系从41对增加到113对，我国成为140多个国家和地区的主要贸易伙伴，外交布局覆盖面和含金量实质性提升"[1]。据不完全统计，中国加入了几乎所有普遍性政府间国际组织，签署了600多项国际公约。[2]

中国积极倡导和践行多边主义，积极参与多边事务，高度重视联合国的作用，支持二十国集团、亚太经合组织、金砖国家、上海合作组织等发挥积极作用。通过组织中国国际进口博览会和世界互联网大会等国际会议，搭建多边合作平台，支持和帮助广大发展中国家加快发展；通过与东盟国家完成制定《数字经济合作伙伴关系行动计划（2021—2025）》和建设中国东盟国际产能合作示范区，积极推进中国东盟自贸区3.0版建设；通过主办160多场各领域金砖活动、30多场"金砖+"活动，取得37项重要务实成果，扩大了金砖国家合作范围；通过推动上海合作组织成员国元首发表关于能源安全、粮食安全、应对气候变化、供应链安全稳定的重要声明，加强成员国之间的团结合作，开启构建中国—中亚命运共同体新篇章。同时，中国与非

---

[1] 王毅：《矢志民族复兴，胸怀人类命运 奋进中国特色大国外交新征程》，《求是》2023年第1期。
[2] 参见陈旭：《书写中国多边外交新篇章（大使随笔·携手同心·中国重返联合国50周年）》，《人民日报》2021年9月22日。

洲、拉丁美洲和大洋洲发展中国家的多边合作也在稳步推进，涉及债务问题、卫生健康、贸易投资、数字经济、绿色发展、能力建设、和平安全等多个领域。

除了国家外交，党际交往也在多边外交中发挥了重要作用，开拓政党多边外交新路径。截至2018年底，我们党与世界上160多个国家和地区的500多个不同类型的政党和组织保持经常性联系。[①]2017年12月，中国共产党与世界政党高层对话会在北京举行，来自120多个国家的近300个政党和政治组织领导人参加。习近平主席在开幕式上发表题为《携手建设更加美好的世界》的主旨讲话，展现出中国共产党建设美好世界的决心和担当，有助于改善全球治理，维护世界和平，促进各国发展。此后，通过"对外宣介团"和"中共代表团"，我们党又举办了万寿论坛、"一带一路"智库合作联盟、纪念马克思诞辰200周年专题研讨会等多边交流对话平台。2021年7月，中国共产党与世界政党领导人峰会在北京举行，160多个国家的500多个政党和政治组织的领导人、逾万名政党和各界代表出席会议。习近平主席发表题为《加强政党合作 共谋人民幸福》主旨讲话，强调政党作为推动人类进步的重要力量，要锚定正确的前进方向，担起为人民谋幸福、为人类谋进步的历史责任。峰会发表共同倡议，表达与会政党维护世界和平发展、增进人民福祉的共同愿望。在世界经济论坛"达沃斯议程"对话会上，习近平主席指出："世界正在经历百年未有之大变局，既是大发展的时代，也是大变革的时代。21世纪的多边主义要守正出新、面向未来，既要坚持多边主义的核心价值和基本原则，也要立足世界格局变化，着眼应对全球性挑战需要，在广泛协

---

① 参见宋涛：《以习近平外交思想为指引扎实推进新时代党的对外工作》，《学习时报》2019年11月11日。

商、凝聚共识基础上改革和完善全球治理体系。"①

第三，在人文社会方面，中国积极推进人文交流互鉴。除了官方交往以外，随着中国与世界关系的日益密切，公共外交和人文交流也变得更加频繁。新时代十年来，中国通过建设各类人文交流试验区和研究院、完善各类工作机制以及发挥基金、年会、网站等平台的作用，有力促进了中外人文交流与合作，展现了可信、可爱、可敬的中国形象。截至2020年底，有中外合作办学机构和项目2332个，其中本科以上1230个；2020至2021学年，在册国际学生来自195个国家和地区，学历生占比达76%，比2012年提高了35个百分点；截至2019年，各类出国留学人员累计达到656.061万人。"2021年中外合著科技论文数量已达18.3万篇，合作伙伴涉及169个国家，比2015年的7.1万篇增长了1.5倍多……在国际科技组织担任高级职务的中国专家学者超过1200人"②。高密度的人员合作与交流表明，中华民族的伟大复兴已经与世界的和平发展融为一体，中国正准确地把握经济全球化和世界多极化发展的必然趋势，"以文明交流超越文明隔阂、文明互鉴超越文明冲突、文明共存超越文明优越"③。

正是基于中国与世界全方位、深层次相互交融的新现实，我们要在世界正经历百年未有之大变局的背景之下实现中华民族伟大复兴，必须坚持胸怀天下。正如习近平总书记明确要求的："领导干部要胸怀两个大局，一个是中华民族伟大复兴的战略全局，一个是世界百年未有之大变局，这是我们谋划工作的基本出发点。"④

---

① 《习近平谈治国理政》第四卷，外文出版社2022年版，第463页。
② 张亚雄、杨舒：《我国积极推进全球科技交流合作》，《光明日报》2022年11月19日。
③ 《习近平著作选读》第一卷，人民出版社2023年版，第595页。
④ 《习近平谈治国理政》第三卷，外文出版社2020年版，第77页。

## 五、实践创新：新时代十年的重大举措

新时代十年，我们党把坚持胸怀天下的思想理论和政策实践统一起来，统筹把握中华民族伟大复兴战略全局和世界百年未有之大变局，把中华民族的前途命运与人类社会的未来发展统一起来，既以中国式现代化全面推进中华民族伟大复兴；又为解决人类面临的共同问题提供越来越多的中国智慧、中国方案，为不稳定、不确定、不安全因素日益上升的世界增加了稳定性、确定性、安全性。

第一，提出并贯彻新发展理念，为世界和平与发展作出贡献。中国是一个拥有十几亿人口的大国，而且已经成为世界经济链条中的重要一环。所以，中国的发展与稳定直接关系到世界的繁荣与发展。在这一背景下，党和国家始终以经济建设为中心，坚持深化改革与对外开放并举，完成了全面建成小康社会和脱贫攻坚任务，实现了第一个百年奋斗目标。"我国国内生产总值从1952年的679.1亿元跃升至2020年的101.6万亿元，实际增长约189倍。人均国内生产总值从新中国成立初期的几十美元增加到2020年的超过1万美元，实现了从低收入国家向中低收入国家、再到中高收入国家的跃升……实现了从农业大国到工业大国的历史性转变。"[①]综合国力显著增强的同时，党和国家深入贯彻人民至上的理念，人民生活水平得到显著提高，建成覆盖养老、医疗、低保、住房等领域的世界最大的社会保障体系，实现9899万农村贫困人口全部脱贫、832个贫困县全部摘帽、12.8万个贫困村全部出列，历史性地解决了绝对贫困问题，为全球减贫事业作出了重大贡献。至此，我国人类发展指数进入"高人类发展水平"阶段，

---

① 中共国家发展改革委党组：《迈向中华民族伟大复兴的一次历史性跨越》，《求是》2021年第14期。

人的全面发展取得更为明显的实质性进展。事实证明，全面建成小康社会开创了中华民族前所未有的历史时代，向着经济社会全面进步、全体人民共同富裕迈出了坚实的一步，为实现第二个百年奋斗目标和中华民族伟大复兴奠定了物质基础，有利于世界的和平与发展。

随着中华民族伟大复兴迎来关键期，改革也进入深水区。我们党继续以人民为中心推进全面深化改革，调整生产关系以适应生产力的发展状况，破除发展过程中出现的不平衡不充分的现象，进一步激发人民的积极性和市场活力，推动全面建设社会主义现代化国家。为此，我们党提出了以创新、协调、绿色、开放、共享为主旨的新发展理念，积极构建新发展格局，通过抓住新一轮科技革命和产业变革的机遇，推动互联网、大数据、人工智能、5G通信等新兴技术与绿色低碳产业深度融合，实现产业升级，从而有效提高产品附加值和人民可支配收入。与此同时，我们坚持统筹发展和安全两件大事，既要善于运用发展成果夯实国家安全的实力基础，又要善于塑造有利于经济社会发展的安全环境，实现高质量发展和高水平安全良性互动。中国的发展离不开世界，中国是世界发展的重要推动者。中华民族伟大复兴本身也是世界百年未有之大变局的组成部分。所以，要通过贯彻新发展理念实现高质量发展，抓住世界各国人民的共同诉求，着眼全球性问题，维护全人类共同利益，将中国的发展建立在世界各国人民共同繁荣的基础之上，以中国的发展搭建世界繁荣的基础，引领人类进步潮流，为世界文明发展和解决人类问题提供中国智慧和中国方案。

第二，提出并推动"一带一路"建设高质量发展，实现互利共赢，造福各国人民。随着世界局势步入大发展大变革大调整时期，以往的国际政治格局、国际经济结构乃至地缘政治形势都开始深度变化。由美国次贷危机引发的2008年国际金融危机造成了一系列灾难性后果。在这场危机的影响下，西方国家的经济生活、政治生活和社会民生等方面都出现了各种问题,呈现出经济发展失调、政治体制失灵、社会融合机制失效的特征。上述问题直接导致逆全球化现象加剧,部分国家实施贸易管控和技术封锁,试图竭力保住其在国际竞争中的优势地位。国际政治和经济竞争的白热化使得大量全球治理议题被打上政治化的烙印,严重阻碍全球合作与共同发展。但是,"中国始终支持经济全球化,坚定实施对外开放基本国策。中国将继续促进贸易和投资自由化便利化,维护全球产业链供应链顺畅稳定,推进高质量共建'一带一路'"①。

"一带一路"倡议秉持共商共建共享原则,以和平合作、开放包容、互学互鉴、互利共赢的理念,全方位推进务实合作,打造政治互信、经济融合、文化包容的利益共同体、命运共同体和责任共同体。自2013年提出"丝绸之路经济带"和"21世纪海上丝绸之路"的合作倡议以来,中国已经与150多个国家和30多个国际组织签署200多份共建"一带一路"合作文件;共同打造了中蒙俄、新亚欧大陆桥、中国—中亚—西亚、中国—中南半岛、中巴和孟中印缅六大经济走廊;建立了新丝绸之路大学联盟、"一带一路"国际科学组织联盟、"一带一路"城市旅游联盟、"一带一路"税收征管合作机制、"一带一路"能源合作伙伴关系等多边组织和合作机制;建成亚洲基础设施投资银行、蒙内铁路、卡拉奇—拉合尔高速公路、老挝铁路、中亚天然气管线项目等几十个大型项目;成功举办三届"一带一路"国际合作高峰论坛。

2013—2022年,中国与共建国家进出口总额累计19.1万亿美元,年均增长6.4%;与共建国家双向投资累计超过3800亿美元,其中中国对外直接投资超过2400亿美元。2022年,中国与共建国家进出口

---

① 《习近平谈治国理政》第四卷,外文出版社2022年版,第464页。

总额近2.9万亿美元，占同期中国外贸总值的45.4%，较2013年提高了6.2个百分点。2013年以来，中国支持逾万名共建国家青年科学家来华开展短期科研工作和交流，累计培训共建国家技术和管理人员1.6万余人次，面向东盟、南亚、阿拉伯国家、非洲、拉美等区域建设了9个跨国技术转移平台，累计帮助50多个非洲国家建成20多个农业技术示范中心，在农业、新能源、卫生健康等领域启动建设50余家"一带一路"联合实验室。截至2023年6月底，中国已与45个共建国家和地区签署高等教育学历学位互认协议。中国政府原子能奖学金项目已为26个共建国家培养了近200名和平利用核能相关专业的硕博士研究生。共建国家还充分发挥"一带一路"高校战略联盟、"一带一路"国际科学组织联盟等示范带动作用，深化人才培养和科学研究国际交流合作。[1]通过留学项目，中国为"一带一路"沿线国家培养了大批国家发展急需人才。与此同时，中联部、教育部还通过各类基金帮助欠发达国家发展基础教育。比如，"老挝中老友好农冰村小学曾是其所在县小学中硬件比较差的一所学校，后经过中国和平发展基金会历时7年的援建，现已成为万象市的'示范学校'、'美丽校园'"[2]。如今，共建"一带一路"倡议核心理念已被写入联合国、二十国集团、亚太经合组织、上合组织等国际组织和多边机构重要文件，"一带一路"倡议与上海合作组织、中国—东盟"10+1"、亚太经合组织、亚欧会议、亚洲合作对话、亚信会议、中阿合作论坛、中国—海合会战略对话、大湄公河次区域经济合作、中亚区域经济合作等多边合作机制形成联动。"一带一路"已经成为深受欢迎的国际公共产品和国际合作平台，有助于形成更大范围、更宽领域、更深层次对

---

[1] 中华人民共和国国务院新闻办公室：《共建"一带一路"：构建人类命运共同体的重大实践》，《人民日报》2023年10月11日。
[2] 宋涛：《党的对外工作与共建"一带一路"高质量发展》，《求是》2019年第16期。

外开放格局，让世界各国人民共享中国的发展成就，实现共同繁荣与发展。

第三，提出并积极践行共商共建共享的全球治理观，推动全球治理体系朝着更加公正合理的方向发展。近年来，受到贸易保护主义、单边主义和新冠疫情的影响，全球经济遭遇困境，贸易和金融流动性大幅下降。经贸纠纷引发政治危机，进而导致多个议题政治化，国际竞争日益激烈，国际局势动荡加剧，全球治理赤字逐步增大，全球治理体系亟待改革。"中国积极参与全球治理体系改革和建设，践行共商共建共享的全球治理观，坚持真正的多边主义，推进国际关系民主化，推动全球治理朝着更加公正合理的方向发展。坚定维护以联合国为核心的国际体系、以国际法为基础的国际秩序、以联合国宪章宗旨和原则为基础的国际关系基本准则，反对一切形式的单边主义，反对搞针对特定国家的阵营化和排他性小圈子。推动世界贸易组织、亚太经合组织等多边机制更好发挥作用，扩大金砖国家、上海合作组织等合作机制影响力，增强新兴市场国家和发展中国家在全球事务中的代表性和发言权。中国坚持积极参与全球安全规则制定，加强国际安全合作，积极参与联合国维和行动，为维护世界和平和地区稳定发挥建设性作用。"[1]

为了应对重大全球新挑战，中国与39个发展中国家签署46份应对气候变化南南合作谅解备忘录，为120多个发展中国家培训约2300名气候变化领域的官员和技术人员；[2] 中国人民解放军有效执行了反恐维稳、国际维和、亚丁湾护航等重大任务，30年间累计派出维和官兵4万多人次，参加了25项联合国维和行动，足迹遍布亚非拉

---

[1]《习近平著作选读》第一卷，人民出版社2023年版，第51页。
[2] 中华人民共和国国务院新闻办公室：《携手构建人类命运共同体：中国的倡议与行动》，《人民日报》2023年9月27日。

20多个国家和地区，有16名中国官兵为了和平事业献出了宝贵的生命[①]；中国致力于消除经济全球化带来的贫富差距，通过"一带一路"国际合作向周边国家、落后国家提供资金和技术援助，帮助它们摆脱贫困，谋求共同发展，2013年至2018年，中国对外援助金额为2702亿元人民币，其中无偿援助占总额的47.3%。[②] 世界银行的报告显示，到2030年，共建"一带一路"预计可以帮助全球760万人摆脱极端贫困、3200万人摆脱中度贫困；2023年是中国援外医疗队派遣60周年，60年来，中国向全球76个国家和地区累计派出了3万人次中国医疗队队员。新冠疫情发生以来，中国向153个国家和15个国际组织提供抗疫物资，与全球180多个国家和地区、10多个国际组织共同举办疫情防控、医疗救治等技术交流活动300余场，向34个国家派出37支抗疫医疗专家组，毫无保留分享中国抗疫经验，已向120多个国家和国际组织供应超过22亿剂次的新冠疫苗。[③]

中国以实际行动诠释了世界和平建设者、全球发展贡献者、国际秩序维护者、公共产品提供者、热点问题斡旋者的大国责任担当的真正内涵，切实为人类的和平、发展、进步、繁荣发挥着重要积极作用。

## 六、目标愿景：推动构建人类命运共同体

当前，世界百年未有之大变局加速演进，"国际力量对比深刻调

---

[①] 参见中华人民共和国国务院新闻办公室：《中国军队参加联合国维和行动30年》，人民出版社2020年版，第7、14页。中华人民共和国国务院新闻办公室发布的《携手构建人类命运共同体：中国的倡议与行动》白皮书已显示：30多年来，中国已派出维和人员5万余人次，赴20多个国家和地区参加联合国维和行动，成为联合国维和的关键力量。
[②] 参见中华人民共和国国务院新闻办公室：《新时代的中国国际发展合作》，人民出版社2021年版，第14页。
[③] 参见陈芳、徐鹏航、田晓航：《携手同心 共克时艰——中国为国际抗疫作出重要贡献》，新华社2023年1月14日。

整,单边主义、保护主义、霸权主义、强权政治对世界和平与发展威胁上升,逆全球化思潮上升,世界进入动荡变革期"[1],世界之变、时代之变、历史之变正以前所未有的方式展开。这样的世界,一方面,新一轮科技革命和产业变革深入发展,和平、发展、合作、共赢的历史潮流不可阻挡,人心所向、大势所趋决定了人类前途终归光明,我国站在历史正确的一边,面临新的战略机遇;另一方面,逆全球化思潮抬头,世界经济复苏乏力,局部冲突动荡频发,全球性挑战加剧,恃强凌弱、巧取豪夺、零和博弈等霸权霸道霸凌行径严重破坏国际安全和全球合作,和平赤字、发展赤字、安全赤字、治理赤字加重。"世界又一次站在历史的十字路口,何去何从取决于各国人民的抉择。"[2]

2013年3月,习近平主席在莫斯科国际关系学院发表演讲时,首次提出构建人类命运共同体理念。之后,习近平主席在多个重要场合不断丰富和发展推动构建人类命运共同体这个重大思想和中国相应的重大举措。2022年10月,党的二十大从更高的境界旗帜鲜明地指出:"构建人类命运共同体是世界各国人民前途所在。万物并育而不相害,道并行而不相悖。只有各国行天下之大道,和睦相处、合作共赢,繁荣才能持久,安全才有保障。"[3]推动构建人类命运共同体包括五个方面:坚持对话协商,推动建设一个持久和平的世界;坚持共建共享,推动建设一个普遍安全的世界;坚持合作共赢,推动建设一个共同繁荣的世界;坚持交流互鉴,推动建设一个开放包容的世界;坚持绿色低碳,推动建设一个清洁美丽的世界。这"五个世界"的建设已经被写入党的二十大修改过的党章,既是我们党回答中国之问、世界之

---

[1] 《中共中央关于党的百年奋斗重大成就和历史经验的决议》,人民出版社2021年版,第59—60页。
[2] 《习近平著作选读》第一卷,人民出版社2023年版,第49页。
[3] 《习近平著作选读》第一卷,人民出版社2023年版,第51页。

问、人民之问、时代之问，积极回应各国人民普遍关切的中国方案，推动各国同行的天下大道、共同追求的美好愿景；又是我们党牢牢把握实现民族伟大复兴和促进人类进步的主线所确立的中国式现代化本质要求之一和新时代中国特色大国外交的总目标，已经并将继续在我国对外关系中全面贯彻深化。需要特别指出的是，推动构建人类命运共同体，不是以一种制度代替另一种制度，不是以一种文明代替另一种文明，而是不同社会制度、不同意识形态、不同历史文化、不同发展水平的国家在国际事务中利益共生、权利共享、责任共担，形成共建美好世界的最大公约数。

政治上，坚决摒弃冷战思维、霸权主义和强权政治，改变以无政府状态和权力政治为基准的国际政治规则，走对话而不对抗、结伴而不结盟的国与国交往新路，推动建立新型国际关系。安全上，坚决反对以武力或武力威胁迫使他国服从，反对威胁他国安全、主权独立和领土完整，反对各种形式的恐怖主义、分裂主义和极端主义，坚持以对话解决争端、以协商化解分歧，坚守安全不可分割原则，一个国家的安全不能建立在别国的动荡之上，统筹应对传统安全和非传统安全威胁。经济上，要同舟共济，促进贸易和投资自由化便利化，推动经济全球化朝着更加开放、包容、普惠、平衡、共赢的方向发展。文明间关系上，要尊重世界文明多样性，促进文明交流、加强文明互鉴、实现文明共存。人与自然关系上，要建设资源节约型、环境友好型社会。"人类面临的所有全球性问题，任何一国想单打独斗都无法解决，必须开展全球行动、全球应对、全球合作。"[1]

为了构建人类命运共同体，中国愿意同国际社会一道努力，推动落实全球发展倡议和全球安全倡议。2021年9月21日，习近平主

---

[1]《习近平谈治国理政》第四卷，外文出版社2022年版，第461页。

席在北京以视频方式出席第七十六届联合国大会提出全球发展倡议。该倡议主张各国坚持发展优先，以人民之心为心、以天下之利为利，围绕落实联合国2030年可持续发展议程，推动实现更加强劲、绿色、健康的全球发展，构建团结、平等、均衡、普惠的全球发展伙伴关系，共创普惠平衡、协调包容、合作共赢、共同繁荣的发展格局，推动构建全球发展共同体。2022年4月，习近平主席在博鳌亚洲论坛2022年年会开幕式上提出全球安全倡议。该倡议主张坚持共同、综合、合作、可持续的安全观，倡导共同维护世界和平和安全，不干涉他国内政，尊重各国人民自主选择的发展道路和社会制度，摒弃冷战思维，反对单边主义，反对集团政治、阵营对抗、滥用单边制裁和"长臂管辖"，反对把本国安全建立在他国不安全的基础之上，推动构建均衡、有效、可持续的安全架构和不可分割的全球安全共同体。这两个全球倡议是中国为国际社会提供的重要国际公共产品，为完善全球发展和安全治理体系提供了新思路，契合了世界各国人民追求幸福生活、促进经济繁荣和共同安全的美好愿望。发展与安全是人类进步的基石，通过构建全球发展命运共同体和全球安全共同体，能够弥合发展鸿沟、减少安全赤字，让世界变得更加和平、安全和繁荣，增进国家之间、文明之间的互信和相互依存，从而为推动构建人类命运共同体打造坚实基础、提供重要依托。

为了构建人类命运共同体，中国呼吁弘扬全人类共同价值。我国历来尊重价值观的共通性和历史性，在超越西方"普世价值观"和文明冲突论的前提下，提出了全人类共同价值，这为尊重理解文明差异和价值观分歧搭建了桥梁，为实现和平共处和交流互鉴奠定了价值基础。"全人类共同价值，不是哪个国家的专利，而是各国人民的权利……我们应以宽广胸怀理解不同文明对价值内涵的认识，尊重不同国家人民对价值实现路径的探索，更好汇聚人类文明进步的精神力量。"①构建人类命运共同体，需要凝聚各国人民的价值共识、汇聚各国人民的精神力量。全人类共同价值的提出，从价值层面最大限度地凝聚了世界人民的共识，这不仅为推动构建人类命运共同体提供了价值引领，而且在实践层面为凝聚世界各国的力量提供了重要价值基础。随着全人类共同价值在全球治理领域和公共政策领域的价值引领作用不断增强，构建人类命运共同体、创造人类文明新形态的愿景将逐步变成现实。这正应和了中国共产党谋求"天下大同"、为人类文明进步崇高事业努力奋斗的天下情怀。

新征程上，我们要赢得优势、赢得主动、赢得未来，不断创造新的辉煌，不断为人类发展作出新的更大贡献，必须深刻领悟习近平新时代中国特色社会主义思想胸怀天下的视野和情怀。既立足中国大地寻找解决中国问题的方案，又拓展世界眼光，洞察人类发展进步潮流，积极回应各国人民普遍关切，以海纳百川的宽阔胸襟借鉴吸收人类一切优秀文明成果，为解决人类面临的共同问题提供新思路新方案。既全面把握世界进入新的动荡变革期给我国发展带来的战略机遇和风险挑战，坚持从中国的基本国情出发，把国家和民族发展放在自己力量的基点上，把中国发展进步的命运牢牢掌握在自己手中；又坚定不移走和平发展道路，深化拓展同世界各国的互利合作，同国际社会一道构建人类命运共同体，推动建设更加美好的世界。

---

① 仲音：《弘扬全人类共同价值（人民论坛）——共同推进构建人类命运共同体伟大进程》，《人民日报》2022年8月10日。

## 在顽强斗争中牢牢掌握发展主动权

习近平总书记指出:"坚持发扬斗争精神。增强全党全国各族人民的志气、骨气、底气,不信邪、不怕鬼、不怕压,知难而进、迎难而上,统筹发展和安全,全力战胜前进道路上各种困难和挑战,依靠顽强斗争打开事业发展新天地。"[1] "推进中国式现代化,是一项前无古人的开创性事业,必然会遇到各种可以预料和难以预料的风险挑战、艰难险阻甚至惊涛骇浪,必须增强忧患意识,坚持底线思维,居安思危、未雨绸缪,敢于斗争、善于斗争,通过顽强斗争打开事业发展新天地。"[2]

### 一、科学把握前所未有的复杂环境

当前,我国正处于实现中华民族伟大复兴的关键时期,正在经历人类历史上最为宏大而独特的实践创新,改革发展稳定任务之重、矛盾风险挑战之多、治国理政考验之大前所未有。我们现在所处的,是

---

[1] 《习近平著作选读》第一卷,人民出版社2023年版,第23页。
[2] 《正确理解和大力推进中国式现代化》,《人民日报》2023年2月8日。

一个船到中流浪更急、人到半山路更陡的时候，是一个愈进愈难、愈进愈险而又不进则退、非进不可的时候。我们比历史上任何时期都更接近、更有信心和能力实现中华民族伟大复兴的目标。但越是接近实现目标，越是各种可以预见和难以预见的风险的易发期高发期，越是需要随时准备应对更加复杂困难的局面。

从国际看，世界正经历百年未有之大变局，和平与发展仍然是时代主题，新一轮科技和产业革命深入发展，国际力量对比深刻调整，全球治理体系变革深度推进。与此同时，经济全球化遭遇逆流，民粹主义、排外主义抬头，单边主义、保护主义、霸权主义对世界和平与发展构成威胁，国际经济、科技、文化、安全、政治、生态等格局都在发生深刻复杂变化，大国博弈日趋激烈。乌克兰危机等造成的冲击，导致大变局加速深刻演变，全球动荡源和风险点增多，不稳定不确定不安全因素明显上升，国际环境日趋错综复杂。

从国内看，我国发展总体态势是好的，完全有基础、有条件、有能力取得新的更大胜利，但也面临各种矛盾叠加、风险挑战显著增多的复杂环境。我国发展具有诸多战略性的有利条件，包括中国共产党坚强领导的根本政治保证，中国特色社会主义制度在应对各种重大风险挑战方面的显著优势，持续快速发展积累的经济实力、科技实力、国防实力、综合国力奠定的坚实基础，长期稳定的社会环境和不断提升的社会治理水平营造的良好条件，全国各族人民不断激发的积极性、主动性、创造性凝聚形成的强大精神力量。同时，在我国社会主要矛盾转化和外部环境变化的背景下，我们也面临不少长期没有解决的深层次矛盾问题以及一些新出现的矛盾问题，面临长期执政考验、改革开放考验、市场经济考验、外部环境考验，以及精神懈怠的危险、能力不足的危险、脱离群众的危险、消极腐败的危险等治国理政的重大考验。

站在新的历史方位，面对这样的内外环境，以习近平同志为核心的党中央深入分析国际国内大势和纷繁复杂现象的本质，作出重大战略判断，认为"时"与"势"在我们一边，要求全党必须谦虚谨慎、艰苦奋斗，增强忧患意识、坚持底线思维。

## 二、依靠顽强斗争取得历史性成就

敢于斗争、敢于胜利，是我们党和人民不可战胜的强大精神力量。我们至今取得的一切成就，不是天上掉下来的，不是别人恩赐的，而是通过不断斗争取得的。

党的十八大以来，以习近平同志为核心的党中央坚持系统观念，统筹把握中华民族伟大复兴战略全局和世界百年未有之大变局之间多方面、深层次的联动关系，深刻认识我国社会主要矛盾变化以及复杂国际环境带来的新挑战、新要求，审时度势作出立足当前、着眼长远的重大战略部署。既明确了"两个一百年"奋斗目标和分两步走全面建成社会主义现代化强国的重大战略部署，又制定了统筹推进"五位一体"总体布局、协调推进"四个全面"战略布局等一系列战略安排，坚持稳中求进的工作总基调，实施富有前瞻性、全局性、基础性、针对性的重大举措，统筹谋划重要领域的接续改革，成功推进和拓展了中国式现代化，创造了人类文明新形态。

党的十八大以来，以习近平同志为核心的党中央坚持加强党的全面领导，全力推进全面建成小康社会进程，立足新发展阶段、贯彻新发展理念、构建新发展格局，扎实推进全过程人民民主，积极发展社会主义先进文化，突出保障和改善民生，集中力量实施脱贫攻坚战，大力推进生态文明建设，统筹经济发展和疫情防控取得世界上最好的成果，大力度推进国防和军队现代化建设，全方位开展中国特色大国外交，在涉台涉港涉疆涉藏涉海斗争中坚决维护国家尊严和核心利益，实现高质量发展与高水平安全良性互动和动态平衡，牢牢掌握我国发展和安全主动权，续写经济快速发展和社会长期稳定两大奇迹，继"人民监督"之后找到了"自我革命"这个跳出历史周期率的第二个答案，确保党长期执政、国家长治久安。

习近平总书记强调："必须高度重视和切实防范化解各种重大风险。"2018年1月，在学习贯彻党的十九大精神专题研讨班开班式上，习近平总书记列举了八方面十六个具体风险并作出深刻分析、提出明确要求。2019年1月，在省部级主要领导干部坚持底线思维着力防范化解重大风险专题研讨班上，习近平总书记再次从九个方面强调了防范化解重大风险问题，要求领导干部肩负起防范化解重大风险的政治责任，密切关注那些可能迟滞甚至中断中华民族伟大复兴进程的重大风险，综合研判、统筹谋划、有力应对，尽最大努力避免其发生。对经济社会各领域面临的具体风险，增强预见性和主动性，提前制定应对预案，尽可能将其消除在萌芽状态。2020年10月，习近平总书记在党的十九届五中全会第二次全体会议上指出："一个大国的崛起，绝不可能是轻轻松松、一帆风顺的，必然要经历一番艰苦的磨炼和斗争。全党必须清醒认识前进道路上进行伟大斗争的长期性、复杂性、艰巨性，坚持底线思维，增强忧患意识，发扬斗争精神，提高斗争本领。"[1]

党的十八大以来，我们遭遇的风险挑战风高浪急，其复杂性严峻性前所未有。以习近平同志为核心的党中央团结带领全党全军全国各族人民，坚定信心、迎难而上，一仗接着一仗打。我们坚持正确的历史观、大局观、发展观，牢牢把握实现民族伟大复兴、促进人类进步

---

[1] 习近平：《新发展阶段贯彻新发展理念必然要求构建新发展格局》，《求是》2022年第17期。

这条主线，全面贯彻党的基本理论、基本路线、基本方略，胸怀"国之大者"，采取一系列战略性举措，推进一系列变革性实践，实现一系列突破性进展，取得一系列标志性成果，攻克了许多长期没有解决的难题，办成了许多事关长远的大事要事，经受住了来自政治、经济、意识形态、自然界等方面的风险挑战考验，党和国家事业取得历史性成就、发生历史性变革，在党史、新中国史、改革开放史、社会主义发展史、中华民族发展史上书写了光辉篇章。

### 三、坚持顽强斗争才能赢得未来

我们党在内忧外患中诞生、在历经磨难中成长、在攻坚克难中壮大，锤炼了不畏强敌、不惧风险、敢于斗争、敢于胜利的风骨和品质。我们依靠斗争创造历史，更要依靠斗争赢得未来。当前，世界进入新的动荡变革期，世界之变、时代之变、历史之变的特征更加明显。我国发展面临新的战略机遇、新的战略任务、新的战略阶段、新的战略要求、新的战略环境，需要应对的风险和挑战、需要解决的矛盾和问题比以往更加错综复杂甚至更加集中显露。必须深刻认识到，只有继续发扬越是艰险越向前的精神奋勇搏击，才能赢得主动、赢得未来。

把我们自己的事情做好。未来五年是全面建设社会主义现代化国家开局起步的关键时期，搞好这五年的发展对于实现第二个百年奋斗目标至关重要。为此，要永葆"赶考"的清醒和坚定，把握好习近平新时代中国特色社会主义思想的世界观和方法论，坚持好、运用好贯穿其中的立场观点方法，在新时代伟大实践中不断开辟马克思主义中国化时代化新境界，不断增强政治判断力、政治领悟力、政治执行力。促进政党关系、民族关系、宗教关系、阶层关系、海内外同胞关系和谐，调动一切可以调动的积极因素，团结一切可以团结的力量，紧紧抓住解决不平衡不充分的发展问题，着力在补短板、强弱项、固底板、扬优势上下功夫。

明确斗争重点。新征程上，必须坚持以中国式现代化推进中华民族伟大复兴，既不走封闭僵化的老路，也不走改旗易帜的邪路；坚持把国家和民族发展放在自己力量的基点上、把中国发展进步的命运牢牢掌握在自己手中。凡是危害中国共产党领导和我国社会主义制度的各种风险挑战，凡是危害我国主权、安全、发展利益的各种风险挑战，凡是危害我国核心利益和重大原则的各种风险挑战，凡是危害我国人民根本利益的各种风险挑战，凡是危害我国实现第二个百年奋斗目标、实现中华民族伟大复兴的各种风险挑战，只要来了，我们就必须进行坚决斗争，毫不动摇，毫不退缩，锲而不舍，直至取得胜利。

牢牢把握战胜重大风险挑战的战略主动。新征程上，我们面临的各种斗争不是短期的而是长期的，将伴随实现第二个百年奋斗目标全过程。在重大风险、强大对手面前，总想过太平日子、不想斗争是不切实际的，得"软骨病"、患"恐惧症"是无济于事的。唯有主动迎战、勇于碰硬、坚决斗争才有生路出路，才能赢得尊严、求得发展。必须把握新的伟大斗争的历史特点，发扬斗争精神，把握斗争方向，牢牢把住斗争主动权，坚定斗争意志，掌握斗争规律，增强斗争本领，有效应对重大挑战、抵御重大风险、克服重大阻力、解决重大矛盾。在斗争过程中坚持增强忧患意识和保持战略定力相统一，坚持战略判断和战术决断相统一，坚持战略坚定性和策略灵活性相统一，坚持斗争过程和斗争实效相统一，注重策略方法，讲求斗争艺术，合理选择斗争方式、把握斗争火候；在原则问题上寸步不让、在策略问题上灵活机动，根据形势需要，把握时、度、效，及时调整斗争策略，最终战胜前进道路上的一切艰难险阻，不断取得新时代伟大斗争新胜利。

## ◦ 坚定站在历史正确的一边

习近平总书记在2023年新年贺词中再次强调，我们坚定站在历史正确的一边、站在人类文明进步的一边。这是中国共产党百年奋斗历程的执着坚守。那么，何为历史正确的一边？主要体现在哪些方面？中华民族要实现伟大复兴，唯有继续坚定站在历史正确的一边，又该如何抉择知与行？

历史潮流，浩浩荡荡，奔腾向前，短时间看会有曲折甚至逆转，长时段里则始终是不断进步、愈趋开阔。所谓站在历史正确的一边，就是顺应潮流、持续进步、日益繁荣；顺之则昌，逆之则亡。当然，这里所指的是融汇各国各民族历史支流于一体的世界历史和人类历史。这个大历史开始于15、16世纪的地理大发现和新航路开辟，经历了随之和随后发生的资产阶级革命、三次工业革命、西欧列强对外殖民体系的建立和崩解、广大新兴经济体和发展中国家的群体性梯次崛起、不同宗教文明思潮的交流交锋交融等一系列大事变，持续演进至今，总体向前向上，呈现五大趋势。不断因应、调适进而推动和引领这些大势，当属站在历史正确的一边。

# 下 篇

## 一、资本主义占据优势地位，世界仍将两制共存

当今世界作为一个整体的历史，是从资本主义产生并成为主要生产方式，进而形成相应的生产关系和上层建筑，在全球范围内不断扩张开始的。正如马克思、恩格斯所指出的："各民族的原始封闭状态由于日益完善的生产方式、交往以及因交往而自然形成的不同民族之间的分工消灭得越是彻底，历史也就越是成为世界历史。"[①]世界历史形成的过程就是资本主义在全球范围内确立主导地位的过程。直至20世纪初，列宁领导的俄国十月革命取得胜利，社会主义从理论变为现实，才打破了资本主义一统天下的世界格局。第二次世界大战结束后，一大批社会主义国家相继诞生，特别是中华人民共和国成立，极大地壮大了世界社会主义力量，进一步改变当今世界资本主义和社会主义的力量对比。20世纪80年代末90年代初，东欧剧变和苏联解体，世界上只有中国、越南、老挝、朝鲜、古巴等五个国家继续实行社会主义制度。资本主义一度急欲消除社会主义，再度实现一统天下、"历史终结"。

然而，2008年国际金融危机以来，特别是新冠疫情肆虐全球叠加乌克兰危机造成的一系列冲击，美欧等资本主义国家面临经济增长乏力、社会贫富分化加剧、党派政治对立加重等各种难题，急于寻求"再工业化""再现代化"甚至要搞"新型资本主义"来加以摆脱。相比之下，中国特色社会主义进入新时代，以习近平同志为主要代表的中国共产党人创立了习近平新时代中国特色社会主义思想，实现了马克思主义中国化时代化新的飞跃，正在指引开创中国式现代化和人类文明新形态，使科学社会主义在二十一世纪的中国焕发出新的蓬勃生

---

① 《马克思恩格斯文集》第一卷，人民出版社2009年版，第540—541页。

机，把马克思主义在人类思想史上的科学性、真理性、影响力、传播面推升到新境界。越南、老挝、朝鲜等社会主义国家积极探索符合本国国情的发展道路。

即便如此，我们依然非常清醒地认识到，"尽管我们所处的时代同马克思所处的时代相比发生了巨大而深刻的变化，但从世界社会主义五百年的大视野来看，我们依然处在马克思主义所指明的历史时代"[①]，即资本主义时代。习近平总书记强调："事实一再告诉我们，马克思、恩格斯关于资本主义社会基本矛盾的分析没有过时，关于资本主义必然消亡、社会主义必然胜利的历史唯物主义观点也没有过时。这是社会历史发展不可逆转的总趋势，但道路是曲折的。资本主义最终消亡、社会主义最终胜利，必然是一个很长的历史过程。我们要深刻认识资本主义社会的自我调节能力，充分估计到西方发达国家在经济科技军事方面长期占据优势的客观现实，认真做好两种社会制度长期合作和斗争的各方面准备。在相当长时期内，初级阶段的社会主义还必须同生产力更发达的资本主义长期合作和斗争，还必须认真学习和借鉴资本主义创造的有益文明成果。"[②]也就是说，当今世界在可预见的未来将继续呈现资本主义与社会主义两制并存的局面，中国作为当今世界最大的社会主义国家积极寻求与资本主义国家相互尊重、和平共处、相互借鉴、合作共赢。

## 二、经济全球化仍将继续，世界亟须协同共治

经济全球化是社会生产力发展的客观要求和科技进步的必然结

---

[①] 习近平：《论党的宣传思想工作》，中央文献出版社2020年版，第286页。
[②] 《习近平著作选读》第一卷，人民出版社2023年版，第84页。

果，自资产阶级登上历史舞台并开拓世界市场至今，大致经历了殖民扩张和世界市场形成阶段、两个平行世界市场阶段、经济全球化快速发展阶段。在第三阶段，经济全球化不断释放和提高人类社会的生产力，促成了商品大流通、贸易大繁荣、投资大便利、资本大流动、技术大发展，形成了囊括越来越多国家的全球产业链价值链供应链。

与此同时，经济全球化第三阶段造成的负面效应在长期累积之后，持续凸显发酵。世界政治经济社会的分散化和碎片化趋势不断上升，全球层面的人口发展失衡、地球生态环境失衡、财富分配失衡、数字鸿沟、南北差距等变得越来越突出。地区之间、国家之间、国家内部不同群体之间的分化、失衡甚至断裂变得越来越严重。特别是在世界经济处于下行期的时候，全球经济"蛋糕"不仅不容易做大反而变小，增长和分配、资本和劳动、效率和公平之间的矛盾在各个层面不断加重。这些问题加上全球气候变化、粮食危机、能源危机等全球性挑战的冲击，使得世界和平赤字、发展赤字、安全赤字、治理赤字变得越来越突出。

治理这些负面效应，需要各国调整自己的经济增长方式，改革国内利益的分配机制，完善社会治理的体制模式，加强和改进国际合作模式。逆全球化和反全球化不符合历史潮流，"筑墙设垒""脱钩断链"解决不了问题，单打独斗甚至以邻为壑更是没有任何出路。顺应这样的大势，我国明确提出，坚持经济全球化正确方向，坚持对外开放的基本国策，坚定奉行互利共赢的开放战略，不断拓展同世界各国的合作；坚持真正的多边主义，推进国际关系民主化，推动全球治理朝着更加公正合理的方向发展，在更多领域、更高层面上同世界各国实现合作共赢、共同发展；坚持开放包容、不搞封闭排他，坚持以国际法则为基础、不搞唯我独尊，坚持协商合作、不搞冲突对抗，坚持与时俱进、不搞故步自封，同世界各国共同努力落实全球发展倡议和全球安全倡议，呼吁弘扬和平、发展、公平、正义、民主、自由的全人类共同价值，促进各国人民相知相亲，推动构建人类命运共同体。

### 三、现代化进程持续扩展深化，世界各国迎来更广阔发展空间

现代化作为近代以来形成并不断演进增强的世界大趋势，在广义上主要指工业革命以来，生产力大发展导致社会生产方式发生重大变革，进而推动世界经济加速发展，并引起社会文化相应地发生重大变化。具体说，现代化作为一个历史进程，就是以现代科学和技术革命、产业发展和变革为推动力，使传统农业社会实现向现代工业社会的重大转变，使工业主义渗透到经济、政治、文化、思想等各个领域，并引起社会组织形式和社会行为方式发生深刻变革。这个历史趋势及其进程，从欧美国家开始，伴随第一次、第二次、第三次科技革命和产业革命的推进，不断向世界越来越多的国家和地区扩展，以不同的速度、不同的程度、不同的方式把越来越多的国家、地区、民族纳入其中，并呈现不同的效果和特点。从总体上看，欧美国家和地区的现代化进程大致从15、16世纪开始，至今经历了500多年的演化，是一个从传统农业社会中逐步滋长起来的内生型的现代化。欧美之外的国家和地区的现代化，则是在本地内在变革动力尚不足以开启现代化进程的历史条件下，经受西方侵略扩张的强烈冲击，在被殖民地化和半殖民地化的过程中，为了抵抗或应对外部侵略扩张而发起的反传统的思想革命、商业革命、工业革命、社会革命。这些变革或革命在相当程度上是从外部传导进入的外源型的，通常伴随着同本地传统和外部世界双重的剧烈冲突。"大体而言，一个国家（社会）的历史与

文化传统愈是深厚，愈是自成体系，现代化变革遇到的阻力就愈大，传统与变革的冲突就愈剧烈，在变革过程出现的烟雾、扭曲与变异性也愈加突出。"[1]

如今，第四次科技和产业革命正蓄势待发。信息、生命、制造、能源、空间、海洋等方面的科学原创突破提供了更多创新源泉，多种重大颠覆性技术不断涌现、交叉融合、集群突破，科技成果转化速度明显加快，产业组织形式和产业链条更具垄断性，对全球创新版图的重构和全球经济结构的重塑作用将变得更加突出。这些科技创新和产业变革在全球化范围内的传播扩散同样是一个不可阻挡的必然进程，同样将带动越来越多国家和地区的经济增长、政治运行、社会组织和治理等各个领域从理论到实践的深刻变化。在此过程中，世界不同国家和地区实现现代化虽然仍将遵循大致相似的逻辑发展，但在具体实践上势必呈现越来越丰富多样的模式。

正是顺应这种大势，党的二十大在新中国成立特别是改革开放以来长期探索和实践基础上，经过党的十八大以来在理论和实践上的创新突破，首次系统阐述了中国式现代化。中国式现代化既有各国现代化的共同特征，更有基于自己国情的鲜明特色。党的二十大报告明确概括了中国式现代化是人口规模巨大的现代化，是全体人民共同富裕的现代化，是物质文明和精神文明相协调的现代化，是人与自然和谐共生的现代化，是走和平发展道路的现代化这5个方面的中国特色。其本质要求是：坚持中国共产党领导，坚持中国特色社会主义，实现高质量发展，发展全过程人民民主，丰富人民精神世界，实现全体人民共同富裕，促进人与自然和谐共生，推动构建人类命运共同体，创

---

[1] 罗荣渠：《现代化新论——世界与中国的现代化进程》（增订版），商务印书馆2004年版，第531页。

造人类文明新形态。中国式现代化的探索拓展了人类实现现代化的途径，表明广大发展中国家完全可以寻找符合自身国情的现代化道路和模式。而且，中国坚定支持并尊重这样的努力，坚信这将给世界的发展和人类的进步提供更加强大的动力和更为广阔的空间。

### 四、文明多样化趋势愈加凸显，包容互鉴是跨越时空的世界共识

在2023年金砖国家工商论坛闭幕式上的致辞中，习近平主席指出："一朵鲜花打扮不出美丽的春天，百花齐放才能让世界春色满园。多姿多彩是人类文明的本色。正因为各国历史、文化、制度不尽相同，才需要交流互鉴、取长补短、共同进步。蓄意鼓噪所谓'民主和威权'、'自由和专制'的二元对立，只能造成世界割裂、文明冲突。"[①]

当今世界有200多个国家和地区，2500多个种族和民族。每个种族、民族、国家、地区都有属于自己的文明。诸如历史悠久的中华文明、希腊文明、罗马文明、埃及文明、两河文明、印度文明等，以及地域广阔的亚洲文明、非洲文明、欧洲文明、美洲文明、大洋洲文明等。在漫长的历史长河中，这些文明从茹毛饮血到田园农耕，从工业革命到信息社会，构成了波澜壮阔的文明图谱，书写了激荡人心的文明华章，每个华章都是劳动和智慧的结晶。这些文明无论从哪个地区、哪个国家、哪个民族的社会土壤之中发祥缘起，都是流动的、开放的；都是在同其他文明的碰撞交流中演化成今天的形态；都既属于

---

① 习近平：《深化团结合作 应对风险挑战 共建更加美好的世界——在2023年金砖国家工商论坛闭幕式上的致辞》，《人民日报》2023年8月23日。

某个地区、某个国家和某个民族，也属于整个世界和全人类。这些文明都凝结着不同种族、民族、国家、地区的集体记忆、思想符号、精神智慧，都各有千秋、各有不足、各有价值，都值得承认、珍惜、尊重，没有高低、优劣、好坏之别。人类历史原本就是一幅不同文明相互交流、彼此借鉴、和合融通、多姿多彩的宏伟画卷。

然而近代以来，追求主权独立的民族国家成为国际社会最主要的行为体，附着其上的国家政治、经济、军事等各方面利益及其引起的各种矛盾斗争成为影响世界进程和人类发展的重要因素。这些因素渗透、割裂、裹挟、阻碍国际关系和地区交往，放大、扭曲、恶化文明之间的差异，冲击着文明之间的互动甚至掀起文明冲突论的恶浪，刺激、加剧思想文化分歧和国际矛盾斗争，增加弥合利益鸿沟和解决热点难点问题的困难，严重干扰破坏文明之间的交流促进，给整个人类的发展前景蒙上阴影。与此同时，随着经济全球化和社会信息化进程深入发展，各国各民族在推进现代化的过程中都以不同方式和在不同程度上强调结合自身传统文化，都在探寻蕴含自身文明特点的经济社会发展模式和国家治理模式，都渴望自己选择的发展道路和社会制度得到平等的承认尊重，都在主动或被动、直接或间接地借鉴其他文明和发展模式。

在此历史大背景下，基于中华文明5000多年绵延兴盛的经验秘诀和人类文明演进的基本规律，习近平主席2018年在上海合作组织青岛峰会上明确提出平等互鉴、对话包容的中国文明观，指出："尽管文明冲突、文明优越等论调不时沉渣泛起，但文明多样性是人类进步的不竭动力，不同文明交流互鉴是各国人民共同愿望。"[1]党的二十大报告再次强调，"尊重世界文明多样性，以文明交流超越文明隔阂、

---

[1]《习近平谈治国理政》第三卷，外文出版社2020年版，第440—441页。

文明互鉴超越文明冲突、文明共存超越文明优越"①。我们明确主张，人类文明因包容才有交流互鉴的动力，因交流才更显多彩，因互鉴才更趋丰富。各种不同文明相处都应该大力弘扬和而不同的精神，而不应该相互隔膜、相互排斥、相互取代，这样才能使人类创造的一切文明中的优秀文化基因与当代文化相适应、与现代社会相协调，使世界文明之园变得万紫千红、生机盎然。对本国文明与其他文明的差异，要理性处理，坚持求同存异、取长补短；不要看到其他文明与自身文明有所不同，就感到不顺眼，就加以攻击和贬损，就要千方百计去改造、去同化，甚至企图以自己的文明取而代之。历史和现实反复证明，傲慢和偏见是文明交流互鉴的最大障碍，和而不同才是人类各种文明协调发展的真谛。

## 五、世界进入多极时代，国际战略呈现总体稳定态势

世界走向多极化是历史发展的必然趋势。这一历史进程始于20世纪60年代末70年代初国际力量的分化重组，在80年代末90年代初东欧剧变和苏联解体之后加快发展。从那时至今乃至未来，绝大多数国家都反对单极独霸。进入21世纪，经历了"9·11"事件、阿富汗战争、伊拉克战争、国际金融危机、金砖国家兴起、"阿拉伯之春"、新冠病毒肆虐全球、乌克兰危机爆发等一系列重大事件的连续冲击，国际力量对比消长愈加凸显，多极化趋势在不同层面和不同领域深入推进。美国已从世纪之交的世界唯一超级大国逐渐滑落成为多极格局中最强的一个力量，仍力图保持相当突出的战略优势。俄罗斯在苏联的地缘政治空间内极力维护作为世界多力量中心之一的地位。

---
① 《习近平著作选读》第一卷，人民出版社2023年版，第51—52页。

欧盟在法德主导下更加注重加强"战略自主"、提升军事力量、加强政治共同体建设，日益成为国际事务中重要的战略力量。日本实现国家发展战略根本转型，从经济大国成为政治军事大国，在地区格局和全球战略中的影响力不断提升。印度凭借不断上升的经济实力、地缘优势、左右逢源的外交优势持续提升大国地位，但空间局促。我国经过新时代十年的历史性变革，迈上全面建设社会主义现代化国家新征程，国际影响力、感召力、塑造力显著提升。至此，由美国、俄罗斯、中国、欧盟、日本、印度等主要战略力量构成的世界多极格局趋于成形。

世界主要战略力量一致认定，后冷战时期已经结束，多极时代已经来临，世界正处于一个重大历史转折点。值此重要历史时刻，我国坚定奉行独立自主的和平外交政策，坚持在和平共处五项原则基础上同各国发展友好合作，推动构建新型国际关系，深化拓展平等、开放、合作的全球伙伴关系，致力于扩大同各国利益的汇合点。作为一个负责任大国，我国永远不称霸、永远不搞扩张、不参加任何军备竞赛和军事集团、不谋求势力范围，坚决反对一切形式的霸权主义和强权政治，反对冷战思维；积极促进大国协调和良性互动，推动构建和平共处、总体稳定、均衡发展的大国关系格局。随着多极格局下大国之间竞争与合作的交织互动、错综复杂的重组制衡，国际战略层面的总体动态稳定性有望进一步提升，大震荡和大突变的危险有望变得更加可控。

这些历史大势原本就在浩荡前进。我们党之所以能够准确洞察把握，坚定站在历史正确的一边，并且做到知行合一，根本就在于准确把握和科学运用习近平新时代中国特色社会主义思想的世界观和方法论，坚持胸怀天下。既立足中国大地寻找解决中国问题的方案，争取更多优势和更大主动，全面推进中华民族伟大复兴；又拓展世界眼光，以海纳百川的宽阔胸襟借鉴吸收人类一切优秀文明成果，积极回应各国人民普遍关切，为解决人类面临的共同问题提供新思路新方案，为人类发展作出新的更大贡献。

# 准确把握新时代统筹两个大局的深刻内涵

我们党在为国家强盛和民族复兴而奋斗的伟大征程中,始终坚持用马克思主义观察时代、把握时代、引领时代,正确处理中国和世界的关系,统筹两个大局,确保在世界形势深刻变化的历史进程中始终走在时代前列,在应对国内外各种风险挑战的历史进程中始终成为全国人民的主心骨。在庆祝中国共产党成立100周年大会上,习近平总书记再次强调,新的征程上,必须统筹中华民族伟大复兴战略全局和世界百年未有之大变局,深刻认识我国社会主要矛盾变化带来的新特征新要求,深刻认识错综复杂的国际环境带来的新矛盾新挑战。

在不同历史时期,"统筹两个大局"具有不同的内涵和实践,需要准确理解,方能抓住和用好两个大局联动带来的各种历史机遇,方能直面和应对好两个大局相互作用带来的各种重大挑战斗争。这既是我们党过去百年取得成功的重要经验总结,更是我们党带领中国人民实现中华民族伟大复兴必须坚持的重要原则。统筹两个大局,在新民主主义革命时期,主要是统筹我国革命和世界革命;在社会主义革命和建设时期,主要是统筹我国社会主义建设与世界社会主义阵营的发展;在改革开放和社会主义现代化建设新时期,就是在积极适应和参与经济全球化的进程中实现我国快速发展壮大;进入新时代,就是在为中国人民谋幸福、为中华民族谋复兴的同时，积极为世界谋大同、为人类谋和平发展；在全面建设社会主义现代化国家的新征程上，就是以高度的政治自觉和战略自觉，不断深入统筹中华民族伟大复兴战略全局与世界百年未有之大变局，完整、准确、全面贯彻新发展理念，构建以国内大循环为主体、国内国际双循环相互促进的新发展格局。

在不同历史时期统筹两个大局，我们党始终贯穿一条主线，即坚持把马克思主义基本原理同中国具体实际相结合、同中华优秀传统文化相结合；坚持实事求是，从中国实际出发，洞察时代大势，把握历史主动，不断推进马克思主义中国化时代化，指导中国人民不断推进伟大社会革命。归结为一点，就是既坚持独立自主又坚持开放创新；既强调把走自己的路作为党的全部理论和实践立足点，把中国发展进步的命运牢牢掌握在自己手中；同时又与时俱进，积极学习借鉴人类文明的一切有益成果，欢迎一切有益的建议和善意的批评。在全面建设社会主义现代化国家的新征程上，我们既有坚决捍卫国家主权和领土完整的坚强决心、坚定意志、强大能力，绝不允许任何外来势力的欺负、压迫、奴役，绝不接受"教师爷"般颐指气使的说教；又将继续关注人类前途命运，传承中华民族5000多年来一直尊崇的和平、和睦、和谐理念，弘扬和平、发展、公平、正义、民主、自由的全人类共同价值，坚持合作、不搞对抗，坚持开放、不搞封闭，坚持互利共赢、不搞零和博弈，反对霸权主义和强权政治，同世界上一切进步力量携手前进。

# ◇ 中国式现代化必须坚持走和平发展道路

习近平主席指出："中国共产党将致力于维护国际公平正义，促进世界和平稳定。中国式现代化不走殖民掠夺的老路，不走国强必霸的歪路，走的是和平发展的人间正道。我们倡导以对话弥合分歧、以合作化解争端，坚决反对一切形式的霸权主义和强权政治，主张以团结精神和共赢思维应对复杂交织的安全挑战，营造公道正义、共建共享的安全格局。世界不需要'新冷战'，打着民主旗号挑动分裂对抗，本身就是对民主精神的践踏，不得人心，贻害无穷。中国实现现代化是世界和平力量的增长，是国际正义力量的壮大，无论发展到什么程度，中国永远不称霸、永远不搞扩张。"①

中国只有坚持走和平发展道路，才能全面建成社会主义现代化强国，这是一个关乎中华民族伟大复兴光明前景的重大战略抉择。这其中有五个方面的重要因素共同作用：中国发展的基本立足点始终在自身；中国特色社会主义是坚持走和平发展道路的制度约定因素；中国作为一个发展中大国实现全面现代化的战略利益诉求决定了必须走和

---

① 习近平：《携手同行现代化之路——在中国共产党与世界政党高层对话会上的主旨讲话》，人民出版社2023年版，第6—7页。

平发展道路；中国的文化基因是决定走和平发展道路的内在重要因素；中国是在推动构建人类命运共同体的过程中全面建成社会主义现代化强国。

建设社会主义现代化国家，一直是中国共产党和中华人民共和国的奋斗目标。"十四五"时期开启全面建设社会主义现代化国家的新征程。正如邓小平所指出："我们搞的现代化，是中国式的现代化。我们建设的社会主义，是有中国特色的社会主义。我们主要是根据自己的实际情况和自己的条件，以自力更生为主。"[1]这就决定了我们将坚定不移地沿着和平发展道路，从全面建成小康社会到2035年基本实现社会主义现代化，再到本世纪中叶把我国全面建成富强民主文明和谐美丽的社会主义现代化强国。

## 一、中国发展的基本立足点始终在自身

中国历来是一个独立自主的大国。早在具有整体性的世界历史形成之前，中国就已经作为一个有着悠久文明的国度存在。近代国际体系形成以来，中国作为一个东方大国就在国际舞台上占据重要地位。新中国成立后，即使是在采取"一边倒"方针和与苏联缔结《中苏友好同盟互助条约》时期，也是以独立自主为基础。毛泽东、周恩来多次明确指出，对苏联不能有依赖之心，对苏联的经验不能盲从照搬，要用自己的脑袋思考，用自己的腿走路。[2]

改革开放以来，邓小平更加鲜明地指出："中国的事情要按照中国的情况来办，要依靠中国人自己的力量来办。独立自主，自力更

---

[1]《邓小平文选》第三卷，人民出版社1993年版，第29页。
[2]《邓小平外交思想学习纲要》编写组：《邓小平外交思想学习纲要》，世界知识出版社2000年版，第67—68页。

生，无论过去、现在和将来，都是我们的立足点。"①21世纪初，随着我国不断发展和综合国力快速提升，国际社会越来越担心我国像世界历史上其他大国那样走上"国强必霸"的道路，通过对外扩张和掠夺资源来保障自身发展。针对这种看法，我国最高领导人反复对外强调中国坚定不移地走和平发展道路。国务院新闻办相继于2005年和2011年发布了两个白皮书《中国的和平发展道路》《中国的和平发展》，向全世界清晰阐明和郑重承诺，中国始终把发展的基点放在立足本国实际上，主要依靠自己的力量和改革创新来实现发展。事实上，这是有许多优势和条件作为保障的，包括可以支撑经济更大发展的物质技术基础，日益增长的巨大市场需求和较高的国民储蓄率，丰富的、整体素质不断提高的劳动力资源，不断完善的社会主义市场经济体制、政策保障，稳定的社会政治环境，等等。我国发展面临的人口、资源、环境等问题和挑战，完全可以通过坚持观念创新和体制创新、开拓国内市场和增加国内需求、推进经济结构战略性调整和增长方式转变、加快科技进步和增强自主创新能力、大力开发人力资源、努力建设资源节约型和环境友好型社会等来加以解决。

进入新时代，随着我国经济发展由高速增长阶段转到高质量发展阶段，以习近平同志为核心的党中央及时提出坚持用创新、协调、绿色、开放、共享的新发展理念引领发展全局，坚持稳中求进工作总基调，确保经济社会持续健康发展。特别是在百年不遇的新冠疫情全球大流行的严重冲击下，面对全球政治经济环境新变化和逆全球化趋势加剧的新形势，党的十九届五中全会明确提出要构建以国内大循环为主体、国内国际双循环相互促进的新发展格局，强调把发展的立足点

---

① 《邓小平外交思想学习纲要》编写组:《邓小平外交思想学习纲要》，世界知识出版社2000年版，第69页。

放在国内，坚持扩大内需这个战略基点，加快培育完整内需体系，把实施扩大内需战略同深化供给侧结构性改革有机结合起来，以创新驱动、高质量供给引领和创造新需求，更多依靠国内市场实现经济发展。这是与时俱进提升我国经济发展水平的战略抉择。[①]党的十九届五中全会为我国国民经济和社会发展第十四个五年规划和2035年远景目标提出了明确的建议，为确保中华民族伟大复兴顺利实现作出重要战略擘画。这为我国立足自身、实现发展提供了战略保障。

## 二、中国特色社会主义是坚持走和平发展道路的制度决定因素

主义决定道路。世界近代史上一些大国崛起通常走的老路都是建立殖民体系、争夺势力范围、对外武力扩张，在追求自身发展的同时给其他国家造成巨大损害。特别是在20世纪，大国追逐霸权、实力对抗、兵戎相见，更使人类惨遭两次世界大战的浩劫。这些都是殖民主义、资本主义、帝国主义、霸权主义带来的恶果。而且，"建立在殖民主义、帝国主义、霸权主义基础上的旧秩序，使得贫国愈贫，富国愈富，贫国和富国的差距越来越大"[②]。

党的十八大以来，在以习近平同志为核心的党中央坚强领导下，中国特色社会主义建设取得全方位的、开创性的历史性成就，进入了新时代。这意味着近代以来久经磨难的中华民族迎来了从站起来、富起来到强起来的伟大飞跃，迎来了实现中华民族伟大复兴的光明前

---

[①]《中国共产党第十九届中央委员会第五次全体会议文件汇编》，人民出版社2020年版，第81页。
[②]《邓小平外交思想学习纲要》编写组：《邓小平外交思想学习纲要》，世界知识出版社2000年版，第10页。

景；意味着科学社会主义在二十一世纪的中国焕发出强大生机活力，在世界上高高举起了中国特色社会主义伟大旗帜；意味着中国特色社会主义道路、理论、制度、文化不断发展，拓展了发展中国家走向现代化的途径，给世界上那些既希望加快发展又希望保持自身独立性的国家和民族提供了全新选择，为解决人类问题贡献了中国智慧和中国方案。[①]这些伟大成就之所以能够取得，都是因为我国不断发展和完善中国特色社会主义、坚持走和平发展道路。这些伟大成就进一步坚定了我国沿着和平发展道路，实现中华民族伟大复兴中国梦的决心和信心。

### 三、中国作为一个发展中大国实现全面现代化的战略利益诉求决定了必须走和平发展道路

国情决定道路取向。走和平发展道路是长期处于社会主义初级阶段的中国实现民族复兴、国家富强和人民幸福的唯一选择。经过新中国成立特别是改革开放以来的发展，我国各个领域都取得了显著成绩，经济实力、科技实力、综合国力跃上新的大台阶，2020年国内生产总值突破100万亿元。但我国人口多、底子薄、发展不平衡不充分问题仍然突出，重点领域关键环节改革任务仍然艰巨，创新能力不适应高质量发展要求，农业基础还不稳固，城乡区域发展和收入分配差距较大，生态环保任重道远，民生保障存在短板，社会治理还有弱项。我国仍处于并将长期处于社会主义初级阶段这个最大国情和最大实际没有变，作为世界上最大发展中国家的国际定位没有变。

---

① 中共中央党史和文献研究院编：《十九大以来重要文献选编》（上），中央文献出版社2019年版，第7—8页。

当前，我国社会主要矛盾已经转化为人民日益增长的美好生活需要和不平衡不充分的发展之间的矛盾，发展中的矛盾和问题集中体现在发展质量上。这就要求我们必须把发展质量问题摆在更加突出的位置，着力提升发展质量和效益。未来，发展也仍然是我们党执政兴国的第一要务，即使在我国国内生产总值甚至综合国力成为世界第一之后，实现人民对美好生活的向往，实现社会主义现代化，仍需付出艰苦努力。特别是在中华民族伟大复兴战略全局和世界百年未有之大变局的交织作用下，我国发展面临的内外环境日趋复杂。要防范化解各类风险隐患，积极应对外部环境变化带来的冲击挑战，关键仍在于办好自己的事，提高发展质量，提高国际竞争力，增强国家综合实力和抵御风险能力，有效维护国家安全，实现经济行稳致远、社会和谐安定。这就决定了我国发展与安全的重心始终在国内，必须聚精会神搞建设、一心一意谋发展，全面贯彻高质量发展的要求，不断解决现在面临的和可能新出现的诸多突出矛盾和问题。这是一项长期的艰巨的历史任务，要经历一个很长的历史过程，始终需要一个和平稳定的国际环境。

## 四、中国的文化基因是决定走和平发展道路的内在重要因素

习近平总书记指出："中华文明具有突出的和平性。和平、和睦、和谐是中华文明五千多年来一直传承的理念，主张以道德秩序构造一个群己合一的世界，在人己关系中以他人为重。倡导交通成和，反对隔绝闭塞；倡导共生并进，反对强人从己；倡导保合太和，反对丛林法则。中华文明的和平性，从根本上决定了中国始终是世界和平的建设者、全球发展的贡献者、国际秩序的维护者，决定了中国不断追求

文明交流互鉴而不搞文化霸权，决定了中国不会把自己的价值观念与政治体制强加于人，决定了中国坚持合作、不搞对抗，决不搞'党同伐异'的小圈子。"[1]

文化是一个国家、一个民族的灵魂。文化的力量，是更基础、更广泛、更深厚的力量。中国是一个历史悠久、文明源远流长的大国。走和平发展道路体现中华民族文化精神的特征和历史演进脉络的延展，是中华优秀传统文化的传承和发展，也是我国人民从近代以来苦难遭遇中得出的必然结论。

中华民族是爱好和平的民族，自古就有"和为贵""崇信修睦""协和万邦""天下太平"等宝贵思想，遵奉"和合"理念，倡导"和而不同"，可以说，追求和平、自省克制、内敛包容是中华民族的精神特征之一、文明特性之一、文化基因之一。习近平总书记指出，中国式现代化，深深植根于中华优秀传统文化，体现科学社会主义的先进本质，借鉴吸收一切人类优秀文明成果，代表人类文明进步的发展方向，展现了不同于西方现代化模式的新图景，是一种全新的人类文明形态。[2]自秦汉以来，中华民族一代又一代先辈在对外战略方面基本上都采取守势，主要是守土防御。即使进攻也是以攻为守，目的是保境安民；即使是国势最盛时期也是开放吸纳而非开疆拓土，目的是以包容求强大。我们这样一个爱好和平、常常张开双臂拥抱世界的民族，在1840年鸦片战争以后却深受列强欺凌。外国势力瓜分我国，在我国境内横行霸道，特别是日本军国主义侵略更是给我国人民造成惨绝人寰的深重苦难。自那以来，争取民族独立、人民解放，消除战争，实现和平，就一直是我国人民最迫切、最深厚的愿望。我国人民

---

[1] 习近平：《在文化传承发展座谈会上的讲话》，《求是》2023年第17期。
[2] 《正确理解和大力推进中国式现代化》，《人民日报》2023年2月8日。

对被侵略、被奴役的历史记忆犹新,更加深刻懂得珍惜和平的珍贵,深信只有和平才能实现人民安居乐业,只有发展才能实现人民丰衣足食。

经过长达一个多世纪的不懈奋斗,直到中华人民共和国成立,中国人民才推翻三座大山,拥有了建设自己国家、创造美好生活的和平环境。正如习近平总书记所指出:"中国需要和平,就像人需要空气一样,就像万物生长需要阳光一样。""中国人民对战争带来的苦难有着刻骨铭心的记忆,对和平有着孜孜不倦的追求,十分珍惜和平安定的生活。中国人民怕的就是动荡,求的就是稳定,盼的就是天下太平。"[①]正是这种悠久的追求和漫长的期盼构成了推动中国坚持走和平发展道路的源源不断的强大动力。

## 五、中国将在推动构建人类命运共同体的过程中全面建成社会主义现代化强国

"世界潮流,浩浩荡荡,顺之则昌,逆之则亡。纵观世界历史,依靠武力对外侵略扩张最终都是要失败的。这就是历史规律。"[②]环顾当今世界,和平与发展仍然是时代主题,和平、发展、合作、共赢已经成为时代潮流;要和平不要战争,要发展不要贫穷,要合作不要对抗,推动建设持久和平、共同繁荣的世界,是各国人民的共同愿望。"十几亿、几十亿人口正在加速走向现代化,多个发展中心在世界各地区逐渐形成,国际力量对比继续朝着有利于世界和平与发展的方向发展。"[③]全球和区域合作在全球化进程中向更多层次更多方位拓展,

---

① 《习近平谈治国理政》第一卷,外文出版社2018年版,第266、247—248页。
② 《习近平谈治国理政》第一卷,外文出版社2018年版,第248页。
③ 《习近平谈治国理政》第一卷,外文出版社2018年版,第272页。

"各国相互联系、相互依存的程度空前加深，人类生活在同一个地球村里，生活在历史和现实交汇的同一个时空里，越来越成为你中有我、我中有你的命运共同体"[①]。

面对这样的世界大势，我国统筹中华民族伟大复兴战略全局和世界百年未有之大变局，把改革开放作为一项基本国策，把坚持走和平发展道路与坚决捍卫国家核心利益、推动世界各国共同和平发展相统一，坚持开放发展，把对内改革和对外开放结合起来，把坚持独立自主同积极参与经济全球化结合起来，把继承中华民族优良传统同学习借鉴人类社会一切文明成果结合起来，把国际国内两个市场、两种资源结合起来，把中国发展与世界发展联系起来，把中国人民利益同各国人民共同利益结合起来，推动构建新型国际关系和构建人类命运共同体，积极参与全球治理体系改革和建设，在不断扩大我国发展空间的同时为世界发展作出更大贡献。

我国已迈上全面建设社会主义现代化国家新征程，积极构建以国内大循环为主体、国内国际双循环相互促进的新发展格局，决不是要搞封闭的国内循环，而是开放的国内国际双循环，在推动形成宏大顺畅的国内经济循环的同时，依托我国大市场优势，实施更大范围、更宽领域、更深层次对外开放，更好地吸引全球资源要素，既满足国内需求，又提升我国产业技术发展水平，形成参与国际经济合作和竞争新优势，使新时代的中国与世界实现互利共赢、共同发展繁荣。

---

① 《习近平谈治国理政》第一卷，外文出版社2018年版，第272页。

# 中国抗疫充分彰显人类命运共同体精神

新冠疫情发生以后，中国与世界在抗击疫情的斗争中同舟共济。习近平主席多次与外方领导人通电话，鲜明表达了中国必将打赢疫情防控阻击战的信心以及对全球公共卫生事业尽责的中国态度。我国疫情防控工作得到国际社会普遍支持，展现负责任大国形象；从构建人类命运共同体高度，积极开展疫情防控国际合作。这一点充分体现在习近平主席同外方领导人的通话和会谈之中。

## 一、坚持人民至上、生命至上

全球化时代，各国命运与共、休戚相关。我国是新冠疫情防控的第一线。习近平主席在通话和会谈中介绍了我国的抗疫举措，向全世界明确传递了战胜疫情的强大决心和坚定信心。中华民族是历经磨难、百折不挠的民族，困难和挑战越大，凝聚力和战斗力就越强。中国有强大的动员能力和综合实力，有应对公共卫生事件的经验，完全有信心、有能力、有把握打赢疫情防控阻击战。中国表达了坚决打赢疫情防控阻击战信心，更放眼长远，及时总结经验，完善重大疫情防控体制机制，健全国家公共卫生应急管理体系。

流行性疾病需要各国合力应对。中国采取一系列前所未有的防控和救治举措，是在坚决维护中国人民生命安全和身体健康，也是在坚决维护世界各国人民生命安全和身体健康，努力为全球公共卫生安全作出重要贡献。正是由于我们采取了人民战争、总体战、阻击战形式，控制新冠疫情，并且付出了巨大的代价，才为世界争取了时间，减缓了疫情在世界其他地方蔓延的速度。正如世界卫生组织总干事谭德塞所说："如果不是因为中国政府的努力，以及他们为保护自己和世界人民所取得的成就，那么现在在中国境外，我们将会看到更多的病例，甚至死亡。"与习近平主席通话和会谈的外方领导人，在对我国政府和人民表示诚挚慰问、高度赞赏、由衷钦佩和愿意提供多种形式援助的同时，都积极评价我国果断有力的抗疫举措和巨大努力，坚信我国一定能够战胜疫情、恢复正常发展。

## 二、为战胜疫情树立标杆

2020年2月，习近平主席在给美国比尔及梅琳达·盖茨基金会联席主席比尔·盖茨的回信中指出："人类是一个命运共同体。战胜关乎各国人民安危的疫病，团结合作是最有力的武器。"[①]在抗疫的过程中，中国始终秉持人类命运共同体理念，既对本国人民生命安全和身体健康负责，也对全球公共卫生事业尽责；始终本着公开、透明、负责任的态度及时向国内外发布疫情信息，积极回应各方关切，加强与国际社会合作，共同维护地区和全球的公共卫生安全。世界卫生组织在协调全球卫生事务方面发挥着重要作用。中方高度重视同世界卫生组织的合作，欢迎其参与疫情防控工作。这为我国取得抗疫斗争胜利

---

① 《习近平书信选集》第一卷，中央文献出版社2022年版，第263页。

提供了有力的国际支持。世界卫生组织牵头来自俄罗斯、日本、韩国、新加坡、德国、尼日利亚等国，分属于流行病学、病毒学、临床管理、疫情控制、公共卫生等领域的顶级专家来华开展工作，并成立联合国危机管理小组以协调联合国系统内的应对行动，进而在全球范围内加强应对措施的协调。通过到我国实地考察、与我方沟通合作，世界卫生组织坚持以科学和事实为依据作出判断，反对过度反应和不实之辞，强调团结一致而不是污名化。该组织总干事谭德塞表示，中方公开透明发布信息，用创纪录的短时间甄别出病原体，及时主动同世界卫生组织和其他国家分享有关病毒基因序列。中方行动速度之快、规模之大，世所罕见，展现出中国速度、中国规模、中国效率。这是中国制度的优势，有关经验值得其他国家借鉴。实际上，中国在许多方面都为应对疫情树立了新标杆。

习近平主席在与外方领导人的通话和会谈中表示，中国将在坚决做好疫情防控工作的同时，努力减少疫情带来的影响。疫情对中国经济的影响是暂时的。中国经济韧性强劲，内需空间广阔，产业基础雄厚，长期向好发展的趋势不会改变。中央政治局会议在部署统筹做好疫情防控和经济社会发展工作时指出，要深化对外开放和国际合作。要加强同经贸伙伴的沟通协调，优先保障在全球供应链中有重要影响的龙头企业和关键环节恢复生产供应，维护全球供应链稳定。要支持出口重点企业尽快复工复产，发挥好出口信用保险作用。[1]这既是把疫情影响降到最低和努力实现2020年经济社会发展目标任务的需要，更是作为世界第二大经济体降低疫情对全球供应链影响和继续为世界经济发展提供支撑的需要。这同样是在积极践行人类命运共同体理念

---

[1] 《研究新冠肺炎疫情防控工作 部署统筹做好疫情防控和经济社会发展工作》，《人民日报》2020年2月22日。

和发挥负责任大国作用的重要担当。

### 三、在共同抗疫中深化务实合作

习近平主席在与外方领导人的通话和会谈中,还对双边关系的发展作出规划,推动彼此务实合作全面深化。其中,包括柬埔寨、巴基斯坦、沙特、卡塔尔等国的领导人。

我国与这些国家过去就有同甘共苦、同舟共济、守望相助的友好情谊,如今在"一带一路"建设等框架下开展各种形式的务实合作,正朝着共同构建人类命运共同体的目标迈进。在抗疫过程中,我们及时回应他们的关切,就像对待本国公民一样照顾这些国家在华的人员,保障他们的生活和健康。患难见真情。经过共同抗疫的洗礼,双边各领域的交往将变得更加活跃,各方面务实合作将进一步深化,整体关系将取得新的发展。正如《中国—东盟关于新冠肺炎问题特别外长会联合声明》所宣示的,我们致力于减轻疫情对各国经济社会发展的影响,共同维护本地区人员往来及贸易投资活动;根据疫情防控进展,恢复并加强交往与合作;一致同意向领导人报告会议成果,包括适时举行领导人会议的建议。

中美两国领导人就疫情防控保持沟通,并就第一阶段经贸协议签署之后双边关系的走向加强协调,这为双方关系发展提供了促进稳定的因素、积极互动的机会、扩展合作的空间。中英双方领导人的通话体现了两国和两国人民的友好情谊,凸显两国在全球性挑战日益增多的形势下携手承担更多责任、展现更多作为的重要性,将推动双方密切各层级交往和深化各领域合作。中法领导人就防控疫情互致慰问支持和感谢赞赏,充分体现两国之间的深厚友谊和全面战略伙伴关系的高水平,这促使双方进一步加强卫生领域务实合作,共同维护地区和全球公共卫生安全。中德合作已经超越双边范畴,两国领导人加强沟通将有助于双方成为可以相互依赖和超越意识形态的合作者,加强在共同应对流行性疾病、气候变化等全球性挑战方面的合作,推动中欧关系一系列重要议程以及中国与中东欧国家的合作取得新进展。

"特别是最近几年,在百年变局和世纪疫情交织叠加的影响下,我们身处的世界发生了很大变化。这些变化带给我们最重要的启示,就是人类命运休戚与共,在重大危机和共同挑战面前,谁都不能独善其身,唯有团结合作才是人间正道。"[1]新冠疫情作为国际关注的突发公共卫生事件,再次让全世界强烈感到,人类作为一个整体,唯有团结协作才能应对各种全球性风险挑战,共同开创和共同拥有一个美好的未来。这正是人类命运共同体理念的重要意义所在。

---

[1] 李强:《在二十国集团领导人第十八次峰会第一阶段会议上的讲话》,《人民日报》2023年9月10日。

# ◦ 推动人类历史车轮向着光明的目标前进

当今世界正经历百年未有之大变局,人类社会再次面临何去何从的历史当口。我们坚信,在过去一百年赢得了伟大胜利和荣光的中国共产党和中国人民,必将在新时代新征程上赢得更加伟大的胜利和荣光!

## 一、中国共产党始终把民族复兴与人类进步紧密相连

中国共产党致力于为人民谋幸福、为民族谋复兴、为世界谋大同。回望百年伟大征程,我们党始终坚持用马克思主义观察时代、把握时代、引领时代,正确处理中国和世界的关系,确保在世界形势深刻变化的历史进程中始终走在时代前列,既善于抓住和用好各种历史机遇,又勇于直面和应对各种重大风险挑战,确保中国这个东方大国始终朝着实现中华民族伟大复兴的宏伟目标迈进,并为人类发展进步作出越来越大的贡献。

中国共产党的诞生就是顺应十月革命胜利和社会主义兴起这个世界大势,得到共产国际指导帮助的结果。早在1922年,中国共产党第二次全国代表大会就首次提出反帝反封建的民主革命纲领。中国

共产党所从事的新民主主义革命就是当时世界革命的一个重要组成部分。抗日战争时期，我们党把中华民族的存亡同世界各国人民的前途命运紧密联系在一起，我国全民族的抗战开辟了世界反法西斯战争的东方主战场，中国人民抗日战争的伟大胜利是中国人民的胜利，也是世界人民的胜利。新中国的成立和巩固正是顺应世界社会主义发展壮大和亚非拉民族解放运动风起云涌这个时代大潮，在广大社会主义国家的支持下实现的，我们确立社会主义基本制度和推进社会主义建设都借鉴了苏联和东欧社会主义国家的模式与经验，在外交上采取向社会主义国家"一边倒"政策，不遗余力支持亚非拉国家民族解放运动，壮大了世界社会主义的力量和爱好和平的力量。从20世纪七八十年代到本世纪头十余年，我们党正是深刻洞察和准确把握世界和平与发展这个时代主题和经济科技快速发展这个全球大势，作出改革开放的重大决策，加入世界贸易组织，明确提出统筹国内国际两个大局，以扩大开放倒逼改革深化，庄严宣示奉行独立自主的和平外交政策，矢志不渝走和平发展道路，在积极适应和参与经济全球化的进程中快速发展壮大，在联合国等国际舞台上坚持为发展中国家主持公道、仗义执言，实现从封闭半封闭到全方位开放的历史性转变、从生产力相对落后状况到经济总量跃居世界第二的历史性突破，深刻改变世界发展的趋势和格局。

进入新时代，我们党坚持正确的历史观、大局观、角色观，从历史长河、时代大潮、全球风云中分析演变机理、探究历史规律，对内坚持完善和发展中国特色社会主义制度、推进国家治理体系和治理能力现代化，统筹推进"五位一体"总体布局、协调推进"四个全面"战略布局；对外庄严宣告中国无论发展到什么程度，永远不称霸、不扩张、不谋求势力范围、不搞军备竞赛，推动建设人类命运共同体和相互尊重、公平正义、合作共赢的新型国际关系，奉行互利共赢的开放战略，倡导开放、包容、普惠、平衡、共赢的新型经济全球化，推动共建"一带一路"从"大写意"到"工笔画"再到高质量发展，推动全球治理体系朝着更加公正合理的方向发展，实现中国从落后于时代到赶上时代、引领时代，不断为人类作出更大贡献的历史性转变。

## 二、实现中华民族伟大复兴与推动构建人类命运共同体是一体两面

回望百年光辉历程，中国共产党团结带领中国人民进行的一切奋斗、一切牺牲、一切创造，归结起来就是实现中华民族伟大复兴这个主题。如今，中国与世界已经全方位、多领域、深层次交融在一起，在中华民族伟大复兴战略全局和世界百年未有之大变局同步交织、相互激荡的宏阔背景下，中国共产党奋力实现中华民族伟大复兴就是在推动构建人类命运共同体，这是相互统一的两个方面。

从实现中华民族伟大复兴的角度看，经过百年的不懈奋斗，我们实现了第一个百年奋斗目标，明确了实现第二个百年奋斗目标的战略安排，即到2035年基本实现社会主义现代化，到本世纪中叶把我国建成富强民主文明和谐美丽的社会主义现代化强国。为此，我们牢记"国之大者"，以高度的政治自觉和战略自觉，完整、准确、全面地贯彻新发展理念，统筹发展和安全，充分发挥国内超大规模市场优势，加快构建以国内大循环为主体、国内国际双循环相互促进的新发展格局。但这绝不是关起门来封闭运行，绝不能有意无意地回到闭关锁国状态；而是深入推进高水平制度型开放，加强科技领域开放合作，使国内市场和国际市场更好联通，更好利用国内国际两个市场、两种资源，实现更加强劲可持续的发展，推动建设开放型世界经济，为实现中华民族伟大复兴提供更为完善的制度保证、更为坚实的物质基础、

更为主动的精神力量。

从推动构建人类命运共同体的角度看，人类是一个整体，地球是一个家园。面对共同挑战，任何人任何国家都无法独善其身，人类只有和衷共济、和合共生这一条出路。我们顺应时代潮流，推动各国加强协调和合作，把本国人民利益同世界各国人民利益统一起来，推动建设持久和平、普遍安全、共同繁荣、开放包容、清洁美丽的世界。这为各国超越冷战思维、探索对话合作新模式、共谋和平发展新未来擘画了美好蓝图。为了实现这个蓝图，我们高举和平、发展、合作、共赢旗帜，充分发挥元首外交的战略引领作用，推动国际关系民主化、法治化、合理化，以共商共建共享的全球治理观破解治理和平赤字、发展赤字、安全赤字、治理赤字，以开放、融通、互利、共赢的合作观破解国家主义和单边主义，以平等、互鉴、对话、包容的文明观破解文明冲突，以不冲突不对抗、相互尊重、合作共赢的精神构建总体稳定、均衡发展的大国关系框架，以"亲诚惠容"理念为遵循塑造更加友好、更加有利的周边环境，以正确义利观为指引同发展中国家形成携手共进、共同发展的新局面。特别是面对新冠疫情全球大流行的强烈冲击，我们把团结合作抗疫作为人间正道，向一些国家提供抗疫物资援助，向一些国家及国际组织提供疫苗，推动建设人类卫生健康共同体。面对气候变化带来的严峻挑战，我国郑重宣告碳达峰、碳中和目标和国家自主贡献新举措，提出构建人与自然生命共同体。正是这样的知行合一，人类命运共同体理念赢得国际道义优势、日益深入人心。

### 三、携手世界一切进步力量迈向光明

以史为鉴、开创未来，面对新时代我国社会主要矛盾变化带来的

新特征新要求，面对错综复杂的国际环境带来的新矛盾新挑战，面对世界动荡变革增加的不稳定性不确定性不安全感，在宏阔的时空维度中思考民族复兴和人类进步的深刻命题，习近平总书记强调："中国共产党将继续同一切爱好和平的国家和人民一道，弘扬和平、发展、公平、正义、民主、自由的全人类共同价值，坚持合作、不搞对抗，坚持开放、不搞封闭，坚持互利共赢、不搞零和博弈，反对霸权主义和强权政治，推动历史车轮向着光明的目标前进！"①

当前，热点问题频发，地缘冲突加剧，单边霸凌肆虐，国际社会需要和平而非战争、信任而非猜疑、团结而非分裂、合作而非对抗。同时，世界多极化、经济全球化持续演进，和平、发展、合作、共赢的时代潮流不可阻挡，讲团结、促合作、求进步仍然是人心所向。②和平和睦和谐的追求深深植根于中华民族的精神世界之中，深深溶化在中国人民的血脉之中。中国始终坚持独立自主的和平外交政策，始终强调中国外交政策的宗旨是维护世界和平、促进共同发展。世界需要和平，就像人需要空气一样，就像万物生长需要阳光一样。和平发展道路对中国有利、对世界有利，我们想不出有任何理由不坚持这条道路。中国坚持走和平发展道路，也希望其他国家共同走和平发展道路。③

"中国共产党就是给人民办事的，人民对美好生活的向往就是我们的奋斗目标，就是必须守住的人民的心。经过百年探索和接续奋斗，我们已经找到了一条适合自己的发展道路，正在以中国式现代化全面推进中华民族伟大复兴。""我们致力于团结奋斗，让全体中国

---

① 《习近平谈治国理政》第四卷，外文出版社2022年版，第12页。
② 《关于全球治理变革和建设的中国方案》，中华人民共和国外交部网2023年9月13日。
③ 中华人民共和国国务院新闻办公室：《携手构建人类命运共同体：中国的倡议与行动》，《人民日报》2023年9月27日。

人民一起迈向现代化。""我们致力于共同富裕，让每一个中国人都过上美好生活。"①进入新时代，中国共产党团结带领中国人民，经过8年艰苦奋斗，提前10年实现了联合国2030年可持续发展议程的减贫目标。中国共产党始终坚持发展自己、兼济天下、造福世界，不仅要让中国人民都过得好，也帮助其他国家人民过上好日子，努力为人类作出新的更大贡献。中共二十大报告擘画了以中国式现代化全面推进中华民族伟大复兴的宏伟蓝图，明确提出推动构建人类命运共同体是中国式现代化的本质要求之一，把中国的前途命运和人类的前途命运紧密联系起来。

中国提出全球发展倡议，为破解发展难题、推进全球发展事业贡献中国力量。中国主持召开全球发展高层对话会，提出落实倡议的32项重要举措，包括创设"全球发展和南南合作基金"，总额为40亿美元；启动中国—联合国粮农组织第三期南南合作信托基金，并将加大对中国—联合国和平与发展基金投入。中国将以落实全球发展倡议为引领，推动国际社会巩固扩大发展共识，将发展始终置于国际议程中心位置。中国坚持合作共赢、共同发展。作为世界上最大的发展中国家和"全球南方"的一员，中国力所能及地为其他发展中国家提供援助，帮助受援国提高发展能力。如，在埃塞俄比亚、巴基斯坦、尼日利亚等近60个国家实施了130多个项目，聚焦"小而美、惠民生"，涵盖减贫、粮食安全、抗疫、气候变化等领域，受益人数超过3000万人。又如，积极推动并全面落实二十国集团缓债倡议，在二十国集团缓债倡议中贡献最大，同19个非洲国家签署缓债协议或达成缓债

---

① 习近平：《汇聚两国人民力量 推进中美友好事业——在美国友好团体联合欢迎宴会上的演讲》，《人民日报》2023年11月17日。

共识，帮助非洲减缓债务压力。①

作为国际秩序的维护者，中华人民共和国恢复联合国合法席位50多年来，坚定维护和主动践行真正多边主义，加入了几乎所有普遍性政府间国际组织和600多项国际公约及修正案，进入全方位参与多边事务的新阶段。在全球层面，习近平主席强调，世界上只有一个体系，就是以联合国为核心的国际体系；只有一套规则，就是以联合国宪章为基础的国际关系基本准则。因此，我们不是要重起炉灶，而是坚定维护联合国在国际体系中的核心地位，以国际法为基础的国际秩序，以世界贸易组织为核心的多边贸易体制；主张通过制度和规则来协调规范各国关系，而国际规则应由各国共同认可、而非由少数人制定，全球治理体系应扩大发展中国家的代表性和发言权；坚持与时俱进、守正出新，推动创建亚洲基础设施投资银行和金砖国家新开发银行等。在地区层面，支持上海合作组织、博鳌亚洲论坛、中非合作论坛、中阿合作论坛、中拉论坛等多边平台发挥更大作用，推动区域全面经济伙伴关系协定签署和生效，倡导建立高水平亚太自贸区，支持各层次多边机制互补互促，共同促成区域一体化新格局。

---

① 中华人民共和国国务院新闻办公室：《携手构建人类命运共同体：中国的倡议与行动》，《人民日报》2023年9月27日。

# ○ 文明交流互鉴让世界变得更加美好

举办首届亚洲文明对话大会，重在传承弘扬亚洲和世界各国璀璨辉煌的文明成果。搭建文明互学互鉴、共同发展的平台，把亚洲的多样性转化为扩大交流合作的动力，推动亚洲不同文明加强交流沟通，增强亚洲文化自信，促进亚洲协作互信，为亚洲命运共同体和人类命运共同体建设提供精神支撑。

## 一、为人类文明发展提供中国方案

人类生活在不同种族、肤色、文化、宗教和不同社会制度所组成的世界里，共同创造了人类几千年的文明史。如今，在全球化和信息化深入发展的背景下，各个文明既迎来百花齐放、争奇斗艳的广阔空间，处在一个交往互动空前广泛深入的时代；又面临强化认同、凸显特色的竞争场面，处在一个挑战层出不穷、风险日益增多的时代。世界经济增长乏力，发展鸿沟日益突出，地区热点和局部冲突此起彼伏，恐怖主义、极端主义、难民危机、重大传染性疾病、气候变化等全球性挑战不断凸显，所有这些问题都越来越需要从不同文明之间的互动角度来寻找根本解决之道。人类发展又一次站在了重大抉择的十字路口。

面对这种形势,不同文明是包容互鉴、交相辉映,还是独尊封闭、冲突对立,不仅影响世界和平与发展,而且决定人类文明整体的前景。要树立平等、互鉴、对话、包容的文明观,以文明交流超越文明隔阂,以文明互鉴超越文明冲突,以文明共存超越文明优越。文明交流互鉴是推动人类文明进步和世界和平发展的重要动力,应该从不同文明中寻求智慧、汲取营养,为人们提供精神支撑,携手解决人类共同面临的各种挑战,让和平的薪火代代相传,让发展的动力源源不断,让文明的光芒熠熠生辉。推进人类各种文明交流交融、互学互鉴,是让世界变得更加美丽、各国人民生活得更加美好的必由之路。这就为世界各个文明形成丰富多彩、充满活力、和谐共处的积极关系,共同开创人类美好前景提供了中国方案。

## 二、坚持和而不同,维护文明多样性

中国人在2000多年前就认识到"物之不齐,物之情也"的道理。阳光有七种颜色,世界也是多彩的,万物万事总是千差万别、纷呈多姿。如果万物万事都清一色了,事物的发展、世界的进步也就停止了。文明同样是多样的。

一切文明成果都值得尊重,都应该得到承认和珍惜。各国各民族既要珍惜和维护本国本民族的文明特别是思想文化,又要承认和尊重别国别民族的思想文化;既要增强本国本民族思想文化的自尊、自信、自立,又不能搞自我封闭,不能搞唯我独尊、"只此一家,别无分店"。在全球化时代,不同文明在注重保持和彰显各自特色以及标志性符号的同时,正在交流交融中形成越来越多的共同要素和标识;来自不同文明的各国各民族交往越多越深,越认识到别国别民族文明的悠久传承和独特灿烂。和平、发展、公平、正义、民主、自由已经成为全人类的共同价值。开放包容、多元互鉴、多样一体已经成为21世纪人类文明大家园的主基调。那种把自己的文明作为唯一的中心或强势文明，对其他文明进行贬低甚至要加以改造的意图和做法只会严重破坏文明成果，最终必将危及自身。"一花独放不是春，百花齐放春满园。"如果世界上只有一种花，就算这种花再美，那也是单调的。世界各国人民应该坚持和而不同的精神，坚信文明只有多样才多彩、只有多彩才绚烂，必须共同维护文明的多样性。

### 三、坚持平等互尊，加强文明对话交流

世界不同的文明凝聚着不同国家和不同民族的智慧和贡献，扎根于不同国家和不同民族的土壤之中，都是不同国家和不同民族的集体记忆，都有自己的本色、长处、优点，都是平等的。文明没有高低、优劣之分。

不同文明之间应该秉持谦恭互尊的态度，不应该相互隔膜、相互排斥、相互取代。一种文明如果居高临下对待另一种文明，那不仅不能理解这种文明的奥妙，不能了解这种文明的真谛，不能借鉴这种文明的长处和精华，而且会与之格格不入。

在平等相待、彼此尊重基础上，不同文明应该加强对话交流，虚心学习，积极吸纳对方的有益成分。历史反复证明，文明之间要对话，不要排斥；要交流，不要取代；任何想用强制手段来解决文明差异的做法都不会成功，文明霸权和"文明冲突"必将给世界和平和人类文明带来灾难。当然，与其他文明的对话交流学习，要坚持从本国本民族实际出发，坚持取长补短、择善而从，讲求兼收并蓄。但兼收并蓄也不是囫囵吞枣、莫衷一是，更不是生搬硬套、削足适履，而是

要去粗取精、去伪存真。

**四、坚持包容互鉴，促进文明发展繁荣**

人类文明多样性赋予世界姹紫嫣红的色彩，多样带来交流，交流孕育融合，融合产生进步。只有在多样中相互尊重、彼此借鉴、和谐共处，这个世界才能丰富多彩，欣欣向荣。绵延5000多年的中华文明正是在与世界其他文明持续不断的交流互鉴中发展壮大的。西汉张骞两次从陆路出使西域，中国船队从海上远达印度和斯里兰卡；唐代对外通使交好的国家多达70多个，来自各国的使臣、商人、留学生云集长安；明代著名航海家郑和七次下西洋，到达东南亚很多国家，远抵非洲东海岸和红海沿岸；明末清初，中国人积极学习现代科技知识，欧洲天文学、医学、数学、几何学、地理学知识纷纷传入中国。世界其他文明也在吸取中华文明的营养之后变得更加丰富发达。源自中国的儒学，早已走向世界，成为人类文明的一部分。经过中华文化发展的佛教思想和由此衍生出来的独特的佛教理论，从中国传播到日本、韩国、东南亚等地。中国的造纸术、火药、印刷术、指南针四大发明带动了世界变革，推动了欧洲文艺复兴。中国哲学、文学、医药、丝绸、瓷器、茶叶、艺术和技术等传入西方，渗入西方民众日常生活之中。其中，中外文明与世界其他文明有冲突、矛盾、疑惑、拒绝，但更多的是学习、消化、融合、创新。现如今，世界上一些有识之士认为，包括儒家思想在内的中华优秀传统文化中蕴藏着解决当代人类发展难题的智慧，可以为人们认识和改造世界提供有益启迪，可以为治国理政提供有益启示，可以为道德建设提供有益启发，可以为调理社会关系和鼓励人们向上向善提供思想指引。中华民族伟大复兴中国梦的实现，将推动物质文明和精神文明比翼双飞、均衡发展、相互促进；使中华文明按照时代进步的要求，在继承的基础上，不断创造性转化和创新性发展，释放深藏的旺盛生命力，同世界各国人民创造的丰富多彩文明一道，为人类提供正确的精神指引和强大的精神动力。

人类历史本来就是一幅不同文明相互交流、彼此借鉴、和合融通的宏伟画卷。各种文明因包容才有交流互鉴的动力，因交流互鉴才变得更加丰富多彩。海纳百川，有容乃大。任何一种文明，不管它产生于哪个地区、哪个国家、哪个民族的社会土壤之中，都是流动的、开放的，都是在同其他文明的交流交融中演化成今天的形态。对人类社会创造的各种文明，我们都应该采取学习借鉴的态度，都应该积极吸纳其中的有益成分，使人类创造的一切文明中的优秀文化基因与当代文化相适应、与现代社会相协调，把跨越时空、超越国度、富有永恒魅力、具有当代价值的优秀文化精神弘扬起来。这样，人类文明才能充满生命力，不断创造性转化和创新性发展；世界文明之园才能变得万紫千红、生机盎然。

# 后　记

作为学者，完成一部著作，无论厚薄长短，大都有研究作一小结、思考告一段落，如释重负之感。新时代十年来，中国国际战略理论和实践丰富深刻，从对外关系到国家安全，一系列重大问题牵引着我的工作所向，结出了前述成果。这个成果之所以能够面世，要衷心感谢红旗出版社原副董事长杨发喜、副总编辑赵洁等同志的支持鼓励和辛勤付出。正是大家的指教和帮助，推动我不断前行。

在阶段性总结之后，随着以中国式现代化全面推进中华民族伟大复兴的历史画卷进一步展开，所面临的全球大势和地区环境的历史性变动将更趋广泛深刻，我将继续对不断涌现的国际战略理论和实践重大问题作出回应。这是我作为中央党校建校90周年历史上首批五位主讲教授之一的使命所在。

高祖贵

2023年12月冬于北京颐和园北大有庄